五位一体的旅游市场综合监管机制

THE FIVE-SPHERE INTEGRATED PLAN OF
COMPREHENSIVE REGULATORY MECHANISM FOR
THE TOURISM MARKET

刘红春 等 著

社会科学文献出版社
SOCIAL SCIENCES ACADEMIC PRESS (CHINA)

目 录

第一章 旅游市场的立法监管 ·· 1
　引 言 ··· 3
　第一节 立法监管在市场主体层面存在的问题 ······················ 5
　　一 游客的权利义务规制 ··· 5
　　二 导游的保障与规制 ·· 8
　　三 旅游经营者的保障与规制 ···································· 10
　第二节 立法监管在监管主体层面存在的问题 ······················ 14
　　一 执法方面 ·· 14
　　二 司法方面 ·· 16
　　三 对监管主体的监管不到位 ···································· 20
　第三节 立法监管在旅游市场长远发展层面的问题 ················ 22
　　一 旅游普法的投入不足 ··· 22
　　二 对旅游文化保护不善 ··· 25
　第四节 完善旅游市场立法监管的对策及建议 ······················ 29
　　一 完善对游客的权利义务规制 ································· 29
　　二 完善对导游的社会保障 ······································ 31
　　三 完善对经营者的权利义务规制 ······························ 34
　　四 完善执法层面的立法监管 ···································· 37
　　五 完善司法层面的立法监管 ···································· 39
　　六 强化对监管主体之监管 ······································ 41
　　七 加强旅游普法 ··· 43
　　八 保护旅游文化，促进文化健康发展 ························· 44

附　录 ………………………………………………………… 47
　　调研问卷 ……………………………………………… 47

第二章　旅游市场的执法监管 ………………………………… 53
引　言 ………………………………………………………… 55
第一节　B市旅游市场生态分析 …………………………… 57
　　一　"人文资源"与"自然资源"并存 ……………… 57
　　二　"暴利"与"乱象"交错 ………………………… 58
　　三　"意识更新"与"产业创新"时不我待 ………… 63
第二节　B市旅游市场综合执法整体评测 ………………… 66
　　一　执法队伍的稳定性 ………………………………… 66
　　二　执法职责的明确性 ………………………………… 69
　　三　执法效果的持续性 ………………………………… 72
第三节　B市旅游市场综合执法的困境及原因 …………… 79
　　一　当前执法模式的评价 ……………………………… 79
　　二　执法制度困境及原因分析 ………………………… 81
　　三　执法人员困境及原因分析 ………………………… 83
　　四　执法公信力困境及原因分析 ……………………… 85
第四节　B市旅游市场综合执法体系的完善 ……………… 88
　　一　本土潜力分析 ……………………………………… 88
　　二　相关阻碍预警 ……………………………………… 89
　　三　具体对策建议 ……………………………………… 91
附　录 ………………………………………………………… 97
　　一　访谈提纲 …………………………………………… 97
　　二　针对执法人员的问卷 ……………………………… 100
　　三　针对旅游从业者的问卷 …………………………… 104
　　四　针对游客的问卷 …………………………………… 106
　　五　重点调研单位及部门概况 ………………………… 108
　　六　B市旅游市场监管综合调度指挥中心职能分工
　　　　一览 …………………………………………………… 111

第三章 旅游市场的司法监管 …… 113

引　言 …… 115

第一节　B市旅游市场司法监管的现状 …… 117
　　一　司法监管的总体概况 …… 117
　　二　旅游法庭的历史沿革及其现状 …… 118
　　三　对旅游活动主体相关调查结果分析 …… 122
　　四　司法监管的主要成就 …… 126
　　五　司法监管的主要不足 …… 128

第二节　国内外旅游管理模式及其他司法模式的借鉴 …… 129
　　一　国内外旅游管理模式的借鉴 …… 129
　　二　国内互联网法院建设的借鉴 …… 130

第三节　旅游司法监管的困境 …… 132
　　一　司法公信力不足 …… 132
　　二　旅游纠纷解决机制不够完善 …… 134
　　三　行政执法和民事司法衔接不畅通 …… 136
　　四　旅游法庭运行尚未成熟 …… 137
　　五　舆情影响司法公正 …… 138
　　六　监管力度不同 …… 139
　　七　角色定位 …… 141

第四节　完善旅游市场司法监管的建议 …… 143
　　一　提高司法公信力和司法满意度 …… 143
　　二　完善旅游纠纷解决机制 …… 144
　　三　完善旅游法庭建设 …… 146
　　四　加强舆情管理能力 …… 149
　　五　相关法律法规的完善 …… 151

附　录 …… 153
　　YL县人民法院旅游纠纷受案流程简图 …… 153

第四章 旅游市场的社会监管 …… 155

引　言 …… 157

第一节 旅游市场的社会监管 ……………………………………… 159
　　一 社会监管简述 ………………………………………………… 159
　　二 B市旅游市场社会监督 ……………………………………… 161
第二节 旅游市场的媒体监督 ……………………………………… 164
　　一 媒体的发展及作用 …………………………………………… 164
　　二 旅游市场的媒体监督 ………………………………………… 166
　　三 旅游市场媒体监督的优越性 ………………………………… 170
　　四 旅游市场媒体监督的局限性 ………………………………… 170
　　五 发挥新闻媒体在旅游市场监督中作用的建议 ……………… 172
第三节 旅游市场的游客监督 ……………………………………… 174
　　一 游客监督现状 ………………………………………………… 174
　　二 游客监督的重点 ……………………………………………… 175
　　三 游客监督的局限性 …………………………………………… 177
　　四 充分发挥游客监督作用的途径 ……………………………… 179
第四节 旅游市场的公众监督 ……………………………………… 182
　　一 一般的公众监督 ……………………………………………… 182
　　二 社会监督员监督 ……………………………………………… 184
　　三 当地居民的监督 ……………………………………………… 187
第五节 旅游市场的从业者监督 …………………………………… 190
　　一 旅行社 ………………………………………………………… 190
　　二 导游 …………………………………………………………… 191
　　三 客栈、酒店 …………………………………………………… 192
　　四 旅游景区 ……………………………………………………… 193
附　录 ………………………………………………………………… 196
　　典型案例 ………………………………………………………… 196

第五章　旅游市场的自我监督 …………………………………… 201
引　言 ………………………………………………………………… 203
第一节 旅游协会的理论架构 ……………………………………… 206
　　一 旅游行业协会的国内外对比分析 …………………………… 206

二　行业协会发展沿革……………………………………………209
　　三　B市旅游行业发展历程………………………………………212
第二节　旅游协会行业自律必要性及B市模式……………………214
　　一　基本概念………………………………………………………214
　　二　旅游市场综合监管中行业自律的必要性……………………215
　　三　B市模式的行业自律…………………………………………215
第三节　旅游协会的瓶颈与自我突破…………………………………219
　　一　旅游协会现存问题……………………………………………219
　　二　旅游协会已采创新之处………………………………………224
第四节　旅游行业自律的实施路径……………………………………227
　　一　宏观层面：促进中国旅游协会的改革发展…………………227
　　二　微观层面：加强B市旅游市场监管行业自律………………228
　　三　B市旅游协会改进措施………………………………………229

附　录……………………………………………………………………240
　　一　B市旅游协会章程……………………………………………240
　　二　B市旅游协会关于进一步加强旅游行业自律管理的
　　　　相关规定（丽旅协发〔2016〕22号）………………………251
　　三　B市旅游诚信指导价…………………………………………257
　　四　A省旅游市场综合监管——以B市为例……………………259

参考文献…………………………………………………………………267

第一章
旅游市场的立法监管

引 言

A省一直都以发展旅游业作为其重点战略,并通过旅游业来带动其他行业的发展,从而推动经济的增长。从法学之视角来看,市场的有效运行需要配之以完备的法律制度与有效的监管体系。2013年10月1日,《中华人民共和国旅游法》(简称《旅游法》)开始施行,次年5月1日,A省及时颁布实施了《A省旅游条例》。然此条例的出台,仍不能有效调节控制日异月殊的旅游市场,强制购物、宰客等现象时有发生,B市游客毁容、导游威胁游客等旅游恶性事件层出不穷,旅游市场可谓乱象丛生。面对如此严峻的形势,2016年国家对《旅游法》进行了修订,A省亦自次年4月起开始实施《A省旅游市场秩序整治工作措施》,从七个方面入手,综合整治旅游市场的突出问题,以期旅游市场秩序根本性好转。基于此调研背景,笔者所在团队确定了A省旅游市场综合监管的调研主题,并将其细化为立法监管、执法监管、司法监管、社会监督、行业自律五个层次,选择B市作为A省热门旅游城市及旅游市场乱象之典型,在充分准备后前往B市进行了实地调研。本报告由笔者所在的立法监管小组成员共同完成,主要从立法层面对旅游市场综合监管进行调研,确立了权利义务对等的核心主线,从监管关系的两大主体——监管者(市场主体)和监管者(监管主体),以及旅游市场的长远发展入手,分析B市乃至A省旅游市场立法监管的问题及成因,并结合实际情况和调研结果给出相应对策或者建议。

A省旅游市场综合监管突出"综合"二字,它不仅在立法监管方面存在问题,而且在其他监管方面也存在弊端。立法监管中的漏洞不止报告中所列的内容,极有可能发生新的变化,出现新的问题。调研报告呈现的是调研过程中发现的亟待解决的问题的重要方面,为B市乃至A省旅游市场综合监管提出立法监管方面的有效建议。无论如何，重要的是加快建立健全配套旅游法律法规，以加强立法监管，从而加强综合监管，相信 B 市甚至 A 省的旅游市场、旅游业将破陈立新，获得蜕变，也获得更加健康和稳定的发展。

第一节　立法监管在市场主体层面存在的问题

旅游市场以游客和旅游从业者为其核心主体,其中旅游从业者主要包括导游和旅游经营者。旅游市场主体的关键问题在于,立法对上述主体在权利保障与义务确定方面是不对等的。

一　游客的权利义务规制

(一)游客权益保障与责任追究的立法现状

根据《旅游法》(2016年修订)的规定,其第二章第九条到第十二条均涉及游客权益保障。然就之后的条文来看,例如,第十三条:"旅游者在旅游活动中应当遵守社会公共秩序和社会公德,尊重当地的风俗习惯、文化传统和宗教信仰,爱护旅游资源,保护生态环境,遵守旅游文明行为规范。"第十四条:"旅游者在旅游活动中或者在解决纠纷时,不得损害当地居民的合法权益,不得干扰他人的旅游活动,不得损害旅游经营者和旅游从业人员的合法权益。"仅有少数条文涉及游客之行为限制,或者说是义务确定,但未提及责任追究抑或对应的惩处措施。再看《A省旅游条例》,其第六章法律责任,也未涉及游客义务、责任,更多是针对旅游经营者的惩处措施。此外,通过对一些旅游相关部门(如C县旅发委、某5A级旅游景区管理局等)的访谈,我们了解到,游客不文明现象较为突出,因此造成的伤亡事件层见迭出,随之而来的就是过度维权、恶意投诉以及巨额索赔等。综上,从与B市旅游市场主体息息相关的两部旅游法律法规中可以看出,游客权利与义务之设定是明显不对等的。在整个旅游市场中，作为消费者的游客虽处于劣势地位，然不能仅因此就采取"一刀切"之模式。保护应当建立在适度、合理的基础上，过为己甚亦是对他人权益之侵害。

（二）目前B市游客在维权方面存在的问题

1.部分游客维权意识弱，遭受不法侵害之后选择默默忍受

现阶段，我国游客的维权意识尚处于相对薄弱的状态，其权益遭受侵害之后，要么忍气吞声，要么维权中稍遇不顺就选择退却。当然，在自媒体迅猛发展的今天，维权成功案例亦非寥若晨星，不少游客通过微博、微信、发帖等方式诉苦、求助，从而引起社会公众及执法部门的关注，最终权益得以维护。然而这类维权引人注目之缘由，往往是游客已遭受异乎寻常之侵权，抑或是陷入极端恶劣之困境。譬如B市女游客被打事件，也是通过微博曝光，引起社会广泛关注，若非事态严重、骇人听闻，怕早已湮没于网络之中，何来维权？在调研过程中，笔者在DY古城和SX古镇随机抽取了50名游客，结果发现有高达30.19%的游客在遭受侵权行为之后会选择默默忍受（见图1-1），可见这些游客的维权意识之薄弱。然法律的生命力在于实施，若游客不能充分运用法律维护自身权益，而将其束之高阁，则法律的价值就无法得到体现。

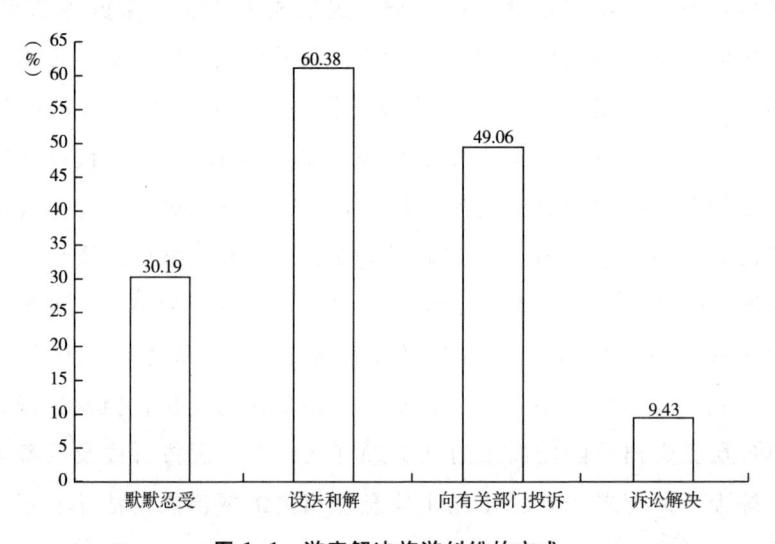

图1-1 游客解决旅游纠纷的方式

2. 部分游客恶意投诉、过度维权

就过度维权而言，其情况较为复杂，权益维护之缘由有正当合理的，亦有不正当但合理（或不完全正当合理）的；所采取之手段、方式，或违反法律规定，或违背公序良俗，抑或是手段方式合法，但程度上超越了合理范围。2016年7月"游客怀孕，投诉导游提供大床房"事件在网上吵得沸沸扬扬，虽然该事件最后被认定为某旅行社的营销手段，但引发了不少旅游从业者对游客"过度维权"的共鸣，许多一线导游纷纷吐槽。旅游途中游客类似的非理性行为并非个例，更有甚者如游客吐痰被罚后找导游报销、出境游晒伤皮肤后向旅行社索赔等极端案例。又如2014年7月20日，在B市某5A级F景区内，导游因阻止游客插队，遭游客暴打，以及笔者在上文提到的游客无理索赔等实例，都表明该问题的严重性。

有学者指出，游客过度的维权，是一种缺乏安全旅游环境之下衍生出的过激和不理智行为，也是自身消费价值观的扭曲。所以要解决该问题，不仅需要加强旅游景区安全措施的建设，还要从立法方面规范游客的义务责任，扭转游客的消费观念。

3. 部分游客道德素质低，不文明出游

无论国内、国外，这一问题都非常普遍且严重。在国内景区，随地吐痰、乱扔垃圾、肆意刻画，甚至骑坐于英雄烈士雕像上拍照，可谓司空见惯。类似情况亦延伸到了国外，很多国家在其景区用中文标示"不要乱扔垃圾""讲究卫生，便后冲水"等，以此警示中国游客。B市某景区工作人员反映，游客常随手把垃圾扔下山崖，工作人员去清理时极为困难，而且有坠入山崖的危险。当工作人员提醒或告知游客不能乱扔垃圾时，游客往往嗤之以鼻更有甚者对工作人出言不逊。诸如此类问题，若不及时建立相应的规范制度及配套措施，将难以从根源上得到解决。笔者在分发问卷的过程中，遇到一位香港的教师和一群香港大学的学生，在与他们交流时，他们反映内地的旅游卫生环境确实有待提高。在香港，对随地扔垃圾、吐痰等不文明行为有严厉的惩罚机制，一般罚款600港元。由专门的人员对破坏环境的人开罚单，责令其在期限内（一般为21日内）到指定地点缴纳罚款或者提出书面抗诉，否则超期后罚款将增至900港元，若仍旧拒缴罚款则由法庭处理。

二 导游的保障与规制

（一）社会导游人员的概念

导游人员的概念有广义和狭义之分。广义的导游人员，是指在社会生活中、日常人际关系交往中充当向导及引路、指导和解说工作的人员，泛指导游。狭义上的导游人员，根据《导游人员管理条例》的定义，是指取得导游证，接受旅行社委派，为游客提供向导、讲解及相关旅游服务的人员。

严格地说，"导游"与"导游人员"是两个不同的概念。导游，指的是导游服务，即为游客提供向导、讲解和其他服务的过程。导游人员指的是运用专门知识和技能为游客组织、安排旅行和游览事项，提供向导、讲解和旅途生活服务的人员。导游服务需要通过导游者也就是导游人员（简称导游员）来实现。

对于导游人员的分类，若以职业性质为标准划分，可以分为专职导游员和社会导游员。专职导游员是指与旅行社签订正式劳动合同，形成固定劳动关系，享受旅行社企业正式员工的各项福利待遇，只为该旅行社带团的导游员；社会导游员是与专职导游员相对应的概念，指在导游服务管理公司或导游服务中心登记注册，临时受旅行社委派，提供导游服务的人员。社会导游员又分为专职社会导游员和兼职社会导游员。专职社会导游员是指以为多家旅行社或固定为某家旅行社临时委派带团作为职业，专门从事导游职业的人员；兼职社会导游员是指本身有固定的单位、固定的收入，只是以带团为自己的副业，利用空闲时间兼职做导游的人员。此外还有学生社会导游，属于不以就业为目的，短期或不定期从事导游业务以获取一定劳动报酬的情况。

（二）社会导游人员权益立法现状

从与导游相关的立法沿革中，调研者发现，自新中国第一部旅游行政法规出台到现如今《旅游法》的颁布，当中涉及我国导游人员合法权益保障的规定少之又少，从《导游人员管理条例》来看，虽规定维护导游人员的权益，但具体如何操作没有涉及，致使导游人员权益被侵犯时无据可依，而对于社会导游人员合法权益的保障更是几乎没有规定。

长期以来，旅游行政管理部门认为导游人员合法权益的维护应属于劳动保障部门监管，但由于导游工作季节性、导游人员流动性大的特点，劳动保障部门的管理也显得力不从心，社会导游人员的合法权益存在被侵害的可能性。此外，由于旅游市场的恶性竞争，加之社会导游人员自我保护意识淡薄，部分社会导游人员在各种生存压力之下，几乎舍弃其所享有的合法权益，这也无疑助长了侵害其权益的行为。社会导游人员合法权益长期缺位，其问题日益凸显。

（三）访谈案例分析

在对专门处理导游与游客纠纷的律师的访谈中，律师谈到一些典型案例。例如，在带旅行团的过程中，游客对年轻女导游实施人身侵犯，这种情况如何处理？虽然在相关《刑法》等法律法规中对此有所规定，但是在现实中往往难以惩处，游客得以侥幸逃脱法律制裁，而导游的职业荣誉感遭到践踏，其身心所受伤害亦无法弥补。导游与游客发生纠纷，即使过错方在游客，但在旅行社、舆论的压力之下，导游也只得向游客道歉，无底线地妥协。

在对年轻导游阿东的访谈中，他谈及导游的现实困境，则更为深刻和直观。在导游阿东的讲述中，导游不仅没有人们想象的那样自由自在、无拘无束，相反要承受比一般职业更多的辛苦和压力，而所付出的辛苦不仅没有使自己的生活得到应有的改善，甚至还无法改变处在旅游行业链最末端的事实。旅行社的层层盘剥，在整个旅游行业中，导游处在旅游产业链的最底端，是一个被忽视的弱势群体——没有薪酬待遇保障，没有社会福利保障。

又如访谈中的另一位资深导游所言，在导游职业社会化的背景下，社会导游人员薪酬机制、激励机制特别是劳动保障机制不健全、不完善，没有劳动合同、没有固定薪酬、没有社会保险、劳动关系界定不明，在发生危险情况时导游服务管理机构和旅行社之间相互推诿，自身的合法权益得不到保障，致使部分导游人员在带团过程中缺乏激情、服务水平下降，长此以往，将会对我国导游队伍的职业稳定性造成恶劣影响，阻碍我国导游队伍的健康发展。

当前建立健全符合我国导游队伍现状、能够满足我国导游队伍的发展要求，特别是与社会导游人员息息相关的、涉及其切身利益的，如社会导游管理体制、薪酬制度、激励机制和社会保障机制等制度的建设迫在眉睫。

（四）社会"导游"人员法律意识淡薄

《旅游法》第四十条规定："导游和领队为旅游者提供服务必须接受旅行社委派，不得私自承揽导游和领队业务。"第四十一条规定："导游和领队从事业务活动，应当佩戴导游证、领队证，遵守职业道德，尊重旅游者的风俗习惯和宗教信仰，应当向旅游者告知和解释旅游文明行为规范，引导旅游者健康、文明旅游，劝阻旅游者违反社会公德的行为。导游和领队应当严格执行旅游行程安排，不得擅自变更旅游行程或者中止服务活动，不得向旅游者索取小费，不得诱导、欺骗、强迫或者变相强迫旅游者购物或者参加另行付费旅游项目。"

然而，即使《旅游法》中对导游义务的规定如此详尽，但在现实生活中，擅自变更旅游行程或者向游客索要小费等现象仍时有发生，屡禁不止。导游人员法律意识薄弱，导致强制购物、诱骗消费等负面新闻层见迭出。往更深层的原因剖析此现象，还是回到了起点，导游权益保障的不足导致了法律义务的不履行，如此循环往复，最终损害旅游市场，损害游客以及旅游从业者。

三 旅游经营者的保障与规制

2017年3月，为进一步加大旅游市场监管和规范力度，提高旅游服务水平和发展质量，B市政府出台了"十大"旅游市场整治措施，其中指出：严厉打击违法违规旅行社。国家旅游局督查组、A省旅游委联合B市旅游、公安、工商等相关部门，从严从快查处一批经营"不合格低价游"等违法违规旅行社，取消一批购物场所星级资质和团队旅游接待资格，停业整顿一批旅游购物店，关停一批涉嫌"不合理低价游"网站。3月2日，SL旅行社、QX风情假日旅行社、B市中国国际旅行社、B市西南国际旅行社、TY旅行社、P旅行社、B市超想游旅行社7家旅行社因涉嫌在淘宝网发布"V一日游"的"不合理低价"线路产品及虚假宣传广告，误导游客，违反了《旅游法》相关规定。市旅发委向上述旅行社下达了责令停业整顿通知书，要求7家旅行社于3月2日至3月15日停业整改。8月18日，C县人民政府发布通告称，为进一步完善V旅游基础设施，规范V旅游市场秩序，推动V乡村旅游转型升级，向广大游客提供更加丰富和优质的旅游服务，从2017年8月25日至9月30日，V乡村旅游将全面停业整顿。

（一）旅游经营者和旅游消费者的信息不对称

信息不对称是指在市场经济活动中，由于信息分布的不均匀、不对称，交易双方对有关信息的了解是有差异的，信息掌握比较充分的人员，往往处于比较有利的地位，而信息相对贫乏的人员（旅游消费者），则处于比较不利地位。信息不对称导致市场交易双方的利益失衡，进而影响社会公正、公平以及市场配置资源的效率。一般情况下，信息不对称对旅游市场交易秩序起着很大的影响，首先信息不对称会导致市场交易出现对一方明显不公平的情况，增加了市场交易的不确定性；其次信息占优的一方会利用自身的信息优势欺诈欺骗对方，做出不公平的交易，损害对方的利益。旅行社零负团费问题，就是由于旅行社利用信息不对称优势，引导消费者旅行，进而在旅游途中强迫消费者购物，以弥补成本并获取利润。马克思在《资本论》里写下过这样经典的句子形容资本家：当利润达到10%时，便有人蠢蠢欲动；当利润达到50%的时候，有人敢于铤而走险；当利润达到100%时，他们敢于践踏人间一切法律；而当利润达到300%时，甚至连上绞刑架都毫不畏惧。相对于导游个体，旅行社和旅游企业就是资本的享有者。一位导游曾说："旅游市场乱在客源源头，如果旅行社和游客没有达成低价游或零负团费游的相关协议，导游就不会有那么大的任务、指标和压力。"（见图1-2）不断追求优质产品服务的旅行社，逐渐被这种价格低于成本、服务质量低劣的旅行社逐出市场。

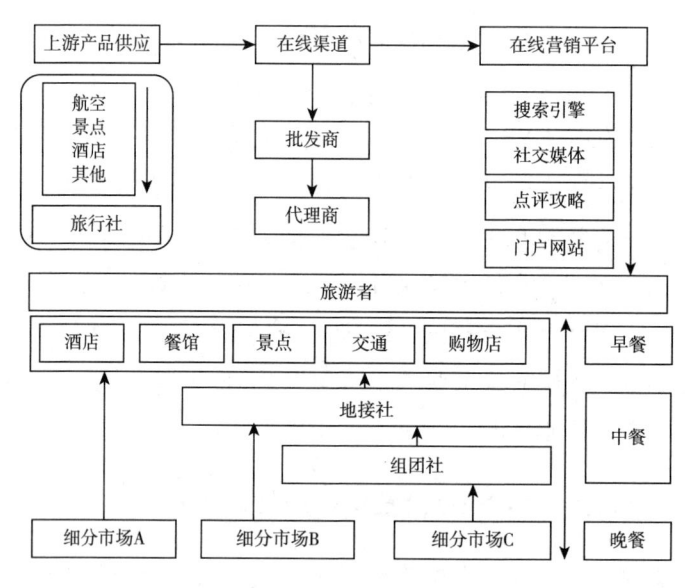

图 1-2 旅行社市场链条

（二）旅行社循环链变形

在旅行社经营活动中，超低价格甚至低于成本价格使得各环节从业者收入无法得到保障，各个服务环节层层倾轧，最后导致服务变形。究其原因，可以分为两方面，一是旅行社行业自身的原因，包括同质化竞争、产品差异低导致价格竞争激烈、批发商销售压力导致的价格倒挂（见图1-3）、小微旅行社靠低价生存。二是目前国内消费者意识的原因，包括不认可咨询服务的价值，只以价格作为选择组团社的标准；非理性消费，不考虑实际旅行成本，侥幸地认为低于成本的团费也能享受到"应有的服务"。对于旅游消费者，可以分为能够熟练掌握OTA（在线旅行社，指"旅游消费者通过网络向旅游服务提供商预定旅游产品或服务，并通过网上支付或者线下付费，即各旅游主体可以通过网络进行产品营销或产品销售"）。运用各种旅游App、全程自己掌握行程节奏的年轻人和对旅游的理解仅停留在"到过""拍过照"层次的中老年人和不熟悉旅游电子商务的人群。

游客 ⇨ 组团社 ⇨ 批发商 ⇨ 地接社

图 1-3　价格倒挂

（三）客栈民居经营存在的问题

在民居客栈的经营活动中，被动遵守相关法律规范、无证照经营、超范围经营、忽视消防法规，经营户之间的恶性低价竞争等缺失社会责任的现象比比皆是。第一，被动接受相关法律规范。《B 市旅游管理办法》第二十四条："利用民族文化资源、历史建筑和历史人文资源开展旅游经营的，应当保持其民族特色、传统格局和历史风貌。涉及文物保护的，按照有关规定办理批准手续。城镇的新区规划和旧城改造，应当对旅游功能统筹规划；建筑规模和风格应当与周围景观相协调。"笔者与周围居民、员工、相关管理机关工作人员的访谈中了解到有的经营者在规划房间的时候，为了追求房间数量，对内部结构大肆改造，使纳西民居风格的建筑受到不同程度的破坏。再者，《税务登记证》和《风景区准营证》中明确核准了民宿所经营的标间数和普间数，根据这些数目来确定税收及其他相关费用。一些不良经营者为了减少成本费用，面对有关部门的统计，刻意瞒报、少报实际经营客房数。第二，经营户之间的恶性低价竞争。据数据显示，69%的经营户，其房屋系承租所得，在短时间内为了维持成本，避免早期一次性客源的流失，不得不采取拉客低价竞争的方式来获取客源，以收回投资赢得利润。另有 31%的经营户，房屋是自己的，不存在租金问题，投资经营相较于前者成本更低，故而可以更为低廉的价格吸引游客，不同的经营户因此深陷低价竞争、互相诋毁之局面，价格战的结果无疑是两败俱伤，于市场反而无益，其服务质量优劣可想而知。第三，投资环境恶化，房屋租赁纠纷频发。据 B 市中级人民法院提供的数据显示，2015 年以来，该院受理的房屋租赁纠纷案件 26 起。DY 古城、BS 古镇房屋出租方与承租方的房屋租赁合同或是形同虚设，抑或是约定不明，加之整个旅游市场契约精神的缺失，恶性竞争的存在以及前述市场乱象的频发，导致 B 市投资环境恶化，使诸多潜在投资者望而却步。

第二节　立法监管在监管主体层面存在的问题

旅游市场的监管主体主要是相关执法部门，司法部门亦属于主体范畴之一。该部分的关键问题在于，立法所提供的监管依据不尽完善，因此而构建起来的法律法规体系或机制不健全，致使监管主体在现实中难以有效适用，另外，立法对监管主体本身所进行的监督之规定亦有不到位之处。

一　执法方面

执法主体是旅游市场监管的主力军，不仅要依法监管旅游市场，同时也要受到相应的监督。所谓执法，必须有法可依、有法必依。这不仅仅是执法部门的事，也有立法部门对于所依之法的制定参与，立法监管在执法方面的主要作用体现于相关旅游执法依据的合法性、合理性和有效性，包括对执法主体、执法对象、被执法内容、执法程序等方面的法律规定。通过调研，笔者发现B市旅游市场综合监管从立法监管角度出发，执法层面主要存在以下几个问题。

（一）执法主体及其执法权不明确，各部门职责混乱

有法可依是执法得以进行之前提，然而现行旅游法律法规对于执法主体及其权责之规定却不甚明晰。2015年B市将"旅游局"改为"旅发委"，2017年的A省旅游市场整治22条措施（即《A省旅游市场秩序整治工作措施》）还设置了旅游警察、综合监管部门等新型队伍，新的工作部门、团队需要新的定义和法律依据，然在旧有执法主体的权责分工尚未明确的情况下，新添盟友将导致各部门之间的管辖交叉重叠之局面出现，促使旅游市场监管执法主体日益深陷杂乱无序之中。同时，B市设有

多个投诉平台,虽然方便游客进行维权,但是由于法律规定衔接和部门协调的不完善,游客进行多部门多次投诉的问题也给执法带来了困难。笔者调研了解到,B市旅游执法部门在接到投诉或报案后,时常难以确定归属哪个部门管辖,或是多部门均认为应由本部门管辖,或是各部门之间相互推诿。可见,立法对于监管主体规定之缺陷,在一定程度上,既给执法主体带来诸多不便,亦造成了执法资源的浪费。

(二)执法依据即法律法规原则性过强,缺乏可操作性

我国旅游基本法起步较晚,还不成熟,未能全面落实到旅游市场监管的各个方面,在很多问题上只能做原则性的规定,反观因地制宜的产物——《A省旅游条例》和《B市旅游管理办法》,虽就当地现状及问题有的放矢,充分发挥旅游法规的地方优势,然仍存在原则性过强而缺乏实际操作性的弊病,经调研发现,主要体现在以下三个方面。

1.缺乏整治喊客、拉客现象的具体规定

调研发现,近期以来,B市团游数量减少,散客数量增多,这种情况主要源于游客自身出行方式的选择。散客成为旅游市场一大消费主体后,市场监管中随之而来的新问题就是私自喊客、拉客。喊客、拉客者没有合法的经营许可资格,虽然他们之中有一部分是与游客达成了一定的约定或者协议的,但这种基于双方自愿的行为并没有任何关于约定方面的保障,所潜在风险难以预估,举例来说,某些不法喊客、拉客者会在后续过程中对游客的财产甚至人身安全进行非法侵害。

通过调研,我们了解到上述问题在B市也时有发生。对此,B市旅游监管部门十分重视。然而,《旅游法》《A省旅游条例》却未对这一问题进行规定,仅有《B市城市管理条例》对此明文禁止,但该条例为B市人大颁布实施,效力等级较低,仅对B市范围内发挥作用,若能上升成为较高效力等级的法律规定,将对整治全省乃至全国旅游市场喊客、拉客现象发挥重要作用。

2.打击"四黑"未得体现

A省旅游市场整治措施中,打击"四黑"即"黑社、黑车、黑导、黑店"是一个重要部分,然而,除去一些执法部门自己的规范文件,打

击"四黑"无论是作为宗旨还是具体规范都未在旅游立法中得以体现。虽然"四黑"违反市场准入的情况，可由相应法规予以处置，其后续违法行为也可由《刑法》《治安管理处罚法》《道路交通安全法》等法律进行规范，执法主体可据此进行监管。但《A省旅游条例》或者地方旅游规范基本未对该方面有所规定，亦未能体现打击"四黑"的重要性和决心；同时，由于旅游业涉及范围广泛，变化莫测，法律又存在滞后性，"四黑"可能还存在法律部门未规制的行为，此时缺乏执法依据，执法主体不可能凭空对这些行为进行监管，这增大了执法的难度，同时也是旅游立法滞后性的表现。

3. "旅游投诉"难以界定

调研发现，"旅游投诉"一直是执法部门重视的方面，但也是令其深感棘手的难题。笔者结合实地参观以及所获资料得知，A省及B市的旅游法律法规并未对"旅游投诉"的含义、种类、解决措施等方面进行规定，这就导致执法部门在接受所谓的"旅游投诉"时难以进行准确判断及恰当处理。有关刑事、民事等方面的纠纷投诉可以移交对应部门如公安处理，但纠纷之外的其他事件，如游客因为导游普通话不标准而投诉，因天气原因导致行程不愉快而投诉等情况，算是真正的投诉吗？应该以何种性质认定并处理？如果这些情况属于投诉，那么"旅游投诉"应该如何更好处理？如果不属于，这些情况又应如何区别对待？

二　司法方面

通过网上案例裁决的收集分析，笔者发现，A省虽为旅游大省，然旅游诉讼纠纷案件的基数并不庞大，经统计，涉及旅游的案件共50起，其中，属于旅游纠纷案件的共有39起，占案件总数的78%，剩下的占22%的11起案件中，分别有4个行政裁决、2个保险理赔案件和5个其他裁决。通过实地调研，B市GC区旅游法庭出具的一份工作报告显示，该旅游法庭在2017年仅受理了5个旅游纠纷案件，其他民商事案件40件（不包含旧案件）。同时，根据在B市GC景区及SH古镇景区随机抽取的50名游客的问卷数据，在遇到旅游纠纷时，只有9.43%的游客选择通过诉讼方式解决纠纷；随机抽取的90名从业者中，只有22.62%选择诉讼解决（见图1-4、图1-5）。这些数据在一定程度上体现了旅游市场上司法普及率较低，旅游纠纷诉讼处理还不到位，相关旅游立法在司法适用上仍存在不足等方面的问题。

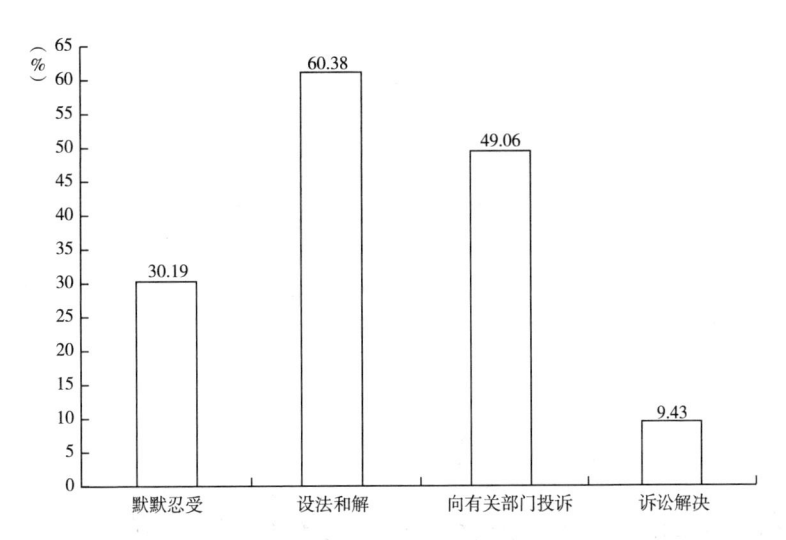

图1-4 游客选择的纠纷解决方式

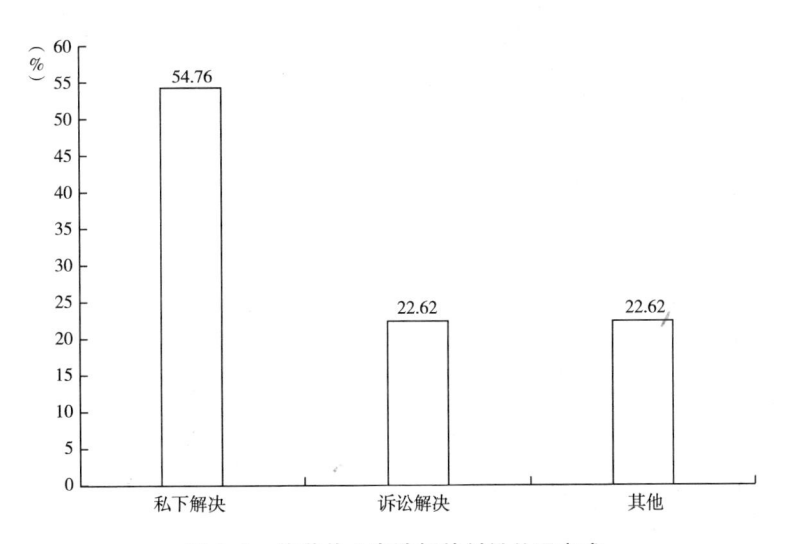

- 默默忍受：30.19
- 设法和解：60.38
- 向有关部门投诉：49.06
- 诉讼解决：9.43

图1-5 旅游从业者选择的纠纷处理方式

- 私下解决：54.76
- 诉讼解决：22.62
- 其他：22.62

立法监管在司法层面的主要体现，应当是在运用司法途径解决旅游纠纷时，相关法律规定是否完善，司法适用效果是否良好，也即司法环节中静态的法和动态的法是否共同发挥作用，让旅游市场的司法监管得以有效运行的衡量标准。结合调研材料进行思考分析，笔者认为，该层面的问题主要有以下三点。

（一）旅游法庭的受案范围及管辖不完善

B市的旅游法庭是为适应旅游特性而新设的巡回法庭，旨在以快审快立快执来解决旅游纠纷，自成立以来备受瞩目。旅游法庭作为特色法庭，确实应与一般法庭有所区别，然而，根据调研收集到的旅游法庭的材料，以B市GC区旅游法庭为例，笔者发现B市旅游法庭的受案范围及管辖方面的规定存在一定的问题。

在B市GC区旅游法庭的受案范围中，其中一项为SH古镇片区的所有民商事案件，另有一项为"游客在GC区内吃、住、行、娱乐活动中与商家、旅行社团发生的旅游案件"。如此就引出了两点疑问：一、大多数旅游案件实际上都有民商事案件的特性，那么此处的"旅游案件"与纯民商事案件有何区别？二、为何GC区旅游法庭仅能受理SH古镇片区的民商事案件？毋庸置疑，界限模糊的受案范围势必降低司法效率，加剧立案混乱。再者，除了SH古镇片区外，B市还包括DY古城在内的其他区域，虽然另有法院或派出法庭对其他区域的案件进行管辖，然此类受案范围之覆盖面仍显现出不太恰当合理之处，换言之，这是立法的不严谨所致，亦是立法监管在细节上所暴露的问题之一。

（二）合同规范化问题

目前我国《合同法》未将涉及旅游的合同作为一个独立的有名合同进行规定，也未对其设置特别的规则，《旅游法》及A省地方旅游法规亦未对此进行界定，更没有明确的标准，这就致使游客在与旅游从业者签订合同时易被钻空子，或落入陷阱。据调研问卷显示，几乎一半的跟团游客没有与旅行社签订合同（见图1-6）。为改变类似的现实情况，下至B市的旅游法规，上至A省的旅游法规，甚至是旅游基本法中设定关于旅游合同或者旅游契约的基本规则是必要的,也是可行的,单纯空泛的谈游客合同利益的保护没有意义,必须通过强制性的缔约、履约和责任规则予以规范,很多地方性、综合性旅游法规中关于旅游合同的内容值得借鉴。

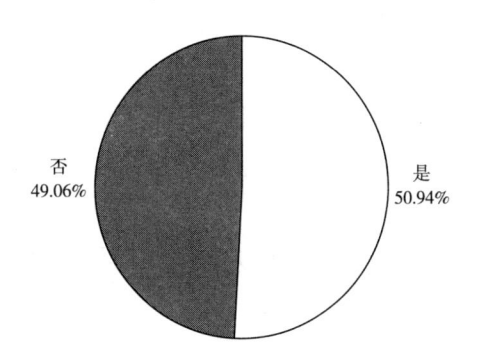

图 1-6 跟团游客是否与旅行社签订合同

（否 49.06%　是 50.94%）

（三）纠纷解决方式及机制问题

审理机制与审理方式是司法活动中的核心内容,也是能否妥善解决旅游纠纷、旅游案件的关键所在,通过调研,发现旅游案件的审理方式及机制存在以下问题:

1. 非依法调解

在调研和文献中发现,调解是旅游纠纷解决的重要方式,无论是在执法还是司法过程中都不可或缺。调解本身具有自愿协商的特性,体现出简便快捷的特点,然而在调研地区的调解中,非依法调解是调解中的大多数。旅游纠纷适用调解,实际上相当于我们常见的民事纠纷适用调解,但戴上了"旅游"的帽子后,旅游纠纷调解似乎就跳出了普通调解的范围,刻意略过调解的法定程序,以尽快结案进而实现投诉率减少、旅游城市形象提升等目的。此类问题的出现,与当地民众的法律认知及司法人员的法律素养是息息相关的;另外,立法未对旅游纠纷调解的适用加以明确,致使调解监督部门之不作为以及社会监督之缺失,其对此有着不可推卸之责。

2. 审理机制问题

一套完备的法律制度应包含实体法与程序法两个方面,以兼顾当事人之实体权利与程序权利,旅游法律法规制度亦是如此。然因诉讼程序之严肃性、谨慎性,旅游纠纷案件仅能依据其性质不同,进入民事、行政、刑事等不同的诉讼程序之中,而不能肆意变更或者跨程序进行。作为旅游大省,A省的旅游纠纷问题更为突出,且更加频繁,基于此特殊性,能否在相关旅游立法中强调对程序的遵守?能否在合理范围内施行符合地方实际情况的旅游纠纷审理机制?若有所创新,又应如何完善新机制以应对复杂多变的旅游纠纷?诸如此类问题,均是纠纷解决机制亟待解决的。

三 对监管主体的监管不到位

旅游市场监管主体也应当受到相应的监管,主要是对公权力进行约束的问题。针对目前各级政府在旅游市场监管中存在的"不愿管、不敢管,管不了、管不好"等情况,新规要求以最严肃的措施推动地方政府履职到位,强化旅游市场属地监管责任,设立州、市政府主要领导为旅游市场监管第一责任人,将旅游市场监管纳入年度综合考评内容;对市场监管不力,发生恶性旅游事件,造成恶劣社会影响的,对相关责任人进行严肃问责;并加大监督考核问责力度,建立旅游综合监管考核评价制度,每季度对州市进行量化考评;季度综合考评连续3次处于后3位的,对州、市政府主要领导进行约谈;连续3次处于末位的,对州、市政府主要领导及相关人员进行问责。

2015年,A省S州出现导游因不满游客而辱骂游客的情况,A省旅游发展委员于事发次日回应称,已立案调查;事发两日后,通报了调查和处理结果,拟对该导游做出吊销导游证的处罚,拟对涉事旅行社做出责令停业整顿的处罚、对旅行社直接负责人处以2万元罚款,并将涉事导游及旅行社记入诚信档案,向社会公布。在此次事件中,涉事女导游因不满游客消费低而对游客恶语相加,强迫购物。从表面上看,仅是涉事女导游的个人言行过激,然事实上,在强制购物的背后,相关各方已经凝集为一个"攫取"游客利益的"共同体",形成了一条清晰的导客利益链条。究其根源,在于一直以来旅游市场监管的松弛乃至纵容,利益相关、执法不严,最终导致"劣币驱逐良币"现象的必然发生。进一步说,这也是公权力缺乏约束所致。

公权力是人类共同体（国家、社团、国际组织等）为生产、分配和提供"公共物品"（安全、秩序、公交、通信等）而对共同体成员进行组织、指挥、管理，对共同体事务进行决策、立法和执行，实施决策、立法的权力。公权力包括国家公权力、社会公权力以及国际公权力。行政权是公权力的一部分。如前所述，公权力包括国家公权力、社会公权力以及国际公权力。国家公权力包括国家立法权、国家行政权和国家司法权等。社会公权力以及国家公权力也包括具有一定制定规则、执行规则、裁决争议的权力。社会团体、国际组织制定章程、规则的权力同样具有一定的立法性质；其执行章程、规则，对团体、组织成员进行管理（管理措施有审批、许可、登记、监督乃至制裁等）的权力同样具有一定的行政性质；其调解、裁决团体、组织成员间以及团体、组织相互之间或其成员与外部相对人之间的争议、纠纷的权力同样具有一定的司法性质。公权力虽然包括立法权、司法权等其他重要权力，但行政权是其中最主要的部分。人们聚集在一起，建立国家、社会等共同体，其主要目的在于获得安全、社会秩序等"公共物品"，而这些"公共物品"生产和分配主要是靠行政权维系的。

目前应该完善的内容，一是监管权责体系待进一步健全。部门间监管职能交错、边界不清、事中事后协同监管难，信息不共享、标准不统一，大数据监管难，上下左右沟通协调难；二是政务服务流程待优化，是否构建统一的基于民众办事的线上线下咨询、办理、取件平台，部门间政策法规协同清理修改和并联审核管理等问题也需要解决；三是审批信息系统待整合，几乎所有的审批、监管和服务事项的办理都要通过一定的信息化系统，现实情况是这些系统各自为政，很多系统一插到底，系统间共享兼容的主观意愿和技术标准都存在很多问题，即便同一部门，不同业务单元信息也不共享。系统整合融通，不仅是技术问题，更要突破部门利益和行为习惯进行顶层谋划。

第三节　立法监管在旅游市场长远发展层面的问题

一　旅游普法的投入不足

（一）旅游市场主体法治意识的概念

从当下 A 省多年的旅游法制建设进程来看，法制建设虽取得了很大的成就，但"依法治旅、依法兴旅"很大程度仍停留在口号上。旅游市场规范化建设的法律诉求除了法律文件的硬性要求外，旅游市场主体的法治意识也不可或缺。

法治意识是指公民、社会团体以及政府等社会主体在社会实践中生成的对依法治国、依法治权的认知、观念、评价和思想体系的总和。法治意识作为一种理性的意识，来源于历史的、社会的法律生活实践，但又必然反作用于法律生活实践。可以说，旅游市场主体树立法治意识是使旅游市场得以规范化的一个重要前提。意识是为实践服务的，在构建规范的旅游市场实践过程中，如果仅仅侧重立法方面法律文件的数量增加，重形式的要件，而忽视法治意识在构建规范化旅游市场中的内在价值，那么构建规范化的旅游市场将无从谈起。

在现今的旅游市场中，旅游市场主体法治意识淡薄的现状依然没有什么改变，造成这一现状的普法手段单一问题依然无法得到解决。普法手段单一导致旅游市场主体法制意识淡薄。这一现状又反作用于旅游市场，已悄然成为旅游市场规范化建设的拦路虎。

（二）旅游市场主体法治意识淡薄

根据全国科学技术名词审定委员会对于市场主体的定义，市场主体是指具有独立经济利益和资产,享有民事权利和承担民事责任的可从事市场交易活动的法人或自然人。任何市场主体参与经济活动都带有明确的目的,以在满足社会需要中追求自身利益最大化为目标。而旅游作为一种经济活动,在旅游市场中必然也存在着各种经济主体,即具有独立的经济利益和资产,在旅游市场中从事经济活动并享有权利和承担义务的个人和组织体。

根据一般市场主体的分类,旅游市场主体可以分为旅游投资者、旅游经营者、旅游消费者和旅游服务者。笔者针对以上 A 省旅游市场主体进行问卷调研,问卷采用随机抽样方法并结合访谈、问卷填写的方式进行,最终获得有效样本 53 个。对旅游市场主体法治意识的测量,主要从两个方面出发:一是"对已颁布的旅游法的相关规定的了解程度";二是"遇到旅游纠纷,会采取何种方式解决?"在第一个问题的问卷填写回答中,1.89%的旅游市场主体觉得对相关规定非常了解,33.96%基本了解,64.15%非常陌生(见图 1-7)。

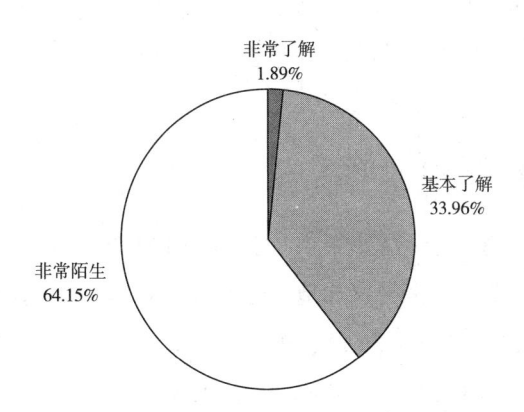

图 1-7 市场主体对旅游法规的了解程度

在第二个问题的问卷填写回答中,30.19%的旅游市场主体选择默默忍受,60.38%选择设法和解,49.06%选择向有关部门投诉,9.43%选择诉讼解决(见图 1-8)。

旅游市场主体是否具有法治意识,一个浅显的衡量标准即是其对相关法律法规的认知状况以及遇到纠纷后运用法律的意识。在问卷数据

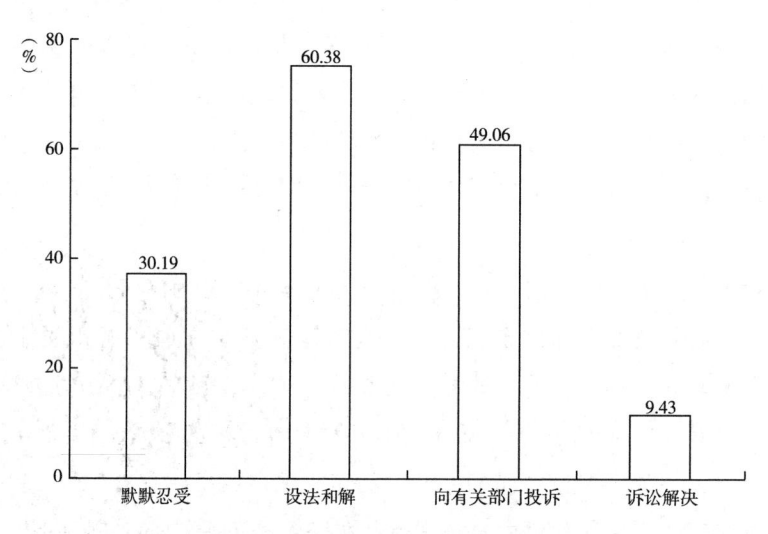

图 1-8 旅游纠纷解决方式的选择

中，旅游市场主体对法律法规的认知状况明显不足，对相关法律法规非常陌生的数据比高达 64.15%。而解决纠纷时选择默默忍受的依然占到 30.19%，选择诉讼途径的仅为 9.43%。旅游市场主体法治意识之淡薄可见一斑。

（三）普法宣传手段单一

普法工作承担着普及法律知识、弘扬法律精神、培养法治观念、引导法治行为的社会责任，是国家和地方法治建设进程中的基础性工作。我国自 1986 年开始实施"一五"普法规划以来，普法工作取得了明显成效，公民的法治意识得到提高。但与此同时，旅游景区对旅游市场相关主体的普法方式却形式单一，成效甚微。从而影响旅游市场主体的法治意识，不利于旅游市场的规范化建设。

旅游景区的市场化程度高，食住行、游购娱等相关产业发展迅速，经济基础相对较好。正是由此以发展经济为主的思维惯性，当地政府做决策时往往更看重经济利益。对难见经济效益的普法工作则持回避、被动的态度。因此，投入不足使得普法工作停留在短期的普法日、报刊宣传等传统方式上。而如今这些方式的受众范围狭窄，旅游市场主体难以了解到相关的法律普及。法治宣传教育中所倡导的法治观念、法治内容不易被旅游市场主体所接受，常常是遇到问题才想起来去找法律，或者压根不通过法律途径解决，不能做到事前学习和知晓。

二 对旅游文化保护不善

所谓的旅游文化是指，某个民族或某个国家在世世代代的旅游实践过程中所体现出来的本民族或本国家的文化。当今的旅游业发展，离不开旅游文化的哺乳作用，可以说文化是旅游业的灵魂。

B市是拥有B市古城、三江并流、"东巴古籍文献"三项世界文化遗产的国际旅游城市，被国际旅游组织誉为"中国最令人向往的10个小城市之首"和"地球上最值得去的100个小城市"之一，B市文化是中国乃至世界灿烂文化的瑰宝。但不可否认的是，B市文化随着B市旅游业的发展日益出现许多的问题。B市古城近年来在负面新闻中的"出镜率"比较高，欺客宰客、强逼消费、"艳遇"遇酒托，甚至暴打游客等乱象层出不穷；当地黑导游"不买东西比卖淫更可耻""B市欢迎你，是欢迎你来消费"的骇人言论，更引发舆论哗然。B市文化本来是中华文化的精华部分，但是其发展方向的偏离对B市旅游市场造成了不小的影响，这些问题不仅导致B市民族文化本身的传承与保护受到迫害，而且严重制约了B市旅游业甚至B市经济的发展。

（一）B市旅游文化发展存在的问题

1.对B市文化扭曲与误解

B市在旅游发展过程中，开始逐渐意识到自身文化之于当今社会的价值，也意识到传承和保护其的重要性，但是因为种种原因，B市某些文化最终走向远离本真，迎合游客浮躁、情色等不良价值观的道路上。加上在外界的宣传中，免不了对B市文化造成误解，以讹传讹之后，本身的文化精髓却逐渐走向糟粕。

（1）对摩梭风俗的误解。当地对关于摩梭走婚即是一夜情的说法已是多番澄清，仍旧劳而无功，其实走婚遵循着自己独特而严格的习惯法。

在 13 岁成人礼后，摩梭人享有走婚的资格，但即使有了自己心仪的对象，也要经过三年甚至更久的眉目传情和对歌环节后，才可以正式走婚。走婚虽然没有一纸约束，但也有责任与爱情，而且摩梭人对走婚对象也有严格的规定。

（2）"艳遇"B 市。B 市被称为"艳遇之都"，广义的"B 市艳遇"包括在 B 市"艳遇"一景一物一人一民俗一文化时的惊艳情绪，狭义的"B 市艳遇"即带有性爱色彩的异性或者同性之间的偶然相吸。而"B 市艳遇"已然成为 B 市旅游的第一名片，游客对其的追捧远远高于民族文化。从广义上说，如果你厌倦了大城市快节奏和朝九晚五的生活，你想找一个美好、闲适的地方，找一个心爱的人陪你平淡地过下去，这是一个美好、纯粹又浪漫的初衷，B 市可能会是个好地方。但是这种有质量的"艳遇"，遇不上也很正常，因为"职业艳遇家"和冲着解决生理需要的人比比皆是。B 市古城从"恬静""闲适"的文化意念，转向了"小资情调"甚至是"性爱艳遇"。

2. 文化的过度商业化

旅游开发过程中，不可避免地要将文化进行商业化包装，这是文化产品商品化的必然，但是商业化开发必须适度，过度的商业开发的结果反而会适得其反。20 世纪 90 年代后期以来，B 市旅游业进入了持续快速期，大量外地客商云集于此，他们在古城中收购或租用原住居民的房产，开始在古城中做生意，而原住民则纷纷选择搬到新城区居住。如今古城中的商品大多数都是从外地进货，并非本地生产，当地的文化得不到体现，古城中酒吧、西餐厅随处可见，给景区带来了夜生活的喧嚣。

过度的文化商业化带来两个严重的问题，一是民族文化的传承和保护受到影响。B 市文化是 B 市本地人世世代代沉淀下来的，B 市文化的精髓也只有 B 市人最了解、最热爱，过度的商业化让 B 市民族文化失去了原汁原味，其精华被掩埋，也难以将正宗的文化传承下去。二是阻挡了民族文化创新的步伐。民族文化是在劳动的过程中逐渐被创造的，而 B 市本地居民将房屋田地出租，单靠房租收入就不愁吃喝，所以当地居民形成一种慵懒、贪小便宜（欺客宰客）的坏习惯，也不愿意在通过自己的辛勤劳动来养家糊口，就算自己有很好的房屋也不会自己经营。B市民族文化由此失去了创新的源泉与动力。

（二）B市旅游文化保护在立法方面的现状

首先，宪法从国家基本制度和发展文化事业及保护公民从事文化活动的权利角度做了纲领性的规定，没有具体到旅游文化的保护，所以，从实际效果来看，对B市的旅游文化保护作用不明显。

其次，从国家到地方制定的一系列关于旅游文化保护的法律中，如《中华人民共和国旅游法》《中华人民共和国文物保护法》《中华人民共和国非物质文化遗产法》等专门的文化保护法律，分别从文化保护和非物质文化遗产的保护、发展和利用方面做出规定，以保障文化发展。再如《世界文化遗产保护管理办法》，对B市古城等被列入世界文化遗产名录的世界文化遗产予以法律保护。但以上法律毕竟是国家立法，原则性强而操作性不足，实际保护效果并不理想。

《A省旅游条例》条文中涉及旅游文化保护的也是屈指可数，其中第二十四条规定："以自然景观为主的旅游景区，应当加强对自然资源和生物多样性的保护，保障资源的可持续利用。利用民族文化资源、历史建筑和历史人文资源开展旅游经营的，应当保持其民族特色、传统格局和历史风貌。涉及文物保护的，按照有关规定办理批准手续。重点旅游城镇的新区规划和旧城改造，应当对旅游功能统筹规划；建筑规模和风格应当与周围景观相协调。"除此规定外，找不到过多关于文化保护的内容。《B市旅游管理暂行办法》的情况与《A省旅游条例》相差无几，在此不再赘述。而《A省B市古城保护管理条例》第九条规定："保护原住居民的民风民俗，鼓励原住居民在B市古城居住。对居住在B市古城内的原住居民户由B市古城保护管理机构按照有关规定给予补助。"该规定出发点也是为了更好地保护B市民族文化，但是实际情况并不乐观。

最后，从实体法和程序法的角度来看。在实体法上，涉及民族文化遗产保护的具体法律制度缺失，尤其是现行的知识产权保护的法律制度无法对其进行全面保护，以至于在司法实践中，许多侵犯少数民族文化遗产权利的事项没有被追究法律责任。在程序法上，由于我国法律规定，案件的当事人必须与案件有直接的利害关系，而少数民族文化遗产的权利主体无法确定，许多侵犯少数民族文化遗产权利的案件由于缺乏诉讼主体没有被立案，加之行政公益诉讼的缺失，使这类案件处于法律保护之外。

第四节 完善旅游市场立法监管的对策及建议

一 完善对游客的权利义务规制

（一）游客权利义务对等

对游客权益的保护应当是适度、合法理、合情理、合道理的，而非完全倾斜，游客在主张自己的合法权利的同时不能侵害他人合法权利，否则就是过度维权。从法理上讲，我国公民的权利和义务具有一致性，公民既享受宪法和法律规定的权利，又必须履行宪法和法律规定的义务，而且权利享有附有有限条件。

首先应该肯定的是，当游客的合法权益受到侵害时仍要保持维权意识，这本身是游客对自身权利意识的认识、觉醒，是一种时代的进步。保障公民的合法权益，是法律最基本的功能之一；法律也必须保障公民的合法权益。

其次必须指出，没有什么权利是无约束、无限制、无条件的，没有无义务的"绝对权利"，权利和义务二者密不可分，维权并没有错，但"过度维权"就不可取。

所以，结合目前中国旅游法律法规对游客权利义务的规定，调研者建议，立法一方面要毫不犹豫地对游客的合法权益进行保障，另一方面则要对恶意投诉、过度维权的行为进行规范，并且罗列出惩罚措施，将这个规定切切实实地执行起来，做到权利义务的统一。

（二）游客文明旅游、素质旅游

中央文明办、国家旅游局发布的《中国公民国内旅游文明行为公约》

《中国公民出境旅游文明行为指南》各有 8 条条文，对游客在国内以及国外如何进行文明旅游做出了相关的规定，对营造文明、和谐的旅游环境有一定好处。但是公约的效力等级较低、缺乏权威性、没有强制性，而现有的法律法规中对文明旅游谈及甚少。调研者建议，旅游立法可以写入规范游客文明旅游的内容，参考《中国公民国内旅游文明行为公约》《中国公民出境旅游文明行为指南》以及国外对于游客文明旅游的相关规定，将其中科学合理且具有重要性的部分上升到法律中去。例如，《中国公民国内旅游文明行为公约》中第一条"……不在禁烟场所吸烟；第四条，保护文物古迹，不在文物古迹上涂刻，不攀爬触摸文物，拍照摄像应遵守规定"等规定，类似行为对旅游环境造成的损害比较严重，对其进行规制不应该仅仅停留在公约的层面上，而是值得上升到立法层面，根据行为的严重定性，制定出惩罚措施。

另外，国外的有效经验值得借鉴，比如澳大利亚目前已建立起十分完善的遗产保护和旅游管理的法律法规体系。如《大堡礁海洋公园法》（1975 年）、《昆士兰海洋公园法》（1990 年），以及关于大堡礁的专项立法，如《大堡礁海洋公园法（一般环境管理费）》（1993 年）、《大堡礁地区（禁止采矿）条例》（1999 年）、《环境保护和生物多样性保护法》（1999 年）等。澳大利亚关于大堡礁法律法规相比于中国的条款比较细，可操作性很强，在执法和司法的过程中避免了许多问题。如环境管理费收缴规则规定了向游客收缴全费、半费和免费的细则，还有不同旅游经营企业的收费细则以及详细的罚款细则等。在著名的大堡礁绿岛公园，游客不许带走任何自然物体（包括贝壳），违者将被处以高额罚款。文明旅游、素质旅游是现代旅游行业亟待解决的重大问题。

（三）参照旅行社红黑板制度建设游客的"红黑榜"或黑名单制度

2016 年 10 月 9 日，国家旅游局发布十一假日旅游"红黑榜"，集中表扬一批最佳景区、优秀旅行社、优秀导游、优秀旅游工作人员和文明游客，同时也对假日期间厕所革命滞后、环境脏乱、管理混乱、服务恶劣的旅游经营单位和从业人员以及不文明游客进行了曝光。"红黑榜"由各地旅游主管部门根据本地假日旅游市场秩序情况提供信息汇总而成，对旅游市场乱象的规范起到良好的作用。而且即时公布了服务态度不好甚至有违法行为的旅行社、导游、商家等，方便游客寻找优秀的旅游工作服务人员。

在与部分 B 市政府部门工作人员和旅游从业人员交流后，我们发现，建设游客的红黑板制度可能对规范游客恶意投诉、过度维权和不文明旅游等行为具有约束作用。那么，可将游客过度恶劣的行为记录在案，进行公示，在 B 市甚至 A 省内的旅游区域内进行信息互通，提醒旅游景区相关人员在提供服务时重点注意这些游客，对其可能出现的不文明行为提前预防，也能起到警示其他游客的作用。

二 完善对导游的社会保障

（一）细化《旅游法》关于社会导游服务费用的规定

一直以来，社会导游都没有基本工资和社会保险，薪酬主要来源于旅游购物回扣和带团津贴，其中以旅游购物回扣为主，带团津贴为辅，然而绝大多数社会导游人员不仅没有带团津贴，还要倒付给旅行社"买团费"，在此不再赘述。由于导游服务费用的确定缺乏统一的标准和依据，《旅游法》又规定社会导游人员的薪酬来源主要为导游服务费用且禁止强迫购物和收受回扣，导致社会导游人员的薪酬很难得到保障，因此亟须进一步细化导游服务费用规定。

根据实践经验，笔者认为，应颁布旅游法实施细则将导游服务费细化为"带团津贴+佣金分成+小费"（见图 1-9），由这三部分所构成的导游服务费用可以使社会导游人员的收入得到落实和保障，促进导游服务质量的提高。

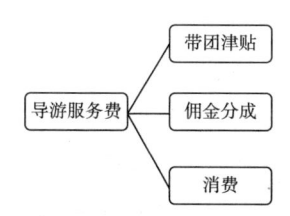

图 1-9 社会导游服务费组成结构

1. 提高带团津贴

带团津贴是对导游人员出团在外的补助，但一直以来社会导游人员的带团津贴都无法得到有效保障，即使有数额也很少，一般在 50~100 元/天，社会导游人员的付出与收获远远不成正比，若无其他收入，仅仅依靠带团津贴远远不能满足社会导游人员的日常生活需要，更不用说提高导游服务质量，故笔者建议将带团津贴提高。在此基础上，根据每个团队的人数、行程以及导游人员的职称等级、职业技能和业务评价等内容再分别设置津贴等级，拉开档次，逐步提高。

2. 实行合法佣金制度

由旅游行政管理部门和旅游行业组织共同商定，明确佣金的合法比例，使旅游商店、旅行社和社会导游人员之间实现利益的均衡与合理。佣金的结算应限于旅游商店与旅行社之间，社会导游人员在每次行程结束后向旅行社领取，杜绝高额佣金与暗箱操作，实现佣金的公开、透明、合理。收取合法佣金是一项国际惯例，如泰国允许导游从游客购物款里提成一定折扣作为导购佣金；在德国、瑞士和西班牙，景点商店等不给予导游员回扣，但导游可以接受游客、商店给予的"小费"；在韩国，商店按导游所带客人购物金额的 15%~20% 向导游所在的旅行社结算，再由旅行社按比例发给导游佣金。政府、旅行社和导游人员要共同努力，引导游客理性消费，宣传正确的佣金观念，通过多种方式让游客了解佣金的实质和内涵。另外，应将佣金的结算纳入旅行社的财务管理，接受工商和税务部门的监督。对于旅游汽车公司，有关部门应尽快制定出正常的旅游车收费标准，建立健全相应的法律法规，逐步降低旅游车司机的佣金比例，使其收入以车费为主。

3. 小费合法化

小费（tips）在欧美发达国家具有悠久的历史，已知的小费行为可以追溯到罗马时代，在一些门槛较低、竞争充分的服务性行业，客人若想得到优先服务，须缴纳一定数额的报酬，即小费。经过几个世纪的演变，已经形成具有代表性的西方小费文化，这其中很重要的一点就在于小费能够对低收入的服务业人员进行补偿，提高他们的生活水平，防止人才外流，保持职业的稳定性。西方发达国家的导游大部分是自由职业者，小费在其收入构成中占有很大的比例,小费制度不仅能够促进旅游从业人员提高旅游服务质量,对旅游业的发展也有着积极的促进作用。对于游客而言,对旅游行程的感受很大程度上取决于导游人员的服务质量水平,通过小费的给予,能够使游客对于导游人员的服务由过去的被动接受变为主动评价,为自己争取利益;对于导游人员而言,小费制度作为一种激励机制,不仅能够使其直接获得物质奖励,而且能促使其不断提高服务质量水平以获取更高小费,增强导游人员的幸福感与获得感。我国法律禁止旅游从业人员以明示或暗示的方式向游客索要小费,但是对于游客自愿给付小费的行为,法律并未明确规定。笔者建议,将小费制度纳入社会导游人员合法劳动报酬之中,将小费合法化、制度化。由当地旅游行政管理部门和旅游行业组织根据本地的最低工资以及平均收入水平、团队情况和团队的要求制定出具体的小费给付标准,定出最低比例,再由游客根据社会导游人员业务水平和服务质量的满意程度浮动,促使社会导游人员努力提高自身业务水平和服务质量,以获得较高的薪金回报。但是应当看到,小费制度的设立并最终确立是一个长期渐进的过程,需要社会多方面的努力,如小费文化的培育、规范的旅游市场环境的培育等,目前可以在旅游市场较为成熟和经济较为发达的地区推行,再逐步推广。

(二)细化《旅游法》关于旅行社临时聘用导游的规定

根据《旅游法》第三十八条的规定,旅行社除要向临时聘用的导游全额支付导游服务费用外,同时不得要求导游垫付或者向导游收取任何费用。违反本项规定的,根据《旅游法》第九十六条的规定,"由旅游主管部门责令整改,没收违法所得,并处五千元以上五万元以下罚款;情节严重的,责令停业整顿或者吊销旅行社业务经营许可证;对直接负责的主管人员和其他直接责任人员,处二千元以上二万元以下罚款。"《旅游法》的这一规定在很大程度上保障了社会导游人员的合法权益不受侵害,减轻了社会导游人员的负担,规范了旅行社的行为。但是应当看到,由于导游工作的特殊性,导游人员在带团的过程中遇到各种危险的可能性远远高出其他职业,因此导游人员需要得到更多的保障。对于临时聘用的社会导游人员,旅行社仅仅全额支付导游服务费、不向社会导游人员收取各种带团费用等，这些并不能完全保障社会导游人员的合法权益。

因此，笔者建议，在《旅游法》第三十八条中增加旅行社为临时聘用的社会导游人员购买商业保险的规定。一方面，对于旅行社来说，为社会导游人员购买商业保险并不会增加多少成本，反而可以很大程度上减小旅行社自身的风险；另一方面，有了商业保险，社会导游人员在带团的过程中万一遇到了意外伤害甚至身故的情况，可以及时从保险公司获得赔偿，使社会导游人员的损失程度减至最小。因此，将旅行社为社会导游人员购买商业保险作为的一项法定义务规定在法条中，是对社会导游人员合法权益的一项重要保障。

三　完善对经营者的权利义务规制

（一）旅游经营者权益保障

旅游经营者是指以营利为目的，从事旅游经营活动的公民、法人和其他组织。在实际情况中，个别单位和个人未经登记注册而从事旅游经营活动，或者持他人营业执照从事旅游经营活动，由于他们所提供的商品或服务直接关系到消费者的切身利益，实际上处于与旅游消费者相对的经营者地位，因此，我国《消费者权益保护法》中规定的旅游经营者也涵盖这些单位和个人。

1. 保障旅游从业者权益，提高旅游从业者的职业尊严

旅游经营者从事旅游经营活动享有的权利：依法自主经营；拒绝任何部门强行推销商品；拒绝违反法律、法规、规章规定的收费和罚款；拒绝无合法证件人员的检查；拒绝游客提出的违反其职业道德、侮辱其人格尊严的要求。职业尊严是公民从事某种职业所拥有的权利，并且这些权利被其他人所尊重。现代社会分工细密，每个人都可能归属于某个职业群体，也许有的职业光彩照人，有的职业相对平凡；有的职业人们趋之若鹜，有的职业可能乏人关注，甚至闻所未闻，都是社会正常运转的有机组成，职业的尊严不因其曝光度、知名度、收入高低而有所损益。另外，职业尊严还应包括从业者对自己职业的尊重和爱护，即所谓

"干一行，爱一行"的职业素养，在调研过程中我们遇到了一位从事过六年导游职业之后又转向律师行业的女律师，她的职业精神就体现在她的一言一行中。

2.旅游经营者的权益保障要求遵守公开、公平、公正监管原则

"三公"原则是市场经济中对市场参与各方的基本要求，但反之也是对作为参与方之一的旅游经营者的保障。首先，市场监管要公开，建立信息公开制度，监管部门将旅行社的信息完整、准确、真实、及时地披露，便于市场其他参与者做出正确的判断。应当公开的基本情况包括企业形式、出资人、员工人数、部门设置、分支机构、网络体系等；旅行社的经营情况，包括营业收入、利税等；旅行社组织接待情况；旅行社安全、质量、信誉情况，包括投保旅行社责任保险、认证认可和奖惩等。其次，市场监管要公平，监管部门要公平对待旅行社的市场准入、市场运行及市场退出。旅行社的地位平等、进入机会平等，监管部门制定的市场准入标准适用于进入相应经营领域的旅行社，进入相同经营领域的旅行社统一标准不能差别对待；监管部门通过建立交易公平、竞争公平、公平利用信息的环境，公正裁判谨慎使用自由裁量权，依法及时制止和处置违法的市场行为，"执法必严、违法必究"。

（二）对旅游经营者的规制

从我国旅行社市场监管现状来看，改革开放以后，伴随着我国法制体系的逐渐健全和旅游业的快速发展，我国的旅游法制建设也经历了从无到有，并逐渐完善的过程，大致来看可以分为四个阶段（见图1-10）。

我国的旅游立法机关有全国人民代表大会及其常委会、国务院、国务院旅游行政主管部门、地方国家机关，相应的其制定的法律效力等级也各有不同。以全国人大及其常委会制定的《旅游法》为最高等级；《旅行社条例》属于国务院制定的行政法规；法律位阶稍低的部门规章如《旅行社责任保险管理办法》《旅游投诉处理办法》等；地方各级旅游管理部门制定地方旅游条例，如《A省旅游条例》；再到《B市旅游管理办法》，可见旅游法规的完善是我国旅行社发展的最坚实的保障，所以应当设置具有可操作性的法规法条，及时补充对新业态的监管，为旅行社市场监管不

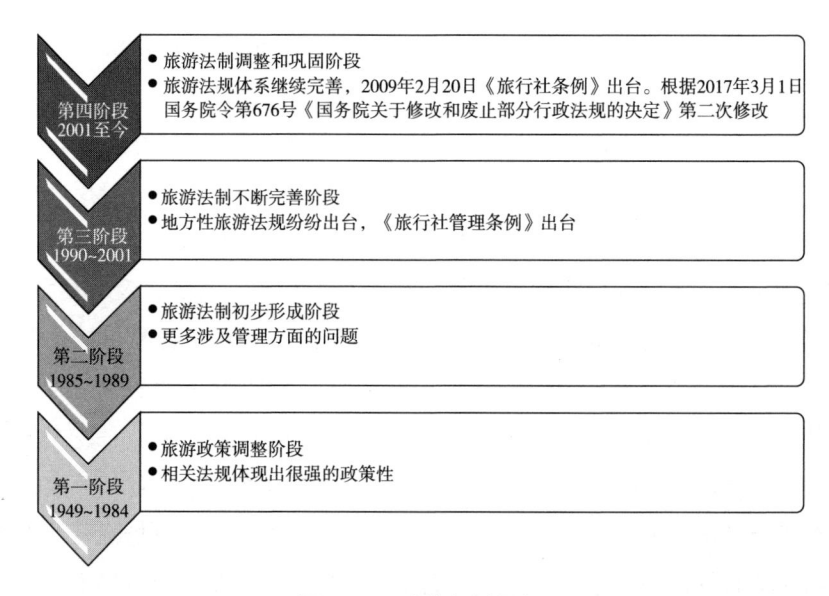

第四阶段 2001至今
- 旅游法制调整和巩固阶段
- 旅游法规体系继续完善，2009年2月20日《旅行社条例》出台。根据2017年3月1日国务院令第676号《国务院关于修改和废止部分行政法规的决定》第二次修改

第三阶段 1990~2001
- 旅游法制不断完善阶段
- 地方性旅游法规纷纷出台，《旅行社管理条例》出台

第二阶段 1985~1989
- 旅游法制初步形成阶段
- 更多涉及管理方面的问题

第一阶段 1949~1984
- 旅游政策调整阶段
- 相关法规体现出很强的政策性

图 1-10　政策规划历程

断完善法律依据。

1. 完善旅游统一标准化体系、规范旅行社市场

对旅行社来说，标准化活动不是一项孤立的活动，它涉及企业管理的各个方面，标准化的管理体系从内容上看是一定范围内的标准按照其内在联系形成的科学的有机整体，包括现有的、应有的和预计将来应制定的标准，即标准体系（见图1-11）。它不是个体标准作用的简单叠加，而是形成合力对整个系统产生的作用，使系统形成良性循环，从而为实现组织目标提供有效支撑。我国旅行社标准体系的建设还处于起步阶段，建立符合标准体系的基础理论，又与旅行社自身特点及其发展规律相吻合的标准化管理体系，使该体系能够服务于旅行社经营管理者，也能服务于游客，促进旅游行业良性发展。在我国，旅游已成为一种流行的生活方式，旅游市场的未来值得期待，但不能忘记品质才是旅游业的灵魂。伴随旅游业的转型升级，谁能赢得游客信赖，谁就能在未来的市场竞争中占得先机。当高品质者成为市场赢家，旅游业才能成为一个立得住、可持续的地方产业。

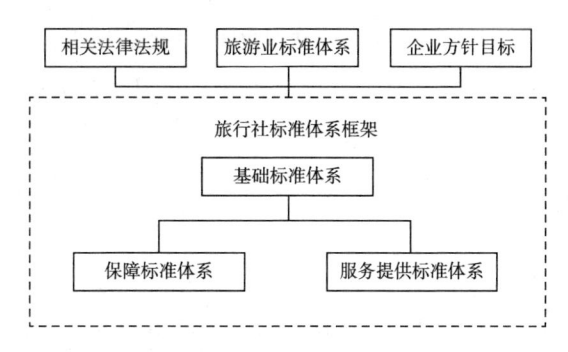

```
        相关法律法规    旅游业标准体系    企业方针目标
        ┌─────────────────────────────────────┐
        │         旅行社标准体系框架           │
        │                                     │
        │            基础标准体系              │
        │                                     │
        │    保障标准体系      服务提供标准体系 │
        └─────────────────────────────────────┘
```

图 1-11 旅行社标准化体系框架

2.完善民宿准入政策及监管机制，积极探索保障民宿可持续发展的制度措施

第一，制定民宿行业管理办法，科学设置民宿行业的进入门槛。推行合理合法、高效一体的民宿行业管理政策和经营许可制度，建立统一的民宿审批与监管机制，界定民宿的申办条件、经营规模。对每个民宿申请主体在经营规模上要有所控制，保持民宿行业的特色。第二，出台灵活而又相对安全的民宿用房政策，合理合法地保障农房租赁等交易行为，利于社会资本合理参与市场的优化配置。在国土资源部等部门联合下发的《关于支持旅游业发展用地政策的意见》基础上，进一步明确民宿等旅游新业态的用房用地政策，特别是在农村集体建设用地、宅基地等方面，避免个体私下交易带来的各种风险，让社会资本能够合理合法、放心地使用乡村资源、参与乡村经营，促进民宿业的可持续发展。

四 完善执法层面的立法监管

（一）明确执法主体及其权责

法律授予执法主体执法权，分配其权利义务，无论是旅游市场现有的执法主体还是新设的执法主体，都应当在立法中加以明确，首先确定它们的合法性，否则容易出现不敢执法或者越权执法的问题。其次是区分好每个部门各自的职责，避免出现因部门相互推诿或者管辖混乱而造成问题无法及时解决的局面。

虽然关于执法本身的详细规定理应由执法部门自身做出，但执法是旅游市场监管的关键部分，旅游法律法规中可对执法做出适当规范。如此，《B市旅游管理办法》甚至《A省旅游条例》可以对旅游执法的主体、程序、救济等方面有所规定。具体而言：

第一，肯定旅游市场综合监管主体的地位，对其做出定义，由于"监管"在一定程度上也是一种执法，综合监管从狭义上来说可算综合执法，如此可解决旅游市场监管中"谁管"的问题。第二，执法存在针对性，若以被执法对象的违法行为作为区分基础，明确某一类型行为或者某一种市场行为属于哪一部门管理，能更好地理清旅游市场监管"管什么"的问题。第三，执法程序及救济等问题，行政法及行政诉讼法已经给出了良好的范本，借鉴其规定并在适用于旅游市场监管上有所变通，是再好不过的方法。

（二）细化执法依据，增强可操作性

法律法规的合理有效性体现在它是否能够良好适用于法律实践，执法者是直接接触旅游市场行为的主体，他们更为注重的是所依据的法律规定是否具有良好的操作性，通俗点说就是用起来是否顺手。由于旅游市场的多变性和相关法律的不成熟性，需要细化的规定还有很多，此处对策建议主要基于该板块所述的具体问题展开。

1. 在旅游立法中明文禁止非法喊客、拉客行为

喊客、拉客行为严重影响了旅游市场的秩序，还有可能对游客造成极大的权益损害，不应当仅仅将喊客、拉客放入城市管理来进行规制，还应当在旅游立法中得以体现，由此旅游市场执法主体才能更好地整治这一乱象。主要条文的撰写，可以参考《B市城市管理条例》第三十条规定："禁止下列影响城市管理秩序的行为：（一）在城市道路上以阻拦、尾追正常行驶车辆等危及交通安全方式招徕游客；（二）在火车站、客运站、航空港口、高速公路出入口、演艺场所、景区、酒店等公共场所以拦截、欺骗、引诱、强迫、反复纠缠等方式招徕游客。"同时该条例还规定了相应的违法责任。当然，旅游市场监管与城市管理有所不同，旅游市场中的喊客、拉客现象更为突出和特别，规定在参照城市管理的同时，要依据旅游市场的特性做出适当的改变。

2. 在旅游立法中明确规定整治"四黑"

执法部门的不少规范文件可能对打击"四黑"有所规定，但既然"四黑"严重影响了旅游市场的秩序和发展，也是 A 省旅游市场整治的重点之一，那么旅游立法也应对此给予重视。"黑车、黑导、黑店"属于旅游经营中的违法行为，往往是该主体本身的存在违法或者是该主体侵犯了消费者的合法权益等，而"黑社"属于地方治安和地方保护主义等方面的问题，这些是"黑"的表现所在，也是立法所要确认的地方。确认了"四黑"的性质后，就是对整治措施、相关处罚等方面的规定，此时应结合执法部门的责任分工，结合所涉及的不同部门法律法规，做好衔接规定，更好地落实对"四黑"的整治。

3. 在立法中对"旅游投诉"进行定位

笔者经调研分析认为，B 市旅游市场中所谓的"旅游投诉"应当是打引号的"旅游投诉"，并非真正意义上的投诉。投诉是指投诉人的权益受到侵害而向有关部门主张权利的行为。被调研部门表示，基本上只要是"投诉人"认为的"旅游投诉"，他们都会接收，但由于存在游客滥投滥诉的情况，执法部门处理起来十分费劲。

以参观过的 B 市古城综合检测指挥平台为例，根据所获取的材料，该部门主要将受理的问题归类为咨询、求助、问题反映、突发事件、投诉几大类，每个大类下又分为一些具体类型，如投诉又分为对服务态度、商品质量、商品价格、食品卫生、强制消费、景区管理、景区环境等几个方面的投诉，借由大数据平台，实时获取某一时间段内 GC 景区的投诉数据，并对后续处理进行跟踪反馈，可以说是在法律未得细化的情况下进行的科学监管。立法在对"旅游投诉"进行定位时，可以借鉴实践中已有的处理模式，加以规范化和法言法语化，也能弥补法律条文在面对现实多变多样时的不足。

五 完善司法层面的立法监管

（一）明确旅游法庭受案范围和管辖

对于旅游法庭的受案范围及管辖，应以统一司法理念和裁判尺度为指导原则，以依法保护游客及旅游从业者的利益为精神核心。

调研得到的资料中，B市GC区法院对旅游法庭的受案范围和辖区进行规定，在其工作报告和下发给旅游法庭的权利清单中有所体现。首先，司法机关本身的文件在对旅游法庭的基础性问题做出规定时，应当遵循法律语句的科学性、合理性、准确性，对旅游法庭的受案内容有清晰的界定，尤其是对"旅游案件"进行界定，如执法层面对"旅游纠纷"应有的界定一样，使一般民商事案件和旅游案件有相应的区分。同时，法院应有理有据地划分旅游法庭的辖区，做好管辖衔接。其次，司法机关的文件之效力与立法不能相比，旅游司法作为旅游市场综合监管的重要部分，其关键问题应当在旅游立法中得到体现，在B市乃至A省的旅游立法中，可以强调与旅游法庭相关的规定。

（二）旅游合同标准化建设

A省旅游条例22条整治措施规定："（五）实行新的旅游标准合同。出台新的旅游合同示范文本，取消旅游合同中的购物附加条款。对旅行社未与旅游者签订旅游合同，旅游合同未载明游览、娱乐项目具体内容和时间，未载明交通、住宿、餐饮等旅游服务标准，旅行社指定购物点、推销自费项目、强迫或变相强迫旅游者消费的，依法从严处理。（六）严格监管旅游合同。加大对旅游合同的日常监管，对签订虚假合同、阴阳合同的旅行社及从业人员，依法从严处理。实行旅游合同电子化管理，实现旅游者、旅行社及监管部门实时查询，确保公开、透明。"鉴于旅游合同或者旅游协议的重要性，我们建议在旅游立法中强调旅游合同标准化，首先对旅游合同或者协议进行定义，其次对旅游合同或协议的订立、违约责任等做出规定，最后可由司法部门牵头制定规范性合同来加强当地旅游合同标准化的建设，尤其注重对日渐兴起的散客市场签订"一日游"电子合同的规范。同时，也可出台指导性案例，尤其要注重解决景区房屋租赁中的多次转租问题。

（三）完善旅游纠纷审理机制和方式

1. 在旅游立法中

首先，要强调调解是依法调解，必须按照法定程序，调解结果才有权威性。其次，为适应旅游纠纷的特性，树立调解优先、调判结合的原则，调解要具有灵活性，要结合实际情况和当地习俗有所变通。最后，做好调解与其他纠纷解决方式的衔接，实现旅游纠纷多元化联动解决机制。

2.关于旅游纠纷诉讼的审理机制

第一，可在旅游立法中加入审理程序的基础性内容，即强调旅游诉讼审理所运用到的我国现行程序法的基本规定，以此凸显依法审理的重要性。第二，以加强制度建设为保障，建立健全快速审理涉旅案件的机制。快速审理机制的核心是权利自治，对于快速审理应符合哪些条件，比如当事人自愿放弃哪些权利、条款、限制等才能进行快速审理，都应有所规定，以达到快审快结的目的。

六　强化对监管主体之监管

监管部门通过厘清政府与市场的关系，才能进行科学决策。有些问题尽管看似是旅游市场反映的问题，诸如航班取消、旅游车趴窝、导游流失或转岗、商场酒店关门、景区景点冷清、旅游商品企业倒闭工人下岗等等，实际却在于旅游管理部门自身在思想观念、体制机制、管理创新上存在问题。这些问题就会给社会埋下诸多安全隐患。对违法违规行为进行打击，维护旅游经营者和旅游从业人员的合法利益，避免因决策不当造成旅游市场问题，进而影响旅游经营者和旅游从业人员合法利益的情况出现。

通过立法强化责任的追究，纠正监管缺位、错位问题。放眼全国，从"Y海鲜排档""青岛大虾""游客被打、严重警告、官博怒怼网友"等多起旅游市场类似事件看，监管部门的反映和初始态度往往遭到诟病。物价、工商等部门缺乏横向协作，屡屡陷入事前缺乏有效管理、事中不能及时应急、事后难以查缺补漏的尴尬境地。受此所困，游客往往陷入循环投诉、无人救济的窘境。如果游客屡屡在同一个地方上演"人在囧途"，恐怕以后就会用脚投票了。因此，强化政府监管，落实监管责任，规范旅游市场秩序，既保障旅游者合法权益，又平衡好旅游者与旅游经营者和旅游从业人员之间的权利、义务和责任，才能从根本上杜绝旅游乱象，促进旅游业持续健康发展。旅游主管部门应当树立"法定责任必须为"的理念，按照《旅游法》及相关法律法规的要求，在政府部门的统一领导下，联合相关部门，完善综合监管机制，加大对旅游市场的综合整治，加大对无证经营、超范围经营、虚假广告、以不合理低价组织旅游活动、欺骗或变相强迫消费、商业贿赂、违法"一日游"、欺行霸市、垄断市场、违法调整门票价格的打击力度；运用信息化手段提高旅游市场监管、旅游执法水平和投诉处理能力，全面优化旅游市场环境；通过创新工作方法和手段，探索行之有效的事中事后监管途径和办法；通过完善执法机制，将运动式执法转变为常态化监管，提升执法效益和治理效果。

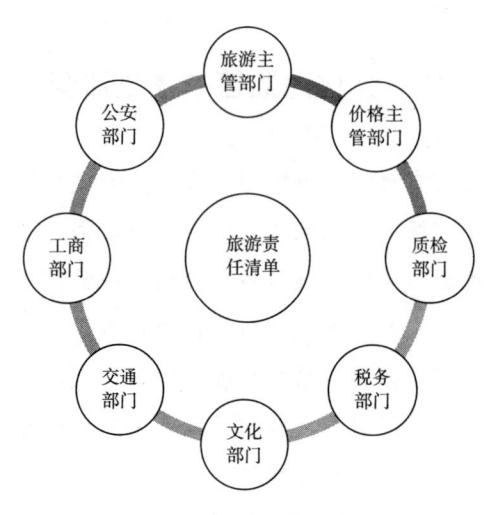

图1-12 政府责任清单

通过采用负面清单的模式，实现政府职能的转变。政府管制的范围和具体事项清楚、明白地予以列举，逐步建立限权式的公权力运行模式，理清政府与市场的关系，清单列举的归政府，清单以外的归市场。在《丽发〔2017〕2号中共B市委B市人民政府关于进一步整顿旅游市场净化旅游环境的意见》中强调了负面清单调整时，健全公众参与、专家论证和政府决定相结合的决策机制。同时，《B市权利公开透明运行实施细则》的出台也体现了不断完善权力运行监督制约机制。

通过媒体平台公示清单内容来倒逼落实。旅游市场综合监管责任清单，通过政府公告、政府网站、公开通报等方式，向社会公开旅游部门及相关部门职能、法律依据、实施主体、执法权限、监督方式等事项，加强部门间对旅游市场违法违规行为的信息沟通，强化联合执法协调监管的相关工作机制，提升综合监管效率和治理效果。旅游责任清单涉及旅游、公安、工商、交通、文化、税务、质检、民航、价格主管等部门，厘清分别负责的领域和工作，应当树立"法无授权不可为"的理念，按照相关要求积极推进行政审批制度改革，不拖泥带水，不犹豫观望，不明放暗收，不擅自增加审批条件或延长审批期限，要按照行政审批制度改革的要求，把确定由旅游行业组织承接的职能尽快移交。通过斩断市场管理者与不法经营者之间的利益链条，清除害群之马，形成"优币驱逐劣币"的示范效应。

七 加强旅游普法

（一）普法手段多元化，提高公众法治意识

普法是建设中国特色社会主义法治体系的重要内容，对于提高公众的基本法治意识，向公众普及基础法律知识，建设社会主义文明社会等内容都有着突出意义。

然而就目前来看，全国范围内的普法工作都面临着手段多元化的改革需要，普法对于社会各方面发展的推动作用日益受到人们的关注。现阶段社区普法、校园普法讲座等传统的普法手段已不能满足社会对于普法工作的多样化需求，对于旅游市场而言，普法手段多元化亦是势在必行。致力于实现旅游市场普法手段的多元化，应当结合社会发展现状，充分应用时代发展产物，将日益丰裕的司法资源加以充分利用。

1. 丰富普法方式

伴随着以新媒体行业为代表的传媒行业变革，普法工作应逐步调动起双微平台等众多新媒体的强大信息共享能力，巧妙利用其便捷性、交互性以及受众群体广阔的特点，同时结合电视、广播、报纸、杂志等传统传播媒介，将旅游市场相关的法律信息加以充分宣传，潜移默化提高旅游市场

中各类群体的法治意识

2. 利用 A 省旅游市场特色性机制丰富普法手段

以 B 市为例，A 省在全国范围内率先发展起来的旅游警察、旅游巡回法庭、旅游市场社会监督员等特色化的旅游市场规范机制，应加以更为充分的利用，将普法工作加入这些特色化设置日常工作的方方面面，渗透到旅游市场运作的各个环节。

（二）建立健全旅游诚信体制

近年来旅游经济发展迅速，随之而来的旅游诚信问题也日益突出，旅游市场诚信体制建设的缺失所引发的旅游市场诚信危机对于旅游市场规范化建设产生了不可忽视的阻力，《国务院办公厅关于加强旅游市场综合监管的通知》中明确提出了对建立健全旅游诚信体制的需要。

要加强 A 省的旅游市场规范化建设，建立健全旅游市场诚信体制是必由之路。我们可以通过政府部门的力量结合新媒体技术的支持构建起旅游市场的诚信监督信息流通的便捷平台，完善旅游"红黑榜"制度，为游客、当地民众和相关从业人员等提供更为及时可靠的信息流动平台，充分调动旅游市场的各类参与者的监督力量，提高行业自律的效能，实现旅游市场的自我监督、自身净化，降低市场监督整治成本。在此过程中调动起整个社会的监督力量来规范旅游市场，良性发挥旅游诚信对于旅游经济发展的重要影响力，提升旅游市场全民法治意识，为 A 省旅游市场法制化建设提供一种科学高效的法治途径。

八 保护旅游文化，促进文化健康发展

B 市旅游文化发展面临着诸多困境，其形成原因复杂而多样，仅从单一方面很难彻底解决问题。我们提出以下 4 条建议。

（一）确立 B 市民族文化的保护在法律上的重要地位

通过立法的形式对 B 市非物质文化遗产和民间文化艺术等文化权利进行保护，B 市应建立健全专门的民族文化保护规定，可以参考西藏自治

区人大常委会颁布的《西藏自治区实施〈中华人民共和国非物质文化遗产法〉办法》、《西藏自治区人民政府关于命名西藏自治区民间文化艺术之乡的决定》（藏政发〔2014〕113号）等地方性法规，通过立法的形式对藏族特色非物质文化遗产和民间文化艺术等文化权利进行保护。并根据上位法的规定，结合当地实际情况进行制定，效果可能会更好。

（二）规范被扭曲的低俗文化和商业炒作行为

B市的旅游文化定位应该是"高原姑苏"的闲适、恬静和天人合一，与现代都市社会的浮躁逐渐形成鲜明对比。在进行商业包装的时候，一定要把握好尺度，切不可舍本逐末，一味迎合游客的趣味，甚至迎合低级趣味，例如"艳遇之都"称号的泛滥，"一夜情"的盛行，有学者通过网络文本的分析发现，"艳遇"一词与"东巴""民族"等代表B市的名词出现的频率几乎是相同的，甚至其对游客的文化感知影响更大。B市旅游文化的灵魂、核心应该是，近千年历史的DY、SH、BS三大古镇、东巴古籍、纳西音乐、节日、本地居民的生活方式和理念等等，而不是所谓的"艳遇""一夜情"等。对个人、媒体、商家恶意炒作，诋毁B市民族文化的行为，可以采取一定的处罚措施。

（三）加强B市旅游文化开发的监督管理

旅游文化的开发是一个复杂的系统工程，需要做好规划、落实监督、加强管理。在B市旅游文化产业发展过程中，仍然有管理不规范，监管不到位的情况出现，使得B市旅游市场上出现了一些乱象。要加强B市旅游文化开发的监管，首先需要政府部门切实履行职责，加强旅游市场的监督，规范各类旅游经营行为。其次，要广泛实行民主监督，让游客、商户成为旅游监督管理的主体，弥补政府监管的不足。最后，要加强行业的准入管理，对于涉及B市文化核心的一些产品开发，一定要严格审核其是否具有这方面的资质、能力，避免市场鱼龙混杂。

（四）强化对民族特色文化的教育

首先应该规范的就是未成年人辍学过早投入旅游行业的严重现象，结合《中华人民共和国宪法》《中华人民共和国义务教育法》等法律的规定，让未成年人接受良好的教育，将文化的创新与传承发挥得淋漓尽致。其次，无论公立学校还是私立学校都应加强对B市文化的教育，注重专门从事纳西民族文化教育、民族工艺传承等专门院校的发展，将纳西优秀文化继续发扬光大。

附 录

调研问卷

B 市旅游监管知晓度及满意度问卷调查

您好！此问卷主要是调查游客在旅游过程中的相关事项。调查结果仅作为此次"三下乡"调研报告的一手材料，绝非商业用途。因此，请您放心填写，所填资料我们将予以保密。谢谢您的支持！（填写时只需在"□"里打"√"）

1. 您在 B 市游玩过以下哪些景点（多选）？

□ B 市古城-SH 古镇及周边景点

□ F

□ I

□ P

□ W

□ 其他

2. 在 B 市旅游期间，您遭遇过的困难包括（可多选）：

□ 没遭遇什么困难

□ 旅游旺季部分景区周围物价暴涨

□ 旅游线路交通堵塞问题

□ 旅行社的虚假广告宣传

□ 导游强制消费

□ 旅游服务者态度恶劣

☐ 旅游景区安全让人担忧

☐ 景区及旅游服务者不合理收费

☐ 语言沟通障碍

☐ 其他

3. 在 B 市旅游期间，您对 B 市旅游从业者的印象是（可多选）：

☐ 无特殊印象

☐ 总体素质文明，服务质量过关

☐ 部分从业者态度热情，但服务质量有待改善

☐ 部分从业者服务态度恶劣

4. 如果遇到旅游纠纷，您一般会选择什么方式处理？（可多选）

☐ 默默忍受

☐ 设法和解

☐ 向有关部门投诉

☐ 诉讼解决

5. 您认为获取投诉渠道最有效的方式包括（可多选）：

☐ 电视广告

☐ 网络查询

☐ 微信公众号（二维码）

☐ 旅游宣传册

☐ 景区公示牌

☐ 海报宣传

☐ 其他

6. 您所知晓的可处理旅游纠纷的机构有哪些（可多选）？

☐ 消协

☐ 工商局

☐ 质监局

☐ 公安局

☐ 交通运输管理部门

☐ 其他

7. 您对现在开展的 B 市旅游市场整顿行动怎么看（可多选）？

☐ 没关注过

☐ 赞成，确实应该整顿

☐ 反对，对游客有诸多限制

☐ 整顿力度颇有成效

☐ 整顿没什么成效

☐ 效果不持久，很快就会恢复原样的

☐ 其他

B 市旅游从业者问卷调查

您好！此问卷结果仅作为此次"三下乡"调研报告的一手材料，绝非商业用途。所填资料我们将为您保密。谢谢您的支持！（填写时只需在"☐"里打"√"）

1. 您的性别：

☐ 男

☐ 女

2. 您从事的行业是：

☐ 旅行出行类（如客运、出租车等从业者）

☐ 旅游餐饮住宿类（如酒店、饭店从业者）

☐ 旅游游览类（如景区从业者或管理者）

☐ 旅游综合类（如购物、娱乐业的从业人员）

☐ 旅游产品提供类（如旅行社工作人员、导游）

3. 您对 B 市已颁布的旅游法律法规、条例以及办法的相关规定了解吗？

☐ 非常了解

☐ 基本了解

☐ 了解一点

☐ 非常陌生

4. 在进行旅游相关活动或经营管理时，您或您的单位所依据的规定是什么？（可多选）

☐ 旅游法/A 省旅游条例/B 市旅游管理办法（即中央或地方旅游基

本立法）

☐ 单位章程/条例/办法（即单位内部规定）

☐ 其他部门法/单行法/单行条例/规范性文件等（如道路交通安全法，食品安全法，景区管理条例，旅行社/导游人员管理条例等）

5. 若 A 省对相关旅游法律法规规定进行改善，您最希望下面哪些方面有所改变？（可多选）

☐ 资格许可

☐ 业务范围

☐ 行业标准

☐ 行业竞争

☐ 价格利益

☐ 责任处罚

☐ 其他

6. 您有没有经历过旅游执法或旅游纠纷诉讼？

☐ 有

☐ 没有（跳至第 8 题）

7. 若有过上述经历，您觉得处理结果是否妥当？

☐ 妥当

☐ 不妥当，您的意见或建议：

8. 就您所知，以下哪些情形会受到行政处罚？（多选）

☐ 无照经营

☐ 纠缠、胁迫游客购买旅游商品和服务

☐ 对未购买旅游商品和服务的游客使用侮辱性语言

☐ 利用虚假宣传或者使人误解的方式诱骗游客进行消费

☐ 其他

9. 执法力度加大后，对您的生意有怎样的影响？

☐ 有好的影响

☐ 有不好的影响

☐ 没影响

10. 就您看来，目前同行业内违规违法行为还多吗？

☐ 特别多

☐ 有所减少但仍然存在

☐ 几乎没有

11. 如果发生旅游纠纷，您更愿意通过哪种途径解决？

☐ 私下解决

☐ 诉讼解决

☐ 其他

12. 您对现在的执法状况满意吗？

☐ 非常满意

☐ 满意

☐ 一般，没什么特别的感觉

☐ 不满意

☐ 非常不满意

13. 您希望当下的执法状态持续下去吗？

☐ 希望

☐ 不希望

☐ 不做评价

（注：两份问卷均为立法监管、司法监管与执法监管三个小组合用）

第二章
旅游市场的执法监管

引 言

　　A 省于 2014 年修订的《A 省旅游条例》是我国《旅游法》出台后首个修订并颁布实施的地方性法规，各界对此寄予很高期望。然而，面对旅游市场的高速发展，徒法不足以自行，政府对旅游市场的监管工作也应当做出相应的变革与调整，A 省作为我国旅游大省，肩负旅游市场综合监管的重大转型任务。随着国务院于 2016 年 2 月 4 日下发《关于加强旅游市场综合监管的通知》，A 省政府针对目前旅游市场监管面宽、监管部门多、监管难度大的实际情况，在吸收借鉴其他地区经验的基础上，在重点旅游地区实行"1+3+N+1"旅游市场综合监管模式。（"1"—指综合监管指挥中心，"3"—工商和市场监管局旅游市场执法队伍、旅游警察队伍、旅游巡回法庭，"N"—所有涉旅的政府部门，"1"—旅游监管履职监察机制。）但之后的 B 市打人毁容事件、副省长疑似被强迫消费等恶性事件使外界对 A 省旅游的管理问题质疑声纷纷，旅游乱象作为全国旅游行业的通病，这样的结构性矛盾在 B 市集中暴发，并通过舆论传播使事态进一步恶化，B 市不得不为全国的旅游通病买单。A 省政府于 2017 年 3 月紧急出台 22 条旅游市场秩序整顿措施，对全省旅游市场进行大清洗，各州市政府结合地区实际也相继颁布对应的整改措施。但相关举措在实际旅游整改过程中有没有真正发挥作用，是否能从根本上解决旅游乱象问题有待考察。

　　基于上述研究背景，YN 法学院暑期调研组于 2017 年 7 月开展了以"A 省旅游市场综合监管问题及对策研究"为总标题的调研活动，选取 B 市作为调研点，通过实地走访、座谈、专访、问卷等形式，亲身体验 B 市当地的旅游市场环境，对旅游执法进行参与式观察。另鉴于研究主题比较宏观，调研组分立法监管、执法监管、司法监管、行业自律和社会监督五个层面对旅游市场综合监管进行量化评测。本报告由执法监管小组成员执笔，主要从旅游综合执法的角度进行剖析阐释。我们希望通过此次调研，向读者描绘出 B 市旅游市场生态现状并厘清"乱象"成因，给"旅游综合执法"这剂药一个准确定位；随后通过综合评测找出 B 市旅游综合执法的具体困境，从问题根源与地方实际出发，提出有针对性和可操作性的旅游综合执法完善对策。囿于小组成员科研水平及调研时间的限制，针对本报告中存在的不妥之处，恳请读者批评指正。

第一节 B 市旅游市场生态分析

一 "人文资源"与"自然资源"并存

B 市旅游业发端于 20 世纪 90 年代初期，距今已有近二十年的发展历史。1996 年至 1998 年三年地震恢复重建，B 市从 A 省改革开放的末端走向了前沿。1997 年申报世界文化遗产成功，把 B 市旅游推向了世界。B 市可谓 A 省旅游市场乃至全国旅游市场的整体缩影，该市总面积 20600 平方公里，辖一区四县，少数民族众多，有纳西族、白族、傈僳族、彝族、普米族、苗族、藏族、回族、壮族等，文化多元；另外，该地区地理环境复杂，气候多样，植物种类繁多，盛产菌类和药材。B 市依靠人文资源与自然资源并存的优势，可为游客提供多种旅游产品，旅游市场发展潜力巨大，旅游文化深入人心，旅游产业也已成为本土经济的支柱产业，是一座名副其实的旅游城市。

B 市旅游发展依靠的"人文资源"主要集中于 GC 区，即 DY 古镇、SH 古镇和 BS 古镇，其中在海内外最为知名的莫过于 DY 古镇，也被誉为"活着的古城"，历经 600 年沧桑，保存至今，拥有着"三坊一照壁"、"四合五天井"等纳西族传统民居特色。就现状来看，商业化程度最深的是 DY 古镇，后续依次为以"茶马古道""SH 十景"闻名的 SH 古镇和以"BS 壁画""BS 细乐"闻名的 BS 古镇。在民族文化资源方面最为突出的是"东巴文字"，也称"世界上唯一活着的象形文字"，被联合国教科文组织列入"世界记忆遗产名录"。此外，节日文化也是 B 市旅游的一大特色，纳西族三多节、彝族火把节、傈僳族阔时节、普米族吾昔节、摩梭人转山节、他留人粑粑节等极具少数民族特色的节日，是 B 市吸引游客融入当地文化的重要契机。

B市旅游发展中典型的"自然资源"包括被誉为"冰川博物馆"的F，长江上游的U、"三江并流"区的Z，"高原母亲湖"I以及"高原湿地公园"V，等等。围绕这些自然景观开发的旅游景区、旅游路线在全国范围都具有相当的知名度和好评度。单从这些自然景观的欣赏价值来谈，这些景观都足以令人赏心悦目、流连忘返，对于长期生活在都市中的人们尤其如此，偏偏由于某些恶性事件的发生，使得自然景观也背负上了恶名。但即便如此，这些景观的观赏性不会因为某件旅游纠纷而消失，只会因为环境的改变、人为的破坏而受到影响，而在经济发展和保护自然环境之间找平衡，并不仅仅是B市需要面对的问题。"自然资源"还包括本土特产，比如野生菌、雪桃、玛咖、山崴菜、油橄榄、华坪芒果、永胜水稻、螺旋藻、三川火腿、高原畜牧乳制品等，这些农副产品的售卖也是B市旅游经济收入的重要来源。

随着多年的摸索和改进，B市较好地利用了其得天独厚的"人文资源"和"自然资源"，已经形成了具有一定地方特色的旅游产业体系。曾经的"B市模式"为国内其他地方旅游行业所推崇和效仿，但是近几年出现的"旅游乱象"使得B市作为中国旅游名片的地位岌岌可危，这些恶性事件不断地提醒旅游从业者与旅游监管者们，再得天独厚的旅游资源，在面对舆论讨伐的浪潮时，也会黯然失色，对于旅游市场而言，声誉的重要性不可小视。对于B市政府而言，挽回局面的举措是要求以行政力量"消除乱象"，但是在旅游市场的"乱象"面前，"一刀切"不是好办法，我们需要以理性的态度分析"乱象"产生的原因，并尝试理解其中的无奈，提出既符合法律要求又人性化的执法方案。

二 "暴利"与"乱象"交错

在针对B市"暴利""乱象"等局面展开分析和论述之前，需要提醒读者注意的是，分析"暴利"与"乱象"并不意味着B市旅游市场已陷入万劫不复之境地，旅游市场的黑暗面在全国各处均或多或少地存在，本章在此处特设一节的目的在于以本小组成员的亲身走访实例来揭示某些

"乱象"的真实表现,尝试解释 B 市成为全国旅游市场出气口的深层原因,并澄清某些不必要的误解。

(一)走访实例

实例一:"编彩辫"的"纳西族"妇女

在 DY 古镇的街道上随处可见"编彩辫"的妇人们,笔者在调研过程中曾与其中一位中止"营业"正在休息的妇人进行了简单的交流。在表明自己是来自 K 市的游客后,该妇人立即向我推销起了"彩辫",起初说"十块钱五根",我望着她处没有回应,见我似乎没听见,又马上改口说"二十块钱五根"。对远处路过的执法队员,她表示"他们来的时候我们就不编(彩辫)啦,会抓我们的",在她随身携带的布袋里,隐约可以看出是一些传单和小册子,向彩辫的"客户"们推销一些旅行路线、客栈也在她们的日常业务范围之中。

实例二:"邮局"乱收费

在旅游景点当地给亲友寄明信片是一件稀松平常的事情,费用也不会太高,但是在本次调研的过程中,小组成员在一个"中国邮政"与个体经营的明信片店界限不明的店铺里遇到了"乱收费"。该店前台称"如果不是店里的明信片,要买信封,三块钱一个,然后才能寄"。并说"只贴邮票寄不出去的"。这让我们的当事人与其争辩:"您先卖给我吧,寄不出去算我自己的责任。"最后该店员答道:"不行就是不行,这是规定,A 都这样。"笔者为将明信片寄往国外,另行购买了一枚标价 4.5 元的邮票,但在该店员要求下,最终支付了 5 元。

实例三:小商品批发店"暴利"

调研小组在 GC 区内随机走访时,与一位小商品批发商谈及古城纪念品生意。据该批发商所述,他店内的多数纪念品是从义乌小商品批发市场来的,本土产品种类较少,卖得比较好的是带着东巴文字的铃铛,商品的总体销量在逐年下滑,从年收入上百万元下滑到几十万元,以前尝试过网店,但并不顺利,后来就放弃了。在他个人看来,他觉得自己的商品多数是"好货",但是游客似乎越来越不买账,而执法人员的行动对他的生意没有什么影响。

实例四：旅行社走访

小组成员以"游客"身份随机选择了知名度不一的旅行社，询问业务情况与执法影响。在业务方面，游客量相比于往年确实有所减少，散客团方面业务量相对稳定，而且散客团由多个旅行社拼组的现象是很普遍的。大一些的旅行社散客多可以自己发团，或者与一部分旅行社拼团，然后发团到各条线路。如果是规模小一些的旅行社就是几个旅行社的散客组团然后集中以一个旅行社的名义发团。对于执法影响，多数旅行社店员表示最近的整治是比较严格，但是他们都是按照规范进行操作的旅行社，所以没有什么影响，部分旅行社店员表示执法者应当"抓"那些跟旅客们签电子合同的客栈老板们。

（二）原因剖析

国内研究文献中反映出的"乱象"，往往是以一种高度概括性的语言表示有某种"乱象"存在，随即分析这些"乱象"的不良影响，比如"零负团费""低价团"等，这样的分析对某一种旅游市场违法行为开展研究虽然具备针对性，但可能缺乏全面性，而调研报告或许应当在全面描述市场概貌方面做出一定努力。新闻报道中的"乱象"，往往也是描述某个单一的热点事件，且在对 B 市旅游恶性事件进行新闻报道和网络文章推送时，出现了一种怪异的现象，即在标题使用上有意无意地贬低 B 市旅游市场秩序，一时之间"B 市"一词在舆论中与"宰客""商业化"等词语紧紧地联系在一起。但是，倘若我们认真反思"毁容"事件、"倒豆浆"事件，其实都是低概率事件，而类似事件在全国各地均有发生，为什么唯独 B 市被推到了风口浪尖呢？

追根究底，旅游市场"乱象"的形成源于"利益"驱动，在旅游开发商、旅行社、低价团、小商品店、客栈、黑车、导游等旅游从业者之间存在着错综复杂的利益链条。在市场中有技巧有策略地追逐利益是商人的天性，这一点无可厚非，如果造成了他人合法权益的损害，自然有法律来制裁，只是一旦在追逐利益过程中伤害的是市场本身，这种责任应该归结于谁呢？随着 B 市旅游逐年升温，人们开始反思商业化对传统文化和自然环境的破坏，本地人想把"脏水"泼给外来人，外来人又抗议"地方保护"，游客觉得从业者们唯利是图，从业者们又觉得游客们素质低下，究竟孰是孰非？

面对这些令人头疼的问题，结合调研组此次调研收集的资料与亲身体会，我们认为如今的B市背负"恶名"存在以下几点缘由。

第一，舆论恶意炒作。客观来看，有部分媒体在利用B市的知名度炒作新闻，对事件进行片段式报道，误导广大群众，但这类新闻媒体的不负责报道却难以受到相应的责任追究。部分游客在网络媒体如微博、朋友圈中发布情绪化、污名化的旅游信息，给B市当地部分景点名声带来不良影响，在与F管委会负责人员进行访谈时，调研者了解到，在该类事件处理中，游客存在过错，即使事后向景区寄送道歉信，景区名声也很难挽回。在舆论面前，旅游从业者的立场与游客是不对等的，仿佛游客天然处于弱势，但是就实际情况来看并非如此，在调研组收集的从业者对旅游纠纷处理结果的意见反馈中，有三份问卷特别写出了"过度保护游客""无理由偏向游客""基本都是让着顾客"的意见，在游客恶意投诉、散播不良信息的情况下，从业者、经营者受到的伤害可能会更深。

第二，旅游市场总体导向不健康。B市旅游市场在长远发展上缺少正确的总体导向。B市古城各处开得密密麻麻的客栈、酒吧打着"艳遇"的名号而传遍全国，吸引了许多年轻的游客，且不论这种宣传效应是否值得正面评价，单从事实来讲，这种名头的确起到了扩散知名度的作用。但是在走访过程中，有许多人都发出了这样的疑问：什么时候B市才能彻底摘下"艳遇之都"的标签？"艳遇之都"的名号就是B市旅游市场总体导向缺陷的典型例证，作为历史文化古都，如何准确识别和保护B市传统文化是个难题，如何正确宣传更需要慎重考虑，放手让市场去制造的商业噱头往往会忽略对古城名声的长远影响。而这些客栈、酒吧，还有许多餐饮店大多为外地人所开，渐渐地又形成了一种特别的外来型的文化氛围。客栈老板抱怨房租涨得快，与身为本地人的房主矛盾愈发激烈，多年经营餐饮的外地老板向我们抱怨"地方保护"的不公待遇，这些矛盾其实都可以归结于市场没有一个良好的发展导向，发展侧重点不明，目标粗糙，疲于应付。

第三，部分旅游从业者商业理念未摆正。在座谈过程中，旅游执法者与行业代表对部分旅游从业者都使用了同一个描述词语即"唯利是图",在走访过程中,调研者又发现正规旅行社抱怨某些黑旅行社、黑客栈偷偷摸摸做生意,某些客栈抱怨另一些客栈用贬低自家声誉的方式撬走客人,游客抱怨自己经常被少找钱。这些调研中的实际情况反映出在 B 市旅游市场内,的确存在部分旅游从业者的商业理念未摆正。

回顾走访实例中的小商品批发商一例,"从上百万元下滑到几十万元",这可能是批发商的无心之语,却给笔者带来莫大的震撼,小商品批发商的年收入就如此惊人,那么旅行社呢?那些旅游开发集团呢?"暴利"使 B 市旅游市场的一部分从业者尝到了甜头,却使他们以及后来者的商业理念发生了变形。随着 B 市古城市场的不断饱和,"暴利"在减少,资金不断集中到少数人手上,不合理逐利却屡屡上演,编彩辫"涨价"、"邮局乱收费"、"少找钱"等现象都在说明一个问题,这些从业者缺乏经商的基本理念即"信用",他们没能权衡利益与信用的轻重。此外,回想起调研中编彩辫妇人、"邮局"的女店员、批发商老板的神情举止,笔者认为,这种"乱象"背后有暴利、有生计的无奈,还有一种在我们社会中普遍存在的,缺乏知识和技能,但又不求改变,安于现状,反复既往行动的死循环。

第四,行政监管没跟上市场变化。在 B 市,没有"明码标价"的餐馆依旧存在,从一个外地人的角度来看,"不标价"本身就代表着不合理,代表着潜规则,会在无形中降低这个店铺的信誉度。旅游市场在不断发展变化,B 市作为一个旅游热点城市,不可避免地会被来自其他城市的游客以比较的眼光审视,在行政监管未能跟上市场变化带来的新要求时,不满之声就会随之响起。在对从业者走访的过程中,调研组成员获得了较为一致的回答,他们认为旅游执法对自己的生意是没有多大影响的,但是,在他们看来,旅游执法仅仅是指对违法行为的惩处,而"行政监管"等表述与此也没多大差别,作为生意人,对旅游执法情况不太关注也不想关注。B 市在过去发展中所取得的成就值得肯定,许多有益的经验也值得借鉴,但就当前我国旅游进入大众化、全域化时期来看,传统的旅游行政执法监管已经不合时宜。尤其是近年以来,B 市旅游问题频频发生,引起社会各界广泛关注,这一度将其推向舆论的风口。为进一步推动 B 市旅游业发展，更好地为当地旅游市场提供优质服务，扼制旅游乱象，重塑良好公众形象，B市旅游行政执法监管体制急需转变。

三 "意识更新"与"产业创新"时不我待

（一）意识更新

解决市场"乱象"要从根源出发，从意识更新开始，找准市场发展方向，摆正商业心态，推动产业创新，从而使整个旅游市场焕发新的生机。意识更新不仅是对旅游从业者的要求，也是对旅游立法者、领导决策者、基层旅游执法者以及游客的共同要求。

旅游从业者意识要更新。第一，对自身商品和服务的质量要有更清醒的认识。在小商品批发商的眼中，自己卖的都是"好货"，但是在一般游客的眼中，这些小商品一是没有本地特色，在网上可以以更低价格买到甚至会包邮；二是质量不算好，看起来太廉价，不宜送人；三是除了装饰没有其他作用，买回去之后常被闲置。第二，对商品和服务的价格要有更合理的认识。举例来说，在国内各地火车站的超市、零售店中，普通商品的价格高得惊人，火车站人流量极大，若以正常价格售卖，营业额想必定会高于现状。但这些店铺的经营者们没能转变经营的意识，最后使广大民众反射弧般的将火车站商店与"贵"、"坑"联系起来，陷入一种盈利和声誉两不讨好的境地，这个道理在景区内同样适用，比如曾有游客认为某景区出售的氧气瓶价格过高。作为游客，出游意识同样要更新。"顾客就是上帝"只是一句夸张，作为旅游消费者，仍然要承担相应的责任，对提供旅游服务的从业人员给予尊重和理解。

旅游立法者的意识要更新。立法者必须认识到法律的局限性，注重倾听基层实践的声音，认真考虑立法的合理性，考虑法律实施的可能性。《A省旅游条例》作为史上最严格立法在现实执法中遭遇的惨痛失败，就是最好的警醒。在调研过程中，有许多行政领导、执法人员认为立法还不够细化，可操作性还不够，这是一种将法律完全工具化的思维，这种思维也是导致行政执法行为僵化的直接原因。决策者和执法者的意识要更新。他们更应该理解法律的局限性，理性地认识法律规范的作用，对自由裁量权在权力发挥和责任承担上要有同等认识。如何落实政策要求，绝对不是靠堆钱堆人而来，而是把资金和人才集中到该用的地方，只有对自身举措多加反思，不断完善解决思路、提高行动力，才有可能把事情办好。

（二）产业创新

就此次调研实际情况来看，B市目前输出的主要旅游纪念品与国内其他旅游市场多有雷同，较具本土特色的商品包括"东巴文化"周边和鹤庆的"银饰"、"鲜花饼"等本土小吃，提供的主要旅游产品包括以相关风景名胜为基础设立的参观游览路线，民族文艺演出，特色客栈、咖啡厅、酒吧等。从未来发展的角度来看，B市旅游市场的产业创新可以从开发文化旅游精品着手，提升现有旅游产品的文化内涵。但是何谓"精品"，还需要有专业人士给出标准，就目前的不少文艺演出设计，都难以称之为"精品"，如"某地千古情"等演艺表演流于俗套，在国内其他旅游景点多有雷同，已经无法吸引游客，反而耗费财力物力。可以在善于借鉴非物质文化遗产的基础上，对于少数民族传统服饰、东巴木雕、东巴纸、蜡染、手工银制品、烙画、土布包、"丽永瓷"、石木雕和纳西族、彝族、白族刺绣等产品进行重点开发，丰富产品的文化内涵，突出手工技艺价值，加强民族民间工艺生产的体验和营销。与此同时，注重民族工艺传承人培养，通过官方力量创造本地及外地艺术家、高校及相关工作室的专业交流机会，以专业眼光来考察传统历史文化、民族文化如何在旅游产品中体现和运用。可以说，未来的产业创新可以以文化体验为主打，DY古城内的东巴文字体验馆就是一个较好的范例。不过也有不少从业者认为这种文化气息浓重的产品难以引起浮躁的、走马观花的游客们的注意，但是这种想法依然是建立在短期获益的角度考虑的，要想重新树立B市旅游文化品牌，只有当产品质量和相关宣传两方面都达到一定程度时才有可能。此种思路也可以对旅游服务行业进行创新，鼓励部分企业，比如酒吧、KTV进行合并重组，实行连锁经营、整体管理，提升该服务行业总体的服务质量。

（三）找准旅游综合执法的定位

无论是旅游从业者还是旅游执法者，他们的共同目标应当是使 B 市旅游市场能够长足稳定地发展。而本章将着重研究旅游综合执法在实现该目标的功能定位和行动建议。要找准定位，第一步应当是把握 B 市旅游市场的全局概貌，因此调研小组在调研过程中对 B 市旅游市场的生态进行了一定程度的研究，对旅游执法的对象有了更清晰的认识。旅游执法监管属于旅游市场综合监管的一部分，与行业自律、社会监督等其他方式区分开来，只有在存在违反旅游市场相关法律的情形时才会启动，而旅游综合执法属于旅游执法中的一种提高执法效率和质量的执法方案，这里的"综合"是指综合行政机关内部的不同机关，集合不同的部门执法权对旅游类案件进行共同解决。与前文中强调的法律局限性一样，旅游综合执法也有其局限性，以 B 市旅游经济的特殊性，完善该地的旅游综合执法体系也应当充分考虑其地方特性。

第二节　B 市旅游市场综合执法整体评测

本调研小组通过观察、座谈、分发问卷、走访等方式对 B 市旅游执法的重点单位进行了考察，在综合分析观察总结、座谈纪要、问卷数据①与访谈记录后，以下将从执法队伍、执法职责与执法效果三个方面对 B 市旅游市场综合执法情况进行整体评测。

一　执法队伍的稳定性

（一）执法队伍组成

B 市市级旅游执法单位主要包括市公安局、市工商局、市旅游发展委员会、市食品药品监督管理局、市质量技术监督局、市交通运输局、市物价局、市卫生与计划生育委员会等，区级旅游执法单位则包括 B 市 GC 区旅游发展委员会、世界文化遗产 B 市 GC 保护管理局（以下简称 GC 管理局）、区市场监督管理局（由原质监、食药、工商合并）等。

据调研，B 市于 2016 年 2 月成立了旅游市场监管综合调度指挥部，由市长担任总指挥，副市长、各涉旅成员单位负责人作为组成人员。下设 B 市旅游市场监管综合指挥调度中心，从旅发委、公安、工商、质监、物价等成员单位派驻工作人员集中办公（参见附件六）。此外，B 市还成立了多个旅游警察支队，配合相关部门开展旅游市场监管联合执法和旅游市场秩序维护等工作。

目前 B 市旅游综合执法工作主要由 B 市旅游发展委员会负责，上述

---

① 此次问卷统计情况：回收执法人员有效问卷 42 份；回收从业者有效问卷 86 份；回收游客有效问卷 118 份。

指挥调度中心的办公地点位于委员会大楼一层大厅内。B市旅游联合执法巡逻队也以市旅发委为根据地，由B市旅发委、GC管理局、F管委会、C县旅游局、市工商局、公安局旅游警察支队、GC区市监局旅游警察支队、GC管理所、C县市监局旅游警察支队、旅发委旅游警察支队、市工商局旅游警察支队成员共同组成，分为GC第一、二、三巡逻组，F巡逻组，V第一、二巡逻组，面上第一、二巡逻组，机动第一、二巡逻组。

（二）执法人员专业素质及工作积极性

根据调研实际，接受问卷调查的B市旅游执法人员中，多数具备专科以上学历背景，部分通过公务员招考的岗位有研究生以上学历者，但根据访谈情况，市级单位执法人员学历普遍高于区县级执法人员，而部分待开发景区管理人员中学历低于本科者居于多数。在访谈中，一名景区管理人员指出，B市旅游管理方面还缺乏专业人才，在公务员招考方面还需要多考虑人员本身的专业能力来安排适当岗位。在访谈中一位从外地招考来的研究生，目前从事某景区的管理岗位表示对B市的喜爱，但是更希望在工作中发挥自己环境方面专业的优势。总体来说，目前B市旅游执法人员在学历方面不算突出，但正在逐步上升。

在对外出执勤人员进行问卷调查与访谈交流后，调研小组发现目前从事旅游执法的人员组成比较复杂，工作经历多种多样，囊括了导游、复转军人、诚信旅游服务质量监理公司及其他行政部门成员等，在涉及旅游方面的工作积淀总体较丰富，年轻人较少（见图2-1）。

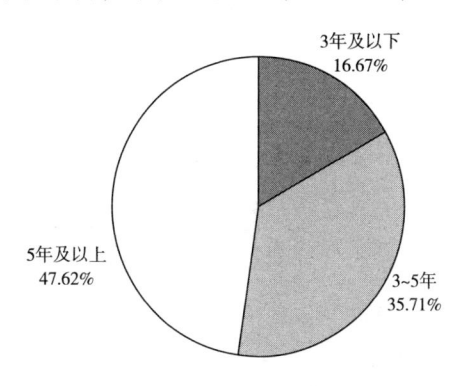

图2-1 执法人员工作经验

在工作积极性方面,通过观察,调研人员并未能直接得出结论,故调研者考察了其他可能影响执法人员工作积极性的因素。

经问卷调查,可以看出旅游执法人员中以本地人居多(见图2-2),在谈及对B市现在旅游乱象的看法时,多数执法人员会将自身工作与家乡情结密切联系在一起。在GC区随队巡逻过程中,巡逻队员表示作为本地人更容易在精神层面对B市的发展产生同情与共鸣,将更努力地建设家乡。

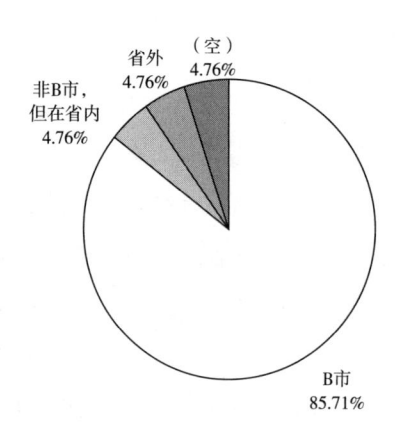

图2-2 执法人员籍贯分配

由图2-3可见,执法人员对薪酬的满意程度与一般公务员系统内的反映相差无几,通过细致分析可知,外勤次数越多者或区县级基层执法人员对薪酬满意度相对较低。因工作繁忙,突发应急执法出动次数较多,执法人员回到办公室后往往十分疲惫,部分受访者表示对自己的执法工作抱有充分信心,更多的人则表示对该工作已经习以为常。

根据《B市人民政府办公室关于成立B市旅游市场监管综合调度指挥部的通知》,指挥部成员单位各抽调1~2名工作人员在指挥中心集中办公,抽调人员可实行3个月一轮换,抽调人员工资福利由原单位负责,指挥中心工作经费由市人民政府统一安排。联合巡逻队中各成员薪酬由原单位负责,巡逻组的车辆、伙食等安排由组长所在单位负责安排。

综合上述对执法人员组成、专业素质及工作积极性的考察,调研组认为当前B市旅游综合执法队伍的稳定性不高,受政策影响颇深,一旦整治风头一过,指挥中心、联合执法巡逻队都会随之解散。在指挥中心的访

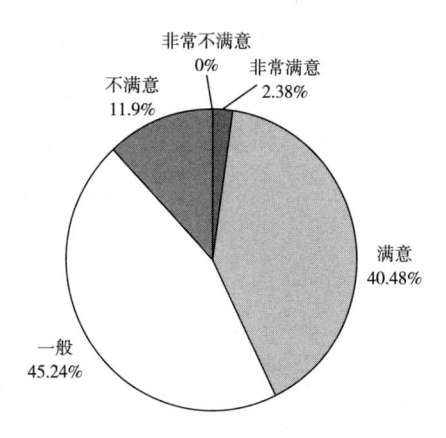

图 2-3 执法人员对薪酬的满意程度

谈中，谈及该中心是否会长久保留，下派驻办的人员同样表现出较为消极的态度。从客观角度分析，由于这些"联合体"中的执法人员分别隶属于不同的行政机关，在联合执法中差旅费、伙食费、通信费等执法相关费用往往由各自部门承担或者补贴，各单位人员的工资待遇与绩效考核仍由原单位负责。况且由于各单位与旅游市场的相关性并不相同，故其工作量与业务量也差异明显，如市工信委从指挥中心成立至今仅接收了1件案件，卫计委只收到过3起案件，市交通局接收案件数量为0。发改委、市公安局在指挥中心的接报量均少于本单位。不同执法机关工作性质和福利待遇存在差别，在联合执法中的费用补贴不尽相同，例如市公安局警察工资标准配发便高于其他各机关待遇，这些待遇差距也容易导致内部结构松散。因此，目前的旅游综合执法机构人员薪酬、编制均未发生根本改变。

二 执法职责的明确性

（一）部门权力清单

结合上文中对执法队伍组成的测评，B 市已经建立类似联合执法办公室模式的 B 市旅游市场监管综合指挥调度中心，即由各单位抽调人员，工资待遇由原所属单位负责的临时性调度中心，该中心可将受理的旅游投诉根据指挥部职责分工将案件转交指挥机构的下属一个部门执法或者多个部门联合执法。B市旅游市场监管综合调度指挥部负责对指挥中心下达任务指令和工作检查。指挥中心具体负责受理电话投诉，应对舆情、警报等途径获得的旅游投诉咨询信息，可以处理的当场处理，不能当场处理的信息将分流至各个职能部门，指挥中心各成员单位将是否受理信息以及投诉处理结果反馈给当事人并及时传回指挥中心。

从目前实际运作情况来看，B市旅游市场监管指挥调度中心的权力清单尚未对外公布，对内职责分工也并未针对涉旅执法联动机制方面有所细化，作为市政府牵头下的协调指挥机构，并不具备独立的执法主体资格，其内部架构与分工主要依据政府文件，结构较为松散且在具体涉旅案件分工方面仍存在显著不足，部分涉旅职责分工出现职能交叉、职责分配错误以及部分成员单位结案量较少或根据分工文件却无权执法的窘境。职责分工在没有细化的情况下各组成单位履职仍依照原属本单位职责，故而该中心在职责分工与组织架构方面仍有完善和改进的空间。且从目前的调研结果来看游客和旅游从业者对其存在知晓度不高，指挥中心接报的各类案件转交比例均普遍低于指挥中心各成员单位的本单位接报量。可见，B市旅游市场综合监管调度指挥中心的权力清单尚且不完善，并未及时对外采取公布和宣传措施。

此外，各个单位的旅游警察支队成立不久，各项涉旅案件分工与内部运行流程仍没有形成系统规范，在具体涉旅职责方面的职责分工也亟待探索，尚未建立一整套行之有效的权力清单制度。旅游警察在涉旅单独执法或联合执法过程中相较于其他警察执法的专业化分工与执法效果并不明显，而工商部门与质检部门在旅游执法中更像是单独执法个体或是配合执法者的出现，在联合执法中的主体地位与资格尚未有效确立（参见附件五、六）。

（二）基层执法权力交叉

调研组首先对旅游执法对象进行了划分，分为游客及旅游行业从业者。经过调查，小组发现针对游客的执法行为仅为极少数。一般情形下，对于游客随地吐痰、乱扔烟头、践踏绿地、攀折花木、破坏公物、占道经营等不文明行为，通常由文明旅游志愿者或志愿组织进行告知与规劝。而对于旅游行业从业者，又可以将其划分为交通运输类、餐饮住宿类、浏览观光类、娱乐购物类以及旅游产品提供类。

对交通运输类旅游行业从业者所进行的执法活动是 B 市旅游执法工作的重心之一。一方面，执法部门将杜绝 B 市客运站、火车站附近的黑车拉客、喊客现象；另一方面，执法部门会定期检查旅游车辆是否具有相应运营资质，并由运政部门对无运营资质的车辆进行查处。同时，出租车、公交车在运营过程中若受到游客投诉，也由有关执法部门对其进行处理。对餐饮住宿类旅游行业从业者的执法侧重点在于餐饮。在 GC 区的餐饮服务行业中，执法者的执法对象不仅限于正规餐饮店，同样也包括民族小吃摊点。执法工作的内容主要有检查相关营业执照、食品经营许可证、从业人员健康证、进货台账记录，以及有无价目表、店铺（摊点）的安全卫生情况等。对于证照缺失、营业不规范等行为责令进行补办或改正。而在住宿类旅游服务方面，执法的重点在于住宿是否符合规范，是否标明相应房价，并定期进行回访。浏览观光类旅游行业从业者主要针对景区提供项目，涉及项目繁多。其中，较为重要的是对客运索道、大型游乐设施等特种设备进行安全隐患排查治理。此外，也包括在服务细节（如卫生间改建等）方面改善游客旅游体验。同时，对于该类从业者，旅游执法单位也鼓励、推动其进行行业培训，以逐步提升景区服务质量。在娱乐购物类旅游行业从业者中，重点执法对象在于购物。旅游购物不规范问题是 B 市 GC 区旅游行业的顽疾，因此，GC 区内的商铺也成为旅游执法部门的重点监管对象。对此，B 市工商局、GC 区市场监管局也在不断加强旅游市场的准入管理，多次以拉网式排查的形式对 B 市 GC 区的无照经营、超范围经营的商铺进行监管，并要求其限期整改。此外，GC 区发改委还负责进行 GC 景区内经营户的明码标价宣传指导工作，以规范旅游购物市场。旅游产品提供主要指向旅行社及导游服务。在 B 市旅游行业整治初期，旅行社的不规范经营问题显著突出。在 2017 年 3 月，由国家旅游局督察组牵头对多个旅行社进行了调查，涉及有关 15 个旅行社共 19 个违法违规案件，涉案旅行社、责任人共立案 38 起，对事实清楚证据确凿的案件给予行政处罚，共罚款 93 万元。

从执法对象角度来理清基层执法的具体执法重点是最具可操作性的一种方式，但是当行政机关从自身的行政权出发进行执法时就会出现纸面明确，实际不明确的情况。而在调研过程中，调研组发现旅游执法中存在的基层权力交叉情况颇为严重，许多旅游执法人员并不明确自己的职权范围，依靠工作经验和习惯来执法，而且由于这些基层执法者需要处理的事务多而繁杂，他们在具体执法中很难将日常经验与文本相关联。以联合执法巡逻队为例，在排班表的备注中写的是：各个巡逻组负责对各自区域实行全天候巡逻，转办接受游客投诉、处理好突发事件。这种执法权限描述几乎适用于其他任何一支旅游执法队伍。

三　执法效果的持续性

（一）正面效果

当前 B 市旅游综合执法起到的正面效果体现在部门执法效率提升、投诉量减少、游客对从业者服务态度满意度提升。

B 市自成立旅游市场监管综合调度指挥中心以来，在处理涉旅案件方面效率有所提高，特别是在处理涉及多个职能部门的复杂案件的情况下有了协作机制和协调机构。在处理市内涉旅案件方面各机关的联合协作加强，案件受理与处置效果有所提升，为旅游市场的长期监管奠定一定的组织架构基础。另外，为适应国务院关于政府机构大部制改革的要求，也为加强对 B 市旅游市场的综合监管，B 市目前已经在基层的区县实现工商行政管理局、食品药品监督管理局和质量技术监督管理局三局合并，新成立综合执法部门，区、县设市场监督管理区行使三机关的执法权限，初步具有了综合执法的雏形，为旅游市场的综合监管与综合执法提供有力的保障。

从旅游执法者对联合执法效率的直观感受来看，大部分人认为在 B 市旅游市场展开联合执法行动后，执法的效率有明显提高（见图 2-4）。不过根据访谈的具体内容，旅游执法者们眼中的"效率提高"除了时间、人力物力成本的降低，还有典型的与旅游警察联合执法的"甜头"，在执法时更有"底气"。

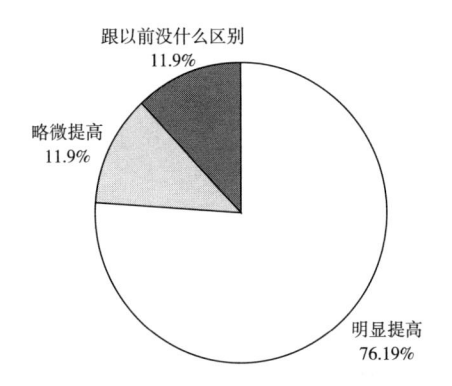

图 2-4　旅游执法者对联合执法效率的直观感受

在旅游投诉方面，根据旅发委部门内部于 2017 年上半年统计的数据，从 1 月 1 日至 6 月 20 日，旅发委共接听游客咨询与投诉电话 1988 起，相比上年同期下降 65.75%，受理来信来函及转办案件共 154 起，相比上年同期下降 12.53%，单从数据来看，投诉率明显下降。而且，大部分执法者表示在旅游纠纷、投诉案件处理完结后，会按照要求进行及时反馈。与此对应的，在旅游市场整顿期间，近七成游客对旅游从业者服务态度给出了好评（见图 2-5）。

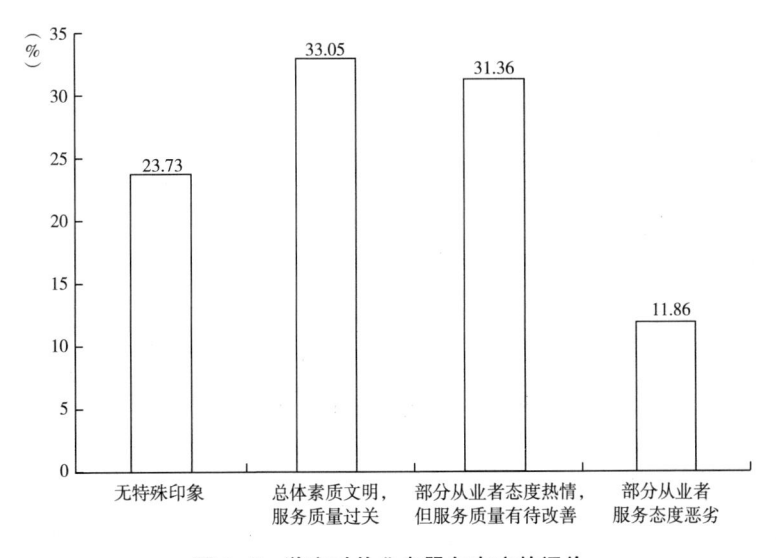

图 2-5　游客对从业者服务态度的评价

（二）负面效果

B 市旅游综合执法产生的负面效果体现在严格整治带来的市场阵痛、联合执法设计缺陷带来的负担，以及执法质量、执法权威性所受的负面影响。

目前 B 市旅游市场整治非常严格，从 2017 年 4 月中旬至 7 月中旬，B 市办理的涉旅违法违规案件 129 起，占全省同类案件数量的 46.74%。2017 年上半年旅发委行政处罚立案 98 起，处罚金共达到 140.92 万元。公安机关查处的涉旅治安案件有 331 件，涉旅刑事案件 52 件，刑事拘留 47 人，逮捕 10 人，取保 2 人。这种试图与"史上最严"立法和政策相匹配的从严执法，对 B 市旅游市场造成了不可忽略的影响，虽然根据旅发委提供的游客数据，游客数量还在增加，但根据旅行社方面的统计，其生意受到了一定程度的冲击，旅行社的总体信誉度有所降低，散客越来越多。

从问卷结果和访谈内容来看，旅游执法人员"加班"属于常态，政策的要求以及各类专项行动的开展再次增加了原本就多的工作量，虽然在联合执法中工作效率有所提升，但执法质量评价因此飘忽不定（见图 2-6 与图 2-7）。此外，由于旅游执法的发展尚不久，旅游执法人员标识不统一、执法程序不统一、法律文书不统一等问题制约着旅游执法的权威性和公信力。

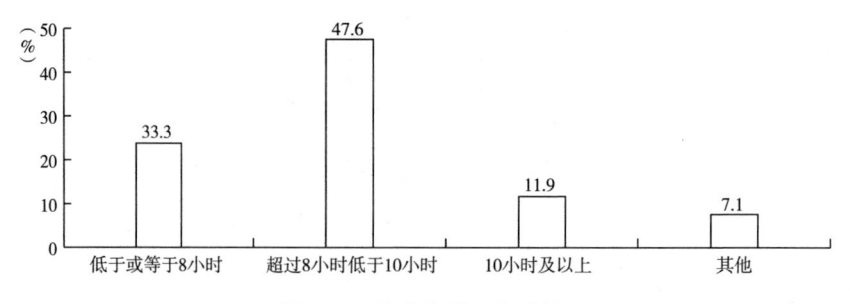

图 2-6　执法人员工作时长

从当前联合执法的队伍组成和权能分配来看，以指挥中心为例，在涉旅案件执法分工上出现了执法人员权责不清的现象，较为有代表性的是工

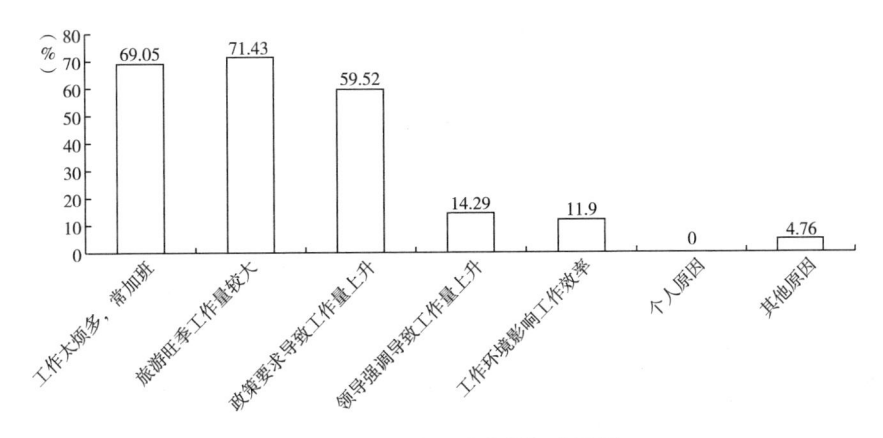

图 2-7 执法人员认为的加班原因

信委派驻人员接收到的一起案件。有人举报微信公众号平台发布虚假旅游广告信息，接报后工信委按照指挥中心的职责分工对案件进行处理，但在实际处理过程中发现工信委对该类案件并无执法权，后上报省一级工信委，经过协调省网络管理局对公众号进行查封，其余处罚方式未见。调研队员在询问过程中发现，该派驻人员并不知晓公安局的网络警察支队拥有此类执法权，在指挥中心的职责分配表中此类职责也并未赋予公安机关。由此可见，临时队伍缺乏统一完备的权责体系，也没有在岗前做好充分的应对准备。

（三）执法效果持续性

从 2017 年上半年开始，B 市开始对市内旅游市场开展综合整治工作，可以说进入了"严打"期。在此期间市政府付出大量努力，在重塑旅游市场方面也显现部分成效。从整治的初衷来看，旅游市场的整治目的不仅在于恢复市场的秩序，严厉的执法力度和市场整治风格弦外之音是要告诫"不安分"者在这段时间内以身试法必将付出代价，这些"不法分子"和"投机分子"的减少使得旅游从业者的利益得到间接保护。

但与此同时，B 市旅游市场整治又存在走向另一个极端的可能性。在从严执法影响 B 市旅游市场的"利益蛋糕"后，即便是从前正规的旅游从业者也因为市场的萎缩、游客的减少而不得不考虑生存问题。长此以往，从业者便会放弃对市场整治的呼声与支持。B市旅游市场执法效果的持续性便会出现执法持续性怪圈（见图2-8）。通过关系简图，不难发现其实这种执法怪圈在行政执法领域属于比较常见的现象，只是在不同的执法领域存在不同的表现方式。在这类执法怪圈中，对阵痛需要正视起来，因为从严执法天然地存在导致市场萎缩、行业低迷现象，这是执法领域的共通现象。产生怪圈的实质原因在于客观存在的社会群体利益矛盾，在市场经济条件下，总体趋势是社会结构的阶层化和利益关系的市场化，[①] 在执法过程中必须面对市场化利益冲突。我们需要做的，是防止阵痛扩大出现矫枉过正的现象，影响到行业的整体生存与布局。

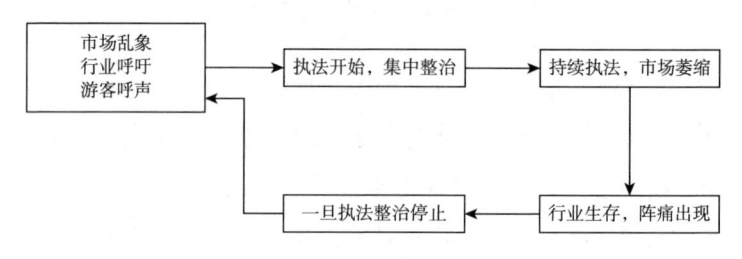

```
市场乱象          执法开始，集中整治        持续执法，市场萎缩
行业呼吁   →                      →
游客呼声
  ↑                                           ↓
        ←  一旦执法整治停止   ←   行业生存，阵痛出现
```

图 2-8　旅游市场整治怪圈

从从业者和游客的角度来看，如果没有亲身经历执法，当前的执法情况对自己来说并没有什么影响。在经营小商品店、餐饮行业的从业者看来，从严执法提高了治安水平，虽然自己生意并不好做，但不认为这是从严执法带来的后果。在不必要的情况下，他们不想与执法者产生联系。受从严执法影响较大的是旅行社方面，从销售的角度来说有所下滑，而从长远来看，他们认为打击黑导游、黑旅行社非常有必要（见图2-9与图2-10）。根据游客在问卷中的反馈，调研组认为此次整顿行动在宣传方面较为低调，许多游客对整顿并不知晓，而这些并不知晓的游客对于B市的"恶性事件"同样没有过多关注（见图2-11）。

---

① 李路路：《社会结构阶层化和利益关系市场化——中国社会管理面临的新挑战》，《社会学研究》2012年第2期。

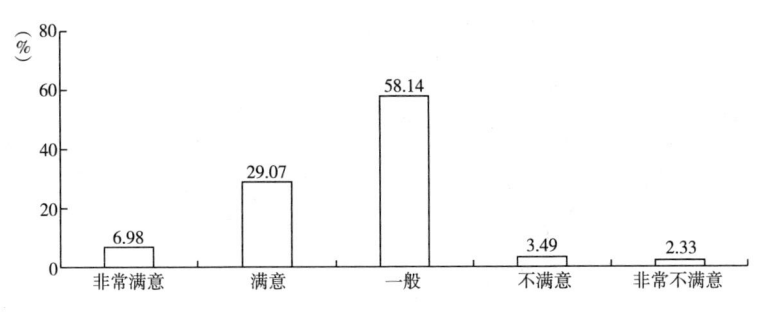

图 2-9　从业者对旅游执法的满意度

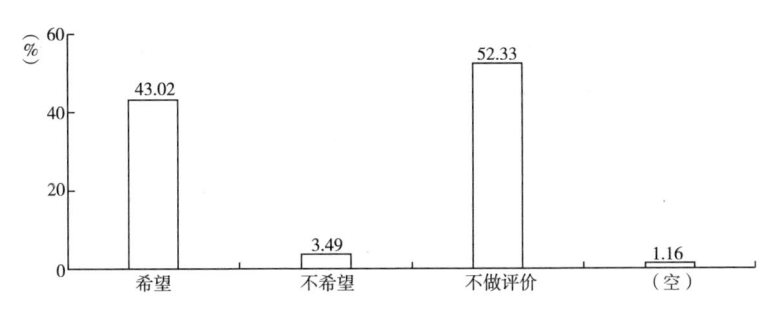

图 2-10　从业者对维持当前执法状况的态度

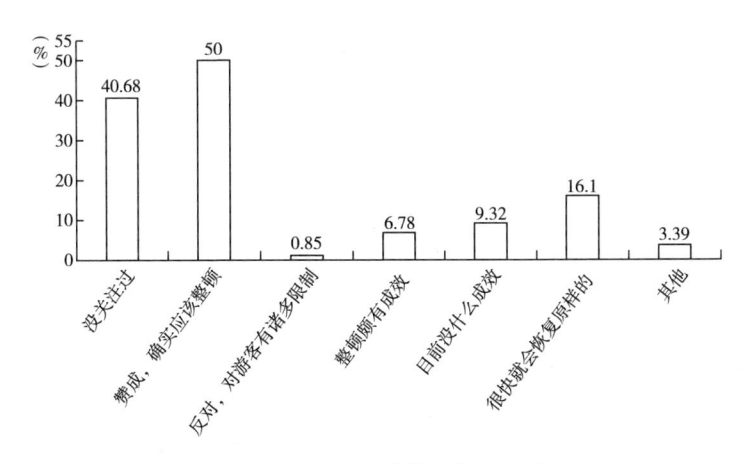

图 2-11　游客对当前执法状况的评价

就上述调研结果来看，B市旅游综合执法的成效得到了初步肯定，但是对其效果的持续性评价偏于消极保守。在执法方式上，现行执法模式较多的是在旅游旺季（如国庆、暑期等旅游旺季）前采取集中式的综合整治，执法状态与运动式执法颇为相似，难以解决旅游市场的长期性监管问题。此外，当前旅游综合执法的沟通反馈机制还有待完善，执法机关总是被各类违法现象"牵着鼻子走"，在执法过程中显得力不从心。此类运动式、突击式的执法在旅游旺季到来后，容易出现"死灰复燃"的结果，旅游违法现象仍然难以根除。

第三节　B市旅游市场综合执法的困境及原因

本节将对B市旅游市场综合执法的现有模式做出评价，从执法制度、执法队伍、执法公信力三个方面找出B市旅游市场综合执法面临的困境，并对困境产生原因进行分析。

一　当前执法模式的评价

通过专项整治活动，B市旅游市场以往的"乱象"有所压制，但与此同时，当前旅游执法模式暴露了不少弊端，亟待解决和改进。通过调研，我们认为当下B市旅游市场综合执法中以行政协助和联合执法形式居多，总体来看尚未达到综合执法的理想模式。

B市已经建立了较为健全的旅游执法队伍，原市旅游局完成了从"局"到"委"的转变，摆脱了传统的单一执法即各执法主体有明确的法律分工与权限，分别处理权限范围内的涉旅案件。单一执法机关在面对涉及多机关的综合旅游问题时，容易处于无全权管理或越权管理状态。但是即便摆脱了单一执法的传统模式，现存的众多的执法机关与执法队伍之间依然存在执法权力交叉、执法分工界限不明的情况。此外，B市旅发委存在由其他事业单位或政府部门借调进入执法部门从事办公室业务的情况，如旅发委稽查支队对诚信旅游市场监理公司人员的借调。这属于典型的行政协助，这种执法模式可以在一定程度上保障执法权力的统一行使与执法力量的优化配置，但是现阶段行政协助缺乏明确的法律规范，且协助主体的稳定性不足，协助的实施依赖于行政领导的协调。

现阶段 B 市的旅游执法以旅发委人员为主要执法力量,以指挥中心为协调机构,展开多个涉旅部门的联合执法。这种联合执法的模式可以解决单一执法权限窄、行政协助低效率的缺点,在 B 市已有的旅游执法中,可以解决执法资源浪费的问题,整合部门执法资源,实现信息互通、联合出击、综合整治。这种工作模式在 B 市旅游警察与市工商局的联合执法打击"虚假药托"、市交通局与市公安局联合执法查处黑车等活动中取得了不错的整治成效。但是,在面对诸如旅游商品店出售虚假伪劣商品、旅行社擅自变更旅游合同内容、古城客栈私自接团等综合性涉旅游案件时,执法人员由于僵化适用法律的固化思维,会认为执法主体间权责不明,面对此类复杂疑难问题造成的权力交叉与真空易形成相互推诿。另外,当前联合执法的实际主体并不以统一面貌面向公众,突击整顿、运动执法依然是"制胜法宝",致使旅游执法难以常态化,联合执法主体的稳定性严重影响旅游市场的执法效果。为弥补联合执法在行动统一性与协调性方面的不足,B 市政府牵头成立旅游市场监管综合调度指挥中心作为涉旅案件处置中的指挥协调机构,降低协调联合执法的难度,同时一定程度上增加联合执法主体之间的稳定性。但是根据前文中对于队伍稳定性的评测,联合执法的人员结构松散,统一调度指挥仍有不便。同时,联合执法的责任主体界定不明,其执法程序多以发文的形式确立统一行动,可能会引发旅游执法行政诉讼案件的当事人主体适格问题。另外,B 市旅游市场执法模式存在通性的不足,B 市虽已建立旅游市场综合监管综合调度模式,多支涉旅执法力量也在旅发委的牵头下开展相关联合执法工作,但由于旅游联合执法并未有对应的组织机构,其管理权限依然分散在各个职能部门,一旦需要针对旅游市场秩序进行执法,需要由相应的职能部门行使相应执法权。[①] 即便是同一时段的共同出击联合执法,由于各部门的执法权限不同,联合执法表现为文本层面上的联合,现实层面的松散执法。

---

① 胡抚生:《旅游综合执法的发展及体制机制研究》,《中国商贸》2012 年第 17 期。

二 执法制度困境及原因分析

（一）制度规范有缺陷

现阶段执法制度对于 B 市的旅游市场匹配度不高，为此可操作性不强。以 B 市旅游警察为例，2016 年 2 月，B 市旅游警察支队成立，依据《治安管理处罚法》《中华人民共和国旅游法》《A 省旅游条例》《旅游行政执法实务基础》等相关法律法规进行执法，但有执法人员反映现有法律法规并不能满足实际执法。笔者认为，在其执法过程中，旅游市场的乱象通过以往的法律法规就能加以解决，即便有所欠缺也没达到需要立法的程度，此处更多的是因制度的缺陷使得执法过程变得捉襟见肘，表明 B 市在成立旅游警察之时，并没有做好制度保障，所以使得旅游警察在执法过程中没有制度可以依据，无法进行合规的执法。由此可见，尽快对旅游警察制度以及明晰旅游市场执法队伍的执法权限和依据是当前最需解决的问题之一。

另外，执法激励和保障制度不健全。涉旅纠纷的特点也表明旅游执法过程大多是基层执法的过程，由于基层执法环境喧嚣而杂乱，隐藏着种种风险。执法者很容易产生惰性，造成一线弃权或选择性执法。[①] 涉旅执法为面向基层的执法，但从调研来看，涉旅执法单位的工作量相较于其他政府主要职能机构仍处于较低的水平。在面向基层的执法中由于涉旅案件的流动性、随机性等特点，"严打期"过后容易出现执法真空期，不健全的执法激励机制和执法保障制度极易出现运动式执法、波动性执法的现象。也只有在执法人员工作激励机制和保障机制的外部因素作用下，提升和保障执法人员在涉旅案件中处置的积极性，才能切实加强对现有执法成果和旅游市场秩序的维护。

（二）机构设置待调整

根据第二部分对执法队伍的测评，调研组认为 B 市旅发委与 B 市旅

---

① 参见陈柏峰《基层社会的弹性执法及其后果》，《法制与社会发展》2015 年第 5 期。

游市场监管综合调度指挥部两个机构的设置有必要进行调整。

B市旅发委下设办公室、行业管理科、规划发展科、市场宣传营销科、政策法规科、信息统计科、产业促进科、计划财务科、机关党委办公室、旅游执法支队、人事科、培训中心、稽查支队、标准化服务中心、市旅游协会，此外在旅发委门口挂牌的还有B市旅游购物退货监理中心、旅游执法履职监督办公室和旅游市场监管综合调度指挥中心。从名称来看无法直接确定某些科室职能，调研组在实地考察中发现，旅发委下属信息统计科需要进行游客数量、旅游收入的数据统计，又需要负责旅发委微博、微信公众号等线上工作，还要负责做旅发委机关的宣传工作；而规划发展科和产业促进科的职能多有重合，科室内的工作人员也无法清楚说明科室职能的区别。

B市旅游市场监管综合调度指挥中心一方面作为临时协调机构，如果试图将旅游综合执法推向常态化，则应当设置常态化的旅游执法机构。旅发委目前无法达成旅游综合执法目标，其他涉旅行政单位不愿让步，在妥协中产生了这个指挥中心，但终究不是长久之计。

（三）指导标准尚存疑

执法的指导标准包括对执法方向的标准与对具体执法的标准，笔者各举一例说明当前B市旅游市场指导标准可能存在的问题。

通过比对B市旅游发展委员会信息统计科提供的《B市各项旅游指标一览表》与B市政务网公示的《2007~2016年B市国民经济和社会发展统计公报》（见表2-1）不难发现自2013年数据始，B市旅游业总收入已然超过B市地区生产总值，这显然不合理，而唯一能合理解释的理由只有统计标准不一致，在标准不一致的情形下，研究者和管理者都很难直观地把握旅游产业在B市经济发展中的具体地位。

表2-1 2007~2016年B市国民经济和社会发展统计公报

指标年份	2007	2008	2009	2010	2011	2012	2013	2014	2015	2016
B市地区生产总值（亿元）	84.82	101.15	117.44	143.59	178.5	212.24	248.81	261.83	290.01	310.17

续表

指标年份	2007	2008	2009	2010	2011	2012	2013	2014	2015	2016
B市旅游业总收入（亿元）	58.24	69.54	88.66	112.46	152.2	211.21	278.66	378.79	483.48	608.76

在具体执法方面，古城维护费的收取标准涉及游客、从业者切身利益，但迟迟没有一个尘埃落定的标准。在SH古镇的调研中，古城维护费收取没有固定标准，时收时不收，逃票十分容易，对初次来此地的游客来说，会形成不公平不公开的不良印象。而那种由客栈老板支付维护费的收取方式更是令人匪夷所思。

第一个例子中标准不定的原因可能在于统计标准的不一致，上下机关沟通不良，抑或是数据作假的"行政传统"，第二个例子中的收费情况则是由意见收集不畅通，领导决策不果断导致的。

三 执法人员困境及原因分析

当前旅游执法人员工作效率的提升是旅游市场整顿行动中十分急切的问题，毕竟事多人少，调研组认为解决执法人员困境应当从影响执法人员行动的因素[1]展开分析，其中主要因素包括法律政策、薪酬福利与内部考核制度、个人心态与素质以及工作压力。

（一）法律政策、薪酬福利与内部考核

2016年2月4日，国务院下发《关于加强旅游市场综合监管的通知》，而后B市部分旅游纠纷被大肆报道，2017年3月27日，A省发布了《旅游市场秩序整治工作措施》，揭开了B市旅游市场整改运动的序幕。可以说法律政策是影响执法人员工作目标的至关重要的因素，其对领导层的影响最深，而后由旅游执法的领导层下达更为具体的指令和要求，

---

[1] 参见吕尚敏《行政执法人员的行动逻辑——以W河道管理局为样本的法社会学考察》，中国法制出版社，2012。

除了通过立法、下发红头文件对执法效果进行要求外，财政拨款、政策奖励等因素也对旅游执法人员的行动产生着不可忽视的影响，成立旅发委的政策奖励是相关工作开展的巨大动力。

薪酬福利对执法人员行动的影响应当结合实际工作内容、工作量进行考量，不可单纯以其主观满意度为准，结合第二部分测评的结果，薪酬福利对 B 市执法人员行动的影响较小，但是指挥中心的工作人员工作内容同等却因为来自不同单位而存在待遇差，这属于机构不稳定、非常态化的表现。在对旅游执法机构内部的考核评价制度进行调研后，调研组发现，这方面制度没有做出多少改动，依然沿用以往的考核标准，派驻指挥中心的工作人员会加上一条派驻说明，仅此而已。由此可见，机构内部没有常态化意愿，更没有使队伍常态化的激励举措。

（二）个人心态与素质

结合第二部分的队伍评测，当下 B 市旅游执法队伍成员具备一定的工作经验优势，但是对法律政策、执法自由裁量权的认识不足，相关专业培训或因工作繁忙而被搁置，或因不重视而随意敷衍。在访谈中提及执法困难时，执法人员往往较少检讨自身问题，认为应当将困境归咎于立法缺陷、游客素质等其他原因。这部分执法人员没有意识到"法律条文"的局限性，也没有意识到"执法"的局限性，对于旅游执法在解决旅游市场矛盾中的定位没有清醒的认识。此外，由于在旅游执法过程中多依靠经验，可能出现曲解法律、选择性执法等情况，在从严执法的要求下，可能会丢失之前"人性化执法"的"优势"，僵化适用法律执法，可能使执法对象觉得标准不一，难以理解，进而引发更多矛盾。

（三）工作压力

有多位基层旅游执法人员表示"我们面对的问题太多了"，加班是旅游执法者的家常便饭，以 B 市古城为例，作为 B 市最为繁华的景点之一，也是治安事件和涉旅纠纷频发的地区。执法人员牺牲休息休假时间，坚守岗位，在 B 市古城里巡视检查，极大地减少了治安案件和涉旅纠纷事件的发生，保护了游客的人身财产安全，是值得赞许和嘉奖的。但是超时工作对执法质量的影响难以估计，尤其是一些专项行动中需要执法人员熬夜工作。在不少单位领导的眼中，执法力量不足是市场纠纷难以解决的主要原因，但对工作人员执法力量不足所做的努力仍然多是向 B 市当地招聘合同制执法辅助人员，据称对执法辅助人员进行岗前的相关法律知识、执法常识和工作业务技能的短期培训一般为 2~3 周时间。工作压力除了工作量方面，还包括来自领导、舆论的压力。经访谈，在 B 市旅游执法工作中，来自领导的压力并未对执法人员工作产生负面影响，而舆论压力在负责应对此类问题的工作人员身上体现得较为明显，对一般执法不会产生较大影响。

四 执法公信力困境及原因分析

行政执法公信力是指群众对于行政执法机关的执法工作的认可度。面对如今多样化、复杂化的社会大环境，公权力的适当执行成为一项重大课题，执法者不仅要解决问题，还要让人民群众满意，从而树立权威，确保执法正当性。然而，行政执法始终具有被动性与功利性两大顽疾[①]，这些缺陷间接导致破坏市场秩序、危害公众合法权益的违法事件难以根绝，执法公信力陷入两难的困境中。结合本次调研实际，导致当前旅游执法公信力困境的原因主要体现在以下五个方面。

（一）不文明执法

由于我国基层执法人员严重不足，执法素质参差不齐，以至于在实际操作中，往往需要许多不具备行政执法资质的人员充当执者的角色，以此缓解人员不足的困境。在实地调研过程中调研人员发现，当前 A 省第一线旅游执法人员中存在大量辅助人员，外出执法队伍中"协警"占很大比重。为维护当地旅游市场环境，提升执法效果，增加绩效成果，执法人员常常以"专项行动"为名采取突击式执法、夜间执法等方式，加之

---

① 参见胡宝岭《中国行政执法的被动性与功利性——行政执法信任危机根源及化解》，《行政法学研究》2014 年第 2 期。

执法人员素质不一，行政执法过程中依然存在不文明执法现象，使群众产生不满情绪。千里之堤溃于蚁穴，一次不文明执法足以毁掉执法机关在受损人民群众心目中的良好形象，产生"99+1=0"的逆向反应，在一定程度上削弱了旅游执法主体的公信力。

（二）正当程序缺失

行政执法中对正当程序的忽视是存在历史原因的，"重实体轻程序"的观念在我国长期存在。正当程序缺失可以从三个层面加以分析。一是政府有关部门在出台相关政策时，没有经过听证，政策涉及主体完全不知悉该政策出台的背景和意义，这不利于对相关主体合法权益的保护。没有经过充分讨论的政策加上僵化执法的行为，极易导致被执法者的心理抵触。二是在具体的执法场景中，执法人员不通过必要的程序进行违法调查取证，一旦受到群众质问则"无言以对"或者"强词夺理"，整个执法过程缺乏说理性，行政执法方式简单粗暴，这严重侵害了行政相对方的合法权益，影响了执法机关的对外形象。三是对"官本位"形式做出的行政处罚行为，行政相对人不满意时因为某些原因往往难以对此做出反馈，群众有苦说不出，这使执法公信力无形中陷入困境。

（三）执法权限不明

由于我国旅游相关立法不健全，执法主体权责不明晰，以至于在旅游行政监管过程中，对于旅游所涵盖的"吃、住、行、游、娱、购"六大方面中模糊地带的监管严重滞后，容易形成监管真空，执法监管部门想作为但权威性不够，执法公信力大打折扣。此外，随着旅游全域化和大众化，对于旅游市场的监管不再仅仅局限于对旅游行业的监管，旅游市场涉及面广，而管理的内容又错综复杂，这就需要多个部门之间进行联合监管，比如与公安、质监、工商等部门间的联合监管。但就调研实际情况来看，这种多部门监管还缺乏有效的整合，在综合管理过程中责权尚不明确，各部门相互推诿现象时有发生，群众需要找政府解决问题时却遭遇"踢皮球"。

（四）执法取证困难

由于当前旅游活动领域跨度大、涉及面广，这在客观上给执法取证的具体工作带来很大的困难。尤其在当下旅游全域化发展时期，跨界旅游执法不可避免，因为行政区划的限制，导致取证的困难和执法成本的增加。在实地调研过程中，行政执法取证困难主要表现在以下几个方面。首先，在实际运作中，客栈群体超范围经营现象比较突出，客栈群体和旅行社客观存在某种利益关系，因而客栈群体普遍存在引导二次消费，旅游线路推荐、规划等问题。此类超范围经营问题往往比较隐晦，以至于其在监管过程中取证比较困难。其次，没有导游资质的导游，打着冠冕堂皇的旗子拉人。对这类乱象的整治在实际处罚中也比较困难，因为其尚不具备经营资质，也不隶属企业法人，在取证过程中往往也不配合，无形间加大取证难度。最后，那些跨境没有旅游经营资质的人员冒用本土旅行社的名义进行揽客。这一违法行为在整个旅游行业内部客观存在，跨境的旅游执法很难跟上，属地管辖也难以发挥作用，因为取证难导致其认定比较困难。整体来看，就当前旅游市场环境的复杂性而言，旅游行政执法在取证过程中还面临众多问题，尚待解决。

（五）正面宣传不到位

对于政府长久稳定建设来说，需要群众心理层面和行动层面的支持，而要做到这一点，正面宣传是不可或缺的。当前的舆情态势要求官方在宣传过程中，一是要明确自身角色，二是要尊重舆情传播规律，三是要从问题出发，四是要有新办法。调研组在实地调研中发现，面对复杂多变的舆情，旅游执法部门往往疲于"应付"而不能从容应对，针对群众的质疑声，不从问题出发进行思考，而是一味地从言语上回避问题焦点，很少主动采取双向、开放、互动的处理方式，不但不能顺利解决矛盾，反而导致社会公众对事实的误读，使得公信力指数亮起红灯。进入信息时代，新闻宣传手段日新月异。但某些宣传部门以经费不足为借口，声称难以更新宣传手段，无形间落后于时代发展要求，使得正面宣传不及时、不到位，从而引发社会公众与执法主体间的隔阂和矛盾，执法公信力受到严重的负面影响。

第四节　B市旅游市场综合执法体系的完善

一　本土潜力分析

（一）"全域旅游"的政策支持

2015年9月，国家旅游局启动"国家全域旅游示范区"创建工作，旨在推动旅游业由"景区旅游"向"全域旅游"的发展模式转变，促进旅游业转型升级，构建新型旅游发展格局。在2016年2月国家旅游局公布的首批国家全域旅游示范区创建名录中，B市赫然在列。

从B市政府提供的资料来看，为深入贯彻落实《国务院关于加快发展旅游产业的意见》，紧紧抓住国家"一带一路"、A省建设"全国民族团结示范区、生态文明排头兵、面向南亚东南亚辐射中心"的重大战略机遇，进一步推进B市打造"中国旅游升级版示范市""世界旅游强市""国际高品质旅游服务中心"目标的早日实现，[①] B市政府成立了以市长为组长，分管旅游工作的常务副市长为常务副组长，各有关副市长为副组长，市直各有关部门负责人和各县（区）长为成员的强有力的B市创建全域旅游示范区暨中国国际民族文化旅游目的地工作领导小组，并制定下发《B市关于创建国家全域旅游示范区的实施意见》，启动了《B市创建中国国际民族文化旅游目的地实施方案》的编制工作，明确了总体思路、发展目标、重点任务、保障措施、创建步骤；并确定了《B市全域旅游创建项目名录》。除此之外，B市政府还下发了《B市旅游产业转型升级三

---

① 参见内部资料《B市人民政府关于印发B市"十三五"旅游产业发展规划（2016年—2020年）的通知》。

年（2016—2018年）行动计划》，明确了未来三年B市旅游产业转型升级工作重点和工作举措，并列出了旅游产业转型升级（创建全域旅游示范区）三年行动计划项目表。B市委、市人民政府多次召开专题会议，研究、安排部署和推进"两个创建"和转型升级工作。各项旅游政策措施相继出台，B市旅游业继续保持良好发展态势，全域旅游格局基本形成。[①]

为进一步规范B市旅游市场环境，旅游执法、旅游市场监管调度指挥中心、旅游警察、旅游巡回法庭（专门法庭）、旅游工商执法支队等相继组建成立，逐步建立了政府主导、部门联动、齐抓共管的旅游市场监管模式，这为B市旅游健康平稳发展创造了良好的市场环境，但直至调研组在B市实地调研，此综合监管体制尚在探索期。

（二）B市旅游市场的潜在活力

在本节的第一部分中，笔者指出B市是一座集"人文资源"与"自然资源"于一身的旅游城市，B市具备实现真正意义上的"全域旅游"城市的资质。随着"全域旅游"的政策落实，在未来的旅游产业创新中，可结合"全域旅游"概念，打造多种类的"一站式"服务，为本地居民和游客提供便利快捷。

从客观资源和政策支持的角度来看，B市都处于发展的优势地位，但在认识其发展的潜在活力的同时，也需要认清可能出现的种种障碍。

二 相关阻碍预警

（一）政绩功利心

旅游产业一直以来都是B市的支柱性产业，在B市旅游市场整治期间B市市委、市政府对市场整治工作投入巨大的人力、物力和财力。从目前来看整治处于起步运行阶段，B市旅游业的繁荣景象尚未出现。旅游市场的整治是一项长期艰苦的治理工程。由于长期以来政绩考评都作为当

---

① 参见内部资料《B市旅游发展委员会2016年工作总结及2017年工作计划》。

地政府和经济发展的风向标,特别是 GDP 的总量考评更是成为政府谋发展促改革的重要考评因素。鉴于目前在地区治理过程中出现的地方一届政府一种做法的基本样态,地方政府会采取"突击检查""严打"等方式搞类似"大跃进"的消防式、集中式、运动式的突击执法①,企图通过一届政府一届任期的努力一次性解决由于行政监管不力带来的各种执法监管问题,地方政府这种急功近利的治理方式就是笔者所认为的地方政府政绩功利心。一定程度上,通过短期、快速、有效的治理使得旅游市场原有秩序得以恢复是实现重塑旅游业形象的便捷路径。但也要认识到旅游市场的执法必将是长期的整治、监管、执法、重塑、再监管的过程。如果政绩功利心过强,希望通过短期的整肃解决问题,便会导致在执法过程中陷入"突击执法""严打""执法停滞""死灰复燃"的行政执法周期律中,不能收到预期效果。反之,如果地方政府完全抛弃在政绩上的功利心,也同样会陷入基层执法真空或者选择性执法的局面。所以,笔者认为政绩功利心的存在并非一无是处也并非百无一害,在旅游市场整治中我们必须认识到旅游市场执法的基层性与复杂性;旅游市场的监管必将是长期的系统的工程,我们只有在认清监管的周期律的同时保持清醒头脑,在执法过程中给予适当的奖惩才有利于克服急于求成的过强的政绩功利心,又能克服激励保障制度的不足,才能实现长期的有效监管。

(二)怠政懒政推诿

结合前述分析我们可以基本得出这样的结论:B 市在旅游市场监管方面监管的主体众多,监管的方式多样,监管范围基本已经覆盖旅游市场的方方面面,但是旅游市场执法也具有与其他执法领域相类似的执法权限交叉的问题。由于执法主体众多、执法权限重叠,特别是在执法过程中有的主体执法积极主动,执法出击效果和频率较高,在执法权限重叠或是交叉领域中便时常出现其他执法主体的懈怠。由于各部门的职能和利益相互交叉,导致现阶段对于执法相对容易且有利可图的涉旅案件经常出现重复执

---

① 参见胡宝岭《中国行政执法的被动性与功利性——行政执法信任危机根源及化解》,《行政法学研究》2014 年第 2 期。

法，对于复杂的执法案件缺乏执法机关的积极执法，同时，由于执法机关之间的权责不明晰，以致在涉旅案件执法中对于模糊地带的执法相互推诿。综合来看，此类局面的出现大多与执法队伍不能得到有效的整合且执法部门的权力清单不明确有关。若想改变此种情况只有从整合执法队伍和完善权力清单入手，只有使具有相同执法功能和目的的队伍进一步得到整合，同时完善整合后的队伍的权力清单，才能使执法权限边界更加明显，权力责任更加明晰，执法主体更加明确，在旅游市场执法过程中也才能更加得心应手。

（三）执法专业素质跟不上

从地理位置上说B市地处A省西北部的少数民族聚居地区，由于长期以来的发展滞后性，B市地区难以引入高层次管理和执法人才。即使人才引进具有一定的困难，B市也正在各执法单位中新招录具有高学历层次的人才，这说明招录人才确有困难但是并非无法克服。在今后开展的旅游市场整治中我们必须清楚地认识到要想打造一流的旅游产业必须有一流的执法监管队伍，因为只有与先进旅游产业相匹配的监管体系才能适应和促进旅游业的健康发展；先集中发展旅游行业再配套引进监管体系的老路已经不能适应旅游环境和旅游格局发生的变化。在B市打造有特色的旅游产业文化的同时加强执法队伍专业性建设刻不容缓。由于旅游市场的环境和格局变化，B市在打造具有地区特色的旅游支柱产业时，执法队伍的建设也要提上日程。只有在旅游产业和监管体系都能形成自身优势时才能增强B市在旅游市场格局变化的当今拥有更多的应变能力。

三 具体对策建议

在对B市旅游综合执法现状进行评测，对其困境进行分析后，调研组分别提出三点对策建议：一是建立常态化旅游综合执法机构，整合财政资源、精简队伍组成、明确权力职责；二是落实执法监督与问责机制；三是采纳大数据化管理模式。

（一）建立常态化旅游综合执法机构

从未来发展的角度来看，B市如果要建设成为全域旅游城市，旅游执法质量的要求应当大大提升，现有的联合执法模式是无法应对高要求的，而现有的旅游执法机构也应当完善分工，突出重点，以适应更高要求的旅游执法需求。就目前的行政资源来看，建立常态化旅游综合执法机构并非不可能，可以通过合并转化的方式实现。我国目前较为成熟的综合执法机构为城管，在建立旅游综合执法机构时也可借鉴城管的组成经验。就目前全域旅游发展趋势来看，常态化旅游执法机构的设立具有现实紧迫性。

B市旅游综合行政执法机构涵括的具体内容可以借鉴四川省阿坝州的试点经验[①]。首先，就综合执法机关的性质和名称而言，可在B市建立旅游市场综合行政执法局，直接隶属于市政府并接受其监督和管理。其次，执法人员的组成可由固定和不固定两部分组成，固定部分应从B市各辖区的原旅游执法队伍中遴选优秀执法人员参与综合执法，人事、工资福利以及党政关系等全部划转到新的旅游综合执法机关，参与长期集中办公，这就实现了执法人员的专业化和规范化。不固定部分则从辖区内的公安、工商等涉旅单位分别抽调一定数量的人员参与综合执法，人事、工资福利以及党政关系在原单位不变。但对不固定人员，应避免出现目前由相关涉旅单位领导直接指定的情况，而应在一个相对公平的条件下公开进行报名、竞争、推选。另外，介于办公形式为非集中办公，这部分不固定人员应当保持密切联系，联系形式应当灵活，联系频率应当做出要求。最后，应当为旅游综合执法工作设置专项办公经费，由市政府财政核定，统一划拨使用。这就避免其因经费问题受制于其他部门，影响其旅游行政执法的正常开展。此外，在人员监督上，一方面可参照当前监督机制，由纪委下设的相应科室进行监督；另一方面，也要鼓励社会、舆论进行监督，把行政监管权力置于阳光下。

就当前实地调研情况来看，B市旅游市场监管综合指挥调度中心具有

[①] 参见邓小兵、徐金金《"丝绸之路经济带"旅游综合行政执法模式探析》，《甘肃广播电视大学学报》2016年第2期。

过渡性质，将其直接转化为常态化旅游执法机构难度较大。B市的区、县虽然已经完成对工商行政管理局、食品药品监督管理局和质量技术监督管理局的三局合并，但是目前区、县的办公场所仍然分离，名义上为统一的市场监督管理局，但是在办公和相关业务方面仍旧处于各管一方的松散状态。同时，由于执法范围的扩大，市场监督管理局的业务范围剧增，与之不相称的是由于缺乏相关的机制构建，工商部门对市场监督管理局业务范围内的食品药品监督和质量技术监督等专业性工作凸显专业性不足，现行工商执法人员缺乏相关业务培训不足以承担新成立部门所赋予的业务工作。基层的市场监督管理局成立后尚缺乏完整的运行机制与模式探索，市场监督管理局现行的执法便出现机构人员标识不统一、执法权威不足等问题。但是，相较之下，如果解决了市场监督管理局的实际行政权问题，在市级成立旅游市场监督管理局或旅游市场综合行政执法局是一种较好的选择。

（二）落实执法监督与问责机制

问责制度在行政领域一直表现突出，其旨在明晰权责，规范执法人员的执法行为，减少因自由裁量而造成的不公平处置现象，以达到维护被执法对象（相对弱势方）合法权益的目的。但是随着制度的贯彻落实和深入研究，问责制度在执法人员考评上存在的不足之处也逐渐受到关注。特别是本报告中探讨的旅游执法主体，其针对旅游市场的各种问题和纠纷的处理具有很大灵活性、复杂性，执法时往往涉及各个部门，而某些旅游执法的专门机构与其他部门存在职能重合的情况，此时，问责制度的存在固然一方面可以达到让执法人员因害怕受到问责而公正公平执法的目的；另一方面，也难免会让某些执法人员产生"多做多错"的想法，进而推诿责任。因而，应当尽可能让各执法部门细化其具体职责职能，明确每一个执法岗位的职能权限，以岗定责，既让其行之有效，又可使执法方与被执法方感到满意。

为将权力关进制度的笼子，制约和纠正执法过程中的违法行为，进而保障公民的合法权益和社会公共利益，需要建立和完善行政执法监督与问责机制已经是一种共识。目前我国虽然已经基本建立了一个多元化的监督机制，但尚未形成良性的监督生态。在实地调研中调研人员发现，对当地各级旅发委的监督主要是通过市纪委派驻的履职监督办公室进行，但在走访过程中发现，履职监督办公室的工作人员并未在指定办公室上班，其中的缘由我们无法知悉。这样一种监督机制是否流于形式，这个问题耐人深思。不考虑监督人员是否失职，就对涉旅的关键部门仅采用行政机关内部监督的形式来看，可见其尚未建立相对完善和多元的监督机制，以至于行政问责制度难以真正落到实处。此外，在社会监督方面，B市政府聘请了19位旅游服务质量社会监督员，并安排9位管理员对其提交内容进行调查核实与处理；依据《B市旅游市场监督员制度实施办法》，聘请了80名旅游市场社会监督员，由党员代表、人大代表、政协委员、新闻媒体记者、民主党派人士、社会团体人员、专家学者、企业人员、热心群众、景区居民以及相关部门人员组成。但是从实际访谈中可得知，这种社会监督难以操作和落实，流于空谈。基于此，对当地旅游行政执法部门的履职监督，应探索建立和完善一套多元的监督机制，充分发挥当地权力机关、司法机关、行政机关外部的监督作用，积极调动社会公众和舆论的参与热情，将行政执法置于阳光下，全面落实行政问责制度。为当地旅游执法的完善和发展创造条件，进而保障旅游市场健康有序发展。

（三）采纳信息化、大数据化管理模式

旅游执法应当赶上信息化时代的要求，对信息化、大数据化的管理模式予以吸收采纳，执法人员积极与在线平台对接，整合信息资源，提升执法理念、改善执法效果、创新执法方案，提高旅游执法整体水平。就B市本地而言，可完善已有的"互联网+"旅游或"智慧旅游"工程。从现有调研结果来看，大数据的使用尚未给B市旅游执法带来直观的收效，还有待结合与创新。

1. 统一旅游信息平台

因旅游的跨地域性导致获取信息渠道上的局限、高成本，旅游市场的信息不对称现象十分严重。此外，旅游活动本身的多样性特点对于所获取信息在全面性上的要求较高，决定了游客在收集信息时需要花很多的时间。因而，若能建设好旅游信息系统，由政府牵头，以统一的标准对旅游

资源信息、交通信息、住宿信息、餐饮信息、旅游服务机构信息、旅游管理机构信息、娱乐休闲信息等进行采集、提供，改善旅游市场信息不对称的情况，可以让游客减少时间、经济成本获取有价值的信息，让旅游企业及相关行业的不正当竞争得到遏制，让相应的旅游城市树立一个良好形象，促进旅游业的持续健康发展。

另外，随着人们对个性化的追求，旅游市场也不例外地呈现出对个性化的需求。在散客化的趋势和游客对于信息的需求更加强烈的情况下，旅游信息系统的完善还应当注重与旅游网站的合作。越来越多的游客通过旅游网站收集旅游目的地的信息，确定出行方式、线路、住宿等，也会在旅游过程中或旅游行程结束后在网站上反馈相关信息和对相关服务产品进行评价。这些反馈信息和产品评价覆盖面广、真实性高，综合以上信息将不仅有利于改善信息不对称的情况，对后续执法对象的考评、监管也十分有作用，有利于健全互联网旅游产业监管体系。

2. 统一投诉、公示平台

建立统一投诉、公示平台有利于提高执法人员的工作效率。接到投诉后，由平台统一受理、自动分拨至各相关监管部门；各监管部门就可通过平台收到或认领相关信息、问题后，及时对市场主体生产经营活动进行监管和查处；最后将处理结果反馈到平台，公示执法主体、执法过程、执法结果，给予投诉者一个满意的回复，接受社会监督。在面对需要多个执法部门共同执法的旅游问题时，一个统一的平台可以将各部门之间联系、沟通的过程化简。随着执法能力的提升，大众将视线也越来越多地转移到执法效果上来，对于执法的长效性愈发重视，因而，现今除了要求对纠纷、投诉及时处理，更进一步要求执法者对结果的反馈，甚至是后续的回访、跟踪信息反馈。

从调研实际来看，调研组认为旅发委稽查支队设立专门负责旅游投诉的办公室可以成为B市今后统一旅游投诉平台的基础，现有的投诉平台过多，游客投诉的第一反应还是向宣传力度更高的部门进行投诉，且同案多投的情况屡见不鲜，在旅游纠纷多发的B市，重点宣传旅发委的投诉渠道有其必要性，其收效也将比其他投诉平台更好。

3. 旅游市场分类监管、重点监管

旅游市场复杂性明显，各市场主体的情况也不尽相同，各自提供的产品和服务质量参差不齐，要想有效整治市场、规范市场秩序，明确重点整治对象进行重点监管十分重要。首先，对于旅游经营企业和个体工商户，综合其在工商局登记注册情况、守法诚信情况、违法违规情况统计等信息进行汇总以及结合消费者评价，实行旅游市场信用分类监管制度，执法队伍按不同监管级别实施监管，对诚信情况不佳、有多次违法违规现象的主体加大监管力度；其次，根据投诉信息、执法情况，分析总结出投诉高发区、反复区，加强对其的监管、巡逻，从而科学合理地分配旅游市场巡查资源，提高执法效率。

附　录

一　访谈提纲

执法监管访谈提纲

此次执法监管调研重点访谈对象包括五个：旅游发展委员会、B市古城保护管理局、旅游警察、工商部门和综合指挥调度中心。

一、旅游发展委员会

（一）访谈目的

1. 了解旅发委设置的目的和其日常主要工作内容，进而明确其与其他执法主体的分工和执法范围

2. 了解旅发委下属新设立机构的职能和具体工作情况

3. 了解旅发委如何对旅游从业者进行管理

4. 了解旅发委如何协调推进各执法部门间的联合执法

5. 了解其如何对执法人员和主体进行监督

（二）访谈问题清单

1. 自旅发委成立之日起，你们采取了许多措施对B市旅游市场进行整治，对此您能介绍一下所做的主要工作吗？

2. 你们是怎么对旅行社工作人员、导游等旅游从业者进行管理的？

3. 对今年3月1日新成立的旅游市场监管服务机构和联合执法巡逻队，我们只知道有这回事，但其具体的工作情况不太了解，您能简单介绍一下吗？

4. 为推动其他旅游执法部门一起开展联合执法，你们是用何种形式推动各部门间协调联动的？

5. 对于旅游执法人员执法成效不佳，你们会怎么处理？此外，你们通过什么手段对旅游行政执法主体进行监督？

二、B市GC保护管理局

(一) 访谈目的

1. 了解其日常工作内容，明确与其他部门或机构的分工管辖范围，避免执法乱象

2. 获取GC区保护的相关政策措施的信息

3. 了解其执法经验，对比过去和现在的执法方式

4. 了解其日常执法过程中遇到的问题和困难

5. 了解其日常工作中接收到的旅游投诉相关信息及处理方式

(二) 访谈问题清单

1. 您在（GC保护管理局）执法大队的主要工作是什么，在这个岗位干了多少年？

2. 结合您丰富的工作经历，能分享一下多年来您积累的执法工作经验吗？

3. 就您个人而言，您认为目前的执法方式或策略与过去相比有何异同？

4. 对于B市GC区的保护工作，你们都采取了哪些保护措施？

5. 保护措施实施过程中你们有没有遇到什么困难？（如果有就问问他们是怎么处理的）

6. 近些年来你们接收到的旅游投诉多吗？一般都集中在哪些方面？

7. 针对各种旅游投诉，你们是怎么处理的？（有没有一套相对完整的处理机制，即有没有专门的受理和解决旅游投诉的机构，投诉的一般处理方式是什么？）有没有让您印象特别深刻的？

三、旅游警察

(一) 访谈目的

1. 了解执法人员组成及其执法素质

2. 了解其日常工作内容，明确旅游警察与一般警察的职责，明确旅游、公安、物价、工商的彼此分工管辖范围，避免执法乱象

3. 了解旅游警察获取纠纷信息的途径，以及处理旅游纠纷的方式，了解其执法能力

4. 了解执法过程中部门间的协调

5. 了解其对执法现况的想法

（二）旅游警察访谈问题清单

Plan A 针对旅游警察具体参与旅游纠纷处理工作的情况

1. 请问在成为旅游警察之前，您的工作内容是什么？您现在的工作内容是什么？您感觉现在的工作与以前的工作有什么不同？

2. 您现在的出警任务是什么？您通常是怎么处理纠纷的？

3. 您通常什么时候巡逻？巡逻时，古城里的哪些地方或者场所是您会特别关注的？

4. 在您的记忆中，哪次工作经历让您印象深刻？

5. 您接到任务的方式是因为接到报警电话还是其他？哪种方式最多？

6. 执法过程中，什么样的人员或者案件是让您感觉处理起来特别麻烦的？

7. 如果是碰上处理您并没有执法权的问题、纠纷，您一般是如何处理的？

8. 您感觉工作量大吗？工作压力大吗？是否需要经常加班？旅游警察的人数在整治期间是否有所增加？

9. 您对现在的工作内容感觉怎么样？有没有什么期待？

Plan B 针对旅游警察不具体参与旅游纠纷处理工作的情况

1. 请问您现在的工作内容是什么？在成为旅游警察之前，您的工作内容是什么？您感觉现在的工作与以前的工作有什么不同？

2. 您接到旅游投诉的方式包括哪些？哪种方式最多？

3. 您认为您的工作对于旅游市场秩序的规范有什么影响？

4. 您感觉工作量大吗？感觉工作压力大吗？是否需要经常加班？旅游警察的人数在整治期间是否有所增加？

5. 您对现在的工作感觉怎么样？有没有什么期待？

四、工商部门

（一）访谈目的

1. 执法案例的基本情况梳理，了解工商执法工作现状

2. 询问参与联合执法的效果

3. 人事问题与工作压力、加班情况等

4. 执法队伍组成和选任问题

（二）访谈问题清单

1. 在整治旅游市场过程中，工商部门经常处理的问题有哪些？

2. 在旅游执法的过程中，最让您觉得处理起来麻烦的一类问题是什么？

3. 您曾经与公安、旅发委（旅游局）联合执法的经历中有什么比较成功的案例和一些执法过程中的遗憾呢？

4. 此类联合执法中，是如何发起？各部门又有怎样的协同和分工？

5. 联合执法能否收到预期效果？相较于工商部门的执法有没有提高效率？

6. 目前工商部门招聘工作人员有哪些标准？

7. 执法过程中人手够吗？有没有队员被借调或抽调的现象？

8. 您认为工商执法工作有没有感觉到压力？工作中加班多吗？频率和时间是怎样的？

五、综合调度指挥中心

（一）访谈目的

1. 了解综合指挥调度中心内部运行流程

2. 了解综合指挥调度中心实际运行的效果

3. 人员组成

（二）访谈问题清单

1. 您在中心的主要工作是什么？（询问各职能部门常驻调度中的负责人）

2. 接到案件后，您是如何处理的？

3. 您在中心工作期间接触、处理的案件多吗？

二 针对执法人员的问卷

B市旅游执法人员问卷调查

您好！此问卷调查结果仅作为此次"三下乡"调研报告的一手材料，

绝非商业用途。因此，请您放心填写，所填资料我们将予以保密。谢谢您的支持！（填写时只需在"□"里打"√"）

1. 您的性别：

□ 男

□ 女

2. 您从事旅游执法相关工作几年？

□ 3 年及以下

□ 3~4 年

□ 5 年及以上

3. 您的学历：

□ 大专以下学历

□ 全日制大专或本科学历

□ 研究生学历

4. 您的籍贯：

□ B 市

□ 非 B 市，但在 A 省内

□ A 省外

5. 您现在所处的部门：

□ B 市旅游发展委员会

□ B 市旅游发展委员会质检所

□ B 市公安局

□ B 市公安局旅游警察支队

□ B 市工商局

□ B 市工商局旅游执法支队

□ B 市旅游联合执法巡逻队

□ B 市物价局

□ B 市环保局

□ B 市卫生局

□ B 市质量监督管理局

□ B 市文化广电新闻出版局

- [ ] 世界文化遗产 B 市 GC 保护管理局
- [ ] GC 区城市综合行政执法局
- [ ] GC 区城管大队
- [ ] GC 区交警大队
- [ ] C 县旅游发展委员会
- [ ] F 管委会
- [ ] Z 保护管理局
- [ ] 其他

6. 在 B 市旅游市场整顿前您所在的工作部门：
- [ ] 和现单位一样
- [ ] 有变动

7. 您从事的主要工作为：
- [ ] 领导统筹工作
- [ ] 办公室文书工作
- [ ] 出勤执法工作

8. 您平时的实际工作时长为：
- [ ] 低于 8 小时
- [ ] 8~10 小时
- [ ] 超过 10 小时
- [ ] 其他

9. 您认为影响旅游执法人员加班的主要因素包括：
- [ ] 工作太多，平常就经常加班
- [ ] 旅游旺季工作量较大
- [ ] 政策要求导致工作量上升
- [ ] 领导强调导致工作量上升
- [ ] 工作环境影响工作效率
- [ ] 个人原因
- [ ] 其他原因

10. 您外出执法的集中时间段为（若您的工作不涉此问，可跳过此题）：
- [ ] 节假日前一周内

☐ 节假日前一个月内

☐ 节假日前后一周内

☐ 节假日前后一个月内

☐ 其他_____

11. 处理完投诉、纠纷后，您是否向投诉人反馈处理情况（若您的工作不涉此问，可不答此题）：

☐ 有要求，所以会一直坚持反馈

☐ 有要求，偶尔会反馈

☐ 没有相关要求，偶尔会反馈

☐ 没有相关要求，无反馈信息的习惯

12. 与其他部门配合执法时，您感觉工作效率：

☐ 明显提高

☐ 略微提高

☐ 跟以前没什么区别

☐ 降低了

13. 结合实际工作量与工作压力，您对目前的薪酬是否满意？

☐ 非常满意

☐ 满意

☐ 一般

☐ 不满意

☐ 非常不满意

14. 请谈谈您对未来旅游执法工作的意见和建议：

三 针对旅游从业者的问卷

B 市旅游从业者问卷调查

您好！此问卷结果仅作为此次"三下乡"调研报告的一手材料，绝非商业用途。所填资料我们将予以保密。谢谢您的支持！（填写时只需在"□"里打"√"）

1. 您的性别：

□ 男

□ 女

2. 您从事的行业是：

□ 旅行出行类（如客运、出租车等从业者）

□ 旅游餐饮住宿类（如酒店、饭店从业者）

□ 旅游游览类（如景区从业者或管理者）

□ 旅游综合类（如购物、娱乐业的从业人员）

□ 旅游产品提供类（如旅行社工作人员、导游）

3. 您对 B 市已颁布的旅游法律法规、条例以及办法的相关规定了解吗？

□ 非常了解

□ 基本了解

□ 了解一点

□ 非常陌生

4. 在进行旅游相关活动或经营管理时，您或您的单位所依据的规定是？（可多选）

□ 旅游法/A 省旅游条例/B 市旅游管理办法（即中央或地方旅游基本立法）

□ 单位章程/条例/办法（即单位内部规定）

□ 其他部门法/单行法/单行条例/规范性文件等（如道路交通安全法、食品安全法、景区管理条例、旅行社/导游人员管理条例等）

5. 若 A 省对相关旅游法律法规规定进行改善，您最希望下面哪些方

面有所改变？（可多选）

☐ 资格许可

☐ 业务范围

☐ 行业标准

☐ 行业竞争

☐ 价格利益

☐ 责任处罚

☐ 其他

6. 您有没有经历过旅游执法或旅游纠纷诉讼？

☐ 有

☐ 没有（跳至第8题）

7. 若有过上述经历，您觉得处理结果是否妥当？

☐ 妥当

☐ 不妥当，您的意见或建议：

8. 就您所知，以下哪些情形会受到行政处罚？（多选）

☐ 无照经营

☐ 纠缠、胁迫游客购买旅游商品和服务

☐ 对未购买旅游商品和服务的游客使用侮辱性语言

☐ 利用虚假宣传或者使人误解的方式诱骗游客进行消费

☐ 其他

9. 执法力度加大后，对您的生意有怎样的影响：

☐ 有好的影响

☐ 有不好的影响

☐ 没影响

10. 就您看来，目前同行业内违规违法行为还多吗？

☐ 特别多

☐ 有所减少但仍然存在

☐ 几乎没有

11. 如果发生旅游纠纷，您更愿意通过哪种途径解决？

☐ 私下解决

☐ 诉讼解决

☐ 其他

12. 您对现在的执法状况满意吗？

☐ 非常满意

☐ 满意

☐ 一般，没什么特别的感觉

☐ 不满意

☐ 非常不满意

13. 您希望当下的执法状态持续下去吗？

☐ 希望

☐ 不希望

☐ 不做评价

（注：本问卷为立法监管、司法监管与执法监管三个小组合用。）

四　针对游客的问卷

B 市旅游监管知晓度及满意度问卷调查

您好！此问卷主要是调查游客在旅游过程中的相关事项。调查结果仅作为此次"三下乡"调研报告的一手材料，绝非商业用途。因此，请您放心填写，所填资料我们将予以保密。谢谢您的支持！（填写时只需在"☐"里打"√"）

1. 您在 B 市游玩过以下哪些景点？（多选）

☐ B 市古城-SH 古镇及周边景点

☐ F

☐ I

☐ P

☐ W

☐ 其他

2. 在 B 市旅游期间，您遭遇过的困难包括：（可多选）

☐ 没遭遇什么困难

☐ 旅游旺季部分景区周围物价暴涨

☐ 旅游线路交通堵塞问题

☐ 旅行社的虚假广告宣传

☐ 导游强制消费

☐ 旅游服务者态度恶劣

☐ 旅游景区安全让人担忧

☐ 景区及旅游服务者不合理收费

☐ 语言沟通障碍

☐ 其他

3. 在 B 市旅游期间，您对 B 市旅游从业者的印象是：（可多选）

☐ 无特殊印象

☐ 总体素质文明，服务质量过关

☐ 部分从业者态度热情，但服务质量有待改善

☐ 部分从业者服务态度恶劣

4. 如果遇到旅游纠纷，您一般会选择什么方式处理？（可多选）

☐ 默默忍受

☐ 设法和解

☐ 向有关部门投诉

☐ 诉讼解决

5. 您认为获取投诉渠道最有效的方式包括（可多选）：

☐ 电视广告

☐ 网络查询

☐ 微信公众号（二维码）

☐ 旅游宣传册

☐ 景区公示牌

☐ 海报宣传

☐ 其他

8. 您所知晓的可处理旅游纠纷的机构有哪些？（可多选）

☐ 消协

☐ 工商局

☐ 质监局

☐ 公安局

☐ 交通运输管理部门

☐ 其他

9. 您对现在开展的 B 市旅游市场整顿行动怎么看？（可多选）

☐ 没关注过

☐ 赞成，确实应该整顿

☐ 反对，对游客有诸多限制

☐ 整顿行动颇有成效

☐ 目前没什么成效

☐ 效果不持久，很快就会恢复原样的

☐ 其他

五 重点调研单位及部门概况

重点调研单位及部门概况

在此次项目中，综合考虑各行政部门在旅游执法中发挥的专门作用以及与调研主题相关性，小组重点调研了包括 B 市旅游发展委员会、B 市公安局旅游警察支队、B 市工商行政管理局、世界文化遗产 B 市 GC 保护管理局在内的多个单位和部门，以座谈会的形式交流、了解到了各部门的职能分工，以及部门间联合执法情况。

1. B 市旅游发展委员会

B 市旅游发展委员会（以下简称 B 市旅发委）在旅游执法中，负责协调旅游综合执法工作，是旅游市场综合监管调度指挥中心。2015 年，B 市旅游局更名 B 市旅发委，其前身是 1993 年初成立的 B 市地区旅游事业管理委员会，到 1997 年又据此成立了 B 市行署旅游局。直到 2003 年下半年，B 市撤地设市之后才正式产生了 B 市旅游局，即如今的 B 市旅游发展委员会。

B市旅发委由局改委的初衷在于改革旅游产业的发展及管理观念，从各部门单独执法再到由旅发委协调统筹各相关单位，实现具有可操作性、机动性的联合执法，以此优化各方执法效率与执法质量，用创新的管理方式促进B市旅游市场执法者凝聚，同时避免推诿扯皮、职权不明等问题的发生。

在B市旅游发展委员会的官网上，可以看到自2017年3月起，旅发委每周定期发布B市旅游市场专项整治工作周报，其中不仅包括B市（包括GC区）有关旅游市场整治、旅游产业转型升级的具体工作总结，还有所获得的相关奖惩。此外，B市旅发委联合B市公安局旅游警察支队、B市工商局旅游执法支队共同组成了B市旅游联合执法巡逻队，定期对B市旅游行业展开联合执法管理行动。

2. B市公安局旅游警察支队

B市公安局旅游警察支队（以下简称B市旅游警察）于2016年2月正式挂牌成立。作为A省首支旅游警察队伍，B市旅游警察显然具有先锋模范作用。早在2007年，A省就已经有了第一个旅游警务组，其主要以保证旅游行业规范为工作目标，同时针对所在地旅游行业违法犯罪行为（包括"黑车""黑导游"等）展开执法活动，管理旅游景区（点）的交通出行、购物消费，保障游客的各方面旅游体验。[①]

而如今的B市旅游警察支队，其职能亦在过去旅游警务组的基础上有所发展。旅游警察的职能主要包括负责开展旅游市场和旅游治安形势分析研判、对策研究及法律政策宣传；负责查处涉及旅游活动参与者人身、财产安全和破坏旅游市场秩序的违法犯罪案件；配合相关部门开展旅游市场监管联合执法工作，维护旅游市场秩序；指导、监督各景区景点安全保卫工作，接受游客报警求助，指导各派出所对辖区内景区景点开展秩序维护、巡逻防范等工作，维护旅游市场治安秩序等。

作为A省首支、全国第二支旅游警察队伍，B市旅游警察支队的运作并无太多模式和经验可供参考借鉴。经过一年来的实践和探索，B市旅游警察支队已开创了自己的旅游执法模式。截至2017年2月，B市旅游警察共

---

① 《我省公安机关又添新警种旅游警察专治黑导》，B市旅游发展委员会［EB/OL］.http://ljta.gov.cn/html/news/zhxx/682.html。

查处发生在旅游景区（点）和涉及游客安全的拉客扰乱公共秩序、酒托诈骗、强买强卖、违反旅馆业信息系统管理等各类治安案件73起，处理违法人员104人；侦办在景区（点）周边开设赌场、药托诈骗等刑事案件4起，打击处理犯罪嫌疑人11人。在行业整顿方面，全市公安机关旅警部门共检查旅游行业场所8660余家次，发现安全隐患525处，下发整改通知书213份，处罚违规场所760家，整治旅游景区（点）治安乱点141处，调解旅游纠纷1528起，受理游客投诉86起，处涉旅舆情149起。①

3. B市工商行政管理局

B市工商行政管理局（以下简称B市工商局）是GC旅游市场的重要执法单位之一。2016年10月，B市工商局正式新增内设机构旅游执法支队，以满足旅游执法活动更深层次的需要。

B市工商局旅游执法支队下设四个大队，主要职能包括市场监管工作法律政策和对策研究，发布消费提示和消费警示，宣传相关法律法规；负责查处旅游市场无照经营、欺诈消费者、虚假宣传、违法广告、不正当竞争、网络电商违法行为、合同违法、商标侵权、销售假冒伪劣商品等违法经营行为；受理、调处全市旅游市场影响恶劣、涉案数额较大的消费者投诉举报，查办诉转案案件；配合旅发委、公安、交通、质监、发改（物价）、景区管理局（管委会）等部门做好旅游市场监管执法工作；指导、督促辖区工商和市场监督管理部门做好旅游市场监管工作等。截至2017年2月，B市工商局旅游执法支队在B市工商局各部门及其他单位的配合下，办理数百起有效消费投诉案件，消费者挽回经济损失数百万元。查办旅游市场违法案件20件，罚款96.8万元。②

4. 世界文化遗产B市GC保护管理局

世界文化遗产B市GC保护管理局（以下简称保护管理局）主要包括局办公室、保护建设科、文化保护管理科等部门，具体职能包括贯彻执行有关世界文化遗产保护管理的法律、法规和政策；在一定范围内按权限行

---

① 高浚：《市旅游警察支队：继续为旅游发展保驾护航》，B市热线［EB/OL］http://www.lijiangtv.com/article/61462-p-1.html。

② 参见李齐凡《B市工商局旅游执法支队为消费者挽回数百万元经济损失》，［EB/OL］http://www.ynta.gov.cn/Item/31100.aspxl。

使综合行政处罚权；负责《世界文化遗产B市GC保护规划》的组织实施和必要修编；负责B市古城内基础设施的管理和完善；负责古城保护管理基金的征稽、管理和使用；组织B市古城保护管理的宣传、教育、培训、学术研究及交流；负责对B市古城传统民族文化的普查、搜集、整理研究及交流；负责B市古城内房屋修建项目审查及《准营证》审批；负责指导B市GC管理有限责任公司工作。

六　B市旅游市场监管综合调度指挥中心职能分工一览

B市旅游市场监管综合调度指挥中心职能分工一览

B市 公安局	负责开展旅游市场和旅游治安形势分析研判工作。
	负责查处涉及旅游活动参与者人身、财产安全和破坏旅游市场秩序的违法犯罪案件，依法严厉打击在旅游景区、旅游交通站点等侵害游客合法权益的违法犯罪团伙，及时查处强制消费、敲诈勒索等违法犯罪行为。
	配合相关职能部门开展旅游市场监督及联合执法工作，维护旅游市场秩序。
	负责开展旅游市场治安管理服务及涉旅案件办理工作。
	指导、监督各景区（点）内部安全保卫工作，接受游客报警求助。
	负责游客治安方面的投诉处理。
B市 工商局	依法查处无照经营行为。
	依法查办欺客、宰客、流通环节不合格产品和销售假冒伪劣商品，违反合同、侵犯消费者（游客）合法权益行为。
	依法查处旅游市场的虚假广告、虚假或者引人误解的宣传，商标侵权、垄断行为（价格垄断行为除外）、商业贿赂等不正当竞争行为及其他违法违规行为。
B市 旅游发展 委员会	依法规范市场秩序、监督管理质量、维护旅游消费者和经营者合法权益的责任。
	对A级景区的旅行社、导游的经营（服务）进行监管、维护良好的旅游市场秩序。
	负责查处组织"不合理低价游"、强迫和变相强迫消费、组织违反旅游合同等违法违规行为。
	负责组织相关部门查处"黑社""黑导"等非法经营行为。
	配合参与打击涉及旅游行业的"黑车""黑店"等非法经营行为，配合对旅游车及其驾驶员的监管工作。
	负责旅游投诉的受理和转办的工作。

续表

B市 食品药品 监督管理局	依法组织、指导涉旅食品、药品安全事故的调查结果。
	查处涉旅食品、药品、医疗器械、化妆品违法行为。
	加强对定点接待团队餐饮单位等的食品安全日常管理工作。
	依法处理有关食品药品安全的查询、投诉、举报。
B市 质量技术 监督局	依法对旅游场所大型游乐设施、客运索道等特种设备实施安全监察，对涉及特种设备安全的投诉举报违法违规行为进行调查处理。
	组织依法查处违反标准化、计量、质量、特种设备、认证认可等法律法规的行为。
	承担打击生存领域假冒伪劣产品等违法活动。
	负责受理（转办）违反质量技术监督法律法规的申报、申诉、投诉工作。
B市 卫生和计划生育 委员会	负责涉旅（公共）突发案件的医疗卫生救援工作。
	重点监督景区（点）等涉旅医疗机构和医疗服务行业管理工作，规范其医疗服务、医疗质量、医疗安全工作。
	负责涉旅公共场所饮用水及涉水产品、桶装水管理工作。
	负责旅游场所公共用品用具的卫生管理工作。
	对旅游场所违反《公共场所卫生管理条例》的行为进行查处。
	负责游客在卫生管理方面的投诉。
B市 工业和信息化 委员会	负责保护涉旅部门使用无线电对讲机不受干扰，保护涉旅调频广播正常使用无线电频率。
	负责确保周边旅游区域移动通讯基站安全使用无线电频率。
	配合公安部门查处旅游风景区周边的非法设置使用"黑广播""伪基站"。
	协助旅游部门加强旅游市场监管信息化建设。
	联系网信部门并协助清理网上虚假旅游信息和查处发布各类误导、诈骗消费者等虚假旅游信息的违法违规网站和账号等。
B市 交通运输局	负责道路、水路运输市场监管，依法查处道路、水路运输市场违法违规行为，严厉打击"黑车"行为，加强出租车、网约车、公共客运车辆租赁行业的管理工作。
	负责通往主要景区（点）之间的交通畅通工作，保障好通往各主要景区（点）的公共交通。
	负责游客在交通方面的投诉并及时处理。

第三章
旅游市场的司法监管

引　言

近年来，B 市从一个名不见经传的边陲小镇，崛起为世界知名的旅游文化名城，游客接待量从 1995 年的 84.5 万人次增加到 2015 年的 3053 万人次；旅游业总收入从 1995 年的 3.3 亿元人民币增加到 2015 年的 443.2 亿元人民币，经过 20 多年的快速发展，旅游方面也出现了一些"通病"顽疾问题。2015 年 10 月，B 市 GC 景区因欺客宰客情况严重、出租车普遍不打表、商户存在欺客行为、餐饮场所等价格虚高、多数商铺无明码标价、环境卫生脏乱差、消防设施不完备等问题，被国家旅游局给予严重警告，通报一出，经媒体曝光，B 市面临巨大的舆论压力。而 2016 年 11 月 11 日游客董某在 B 市一烧烤店遭殴打并致毁容一案，更是将 B 市推向了风口浪尖。与此同时，B 市作为 A 省旅游的名片，在 B 市受到诟病的同时，整个 A 省的旅游业也受到了强烈打击，因此，加强 A 省旅游市场综合监管刻不容缓。

面对当前的严峻形势，加之为实现从旅游大省向旅游强省的新跨越，A 省旅游发改委联动各部门出台了一系列措施重拳以整治旅游市场。在旅游市场综合监管的诸多举措之中，以司法监管为例，旅发委牵头各相关涉旅部门创新调解机制，经过一段时间以来的实践表明，创新的调解机制对旅游市场监管起到了良好的效果。同时，A 省各级法院以改革创新为动力，创新体制机制，着力化解矛盾纠纷，为 A 省旅游业健康发展保驾护航。此前，A 省高级人民法院与 A 省旅游发展委员会联合印发了《关于进一步发挥审判职能作用服务保障全省全域旅游发展战略实施的意见》，《意见》要求：景区所在地的基层人民法院，尤其是 K 市、D 市、B 市、S 州等特色旅游城市、60 个旅游强县应设立旅游维权合议庭，归类审理旅游类纠纷；在 60 个特色旅游名镇和客流量较大、旅游纠纷较多的旅游景区、度假区，基层人民法院可挂牌设立旅游审判法庭或旅游巡回法庭，就地适用简易程序解决各类旅游纠纷；暂时不具备设立法庭条件的，要根据实际需要设立巡回审判点在旅游旺季及节假日安排专人值班，在景区醒目位置公布所在辖区法院或人民法庭办公电话，便于及时处理纠纷。A省各地法院纷纷在意见的指导下根据当地旅游业发展情况，积极响应配合。目前A省K市、D市等5个州市和T市、R市2个县级市与省高院联合推动在82个县市区基层法院挂牌设立了46个旅游巡回法庭和77个旅游案件巡回审判点，开展案件审理、纠纷化解、矛盾排查等日常工作，实现了重点旅游景区、知名景点全覆盖。

  但是，A省旅游市场中的司法监管仍不尽如人意，创新举措亦有其弊端，例如，矛盾纠纷处理机制僵化、"调"与"诉"衔接不畅、诉讼周期过长、成本过高导致游客维权积极性不高，或者在权益受到侵犯时寻求错误的维权途径，一直处于"治标不治本"的阶段；旅游管理部门与人民法院没有形成制度化的沟通协作机制；旅发委牵头组织的调解法律性不强、法官的中立性保障不够、司法舆情管理仍停留在回应性管理、旅游纠纷解决机制不够完善、行政执法和民事司法衔接不足、旅游法庭运行尚未成熟，等等。本章试图以B市为调研对象，通过分析B市旅游市场综合监管之司法监管的现状，找出B市旅游司法监管的困境所在并提出完善B市旅游市场综合监管之司法监管的建议。同时，B市所遭遇的困境也正是整个A省旅游业乃至全国旅游业正面临的困境，因此，完善B市旅游司法监管的建议对完善A省以及全国旅游市场综合监管之司法监管同样适用。

第一节　B市旅游市场司法监管的现状

旅游业在20世纪90年代中后期成为B市的支柱产业。最新的统计显示：2016年，B市旅游业总收入为608.76亿元，同期全市GDP仅为约310.2亿元；旅游总收入已经近似于B市GDP的2倍。统计数据显示，从1998年到2016年，B市旅游业的总收入增加了近60倍。B市庞大的旅游业收入背后是游客人数和人均花费的"量价齐升"。毫无疑问，是外地游客的巨量资金造就了B市的繁荣，一旦B市因为口碑受损失去游客的青睐，对当地经济也将有巨大影响。近期B市负面消息不断，旅游业面临挑战。国家旅游局也在××年2月底宣布，决定给予A省B市的B市GC景区等3家5A级旅游景区严重警告，要求限期6个月整改，如果整改不合格，将面临被取消5A景区资格的处罚。实际上，早在2015年10月，国家旅游局就对B市GC景区发布过严重警告。所有问题的矛头都指向B市旅游市场的混乱和监管的不到位，而要治理这样的混乱局面，必须加强和完善B市旅游市场的司法监管。

一　司法监管的总体概况

对旅游市场的司法监管是指司法监管机构依法对旅游行业机构的市场准入、业务经营及市场退出机制进行全方位监督管理的活动，其目的在于促进旅游行业的稳健经营。通观我国《旅游法》《最高人民法院关于审理旅游纠纷案件适用法律若干问题的规定》《旅行社条例》等法律法规，可以看出，我国旅游市场监管的主要目标有三个：一是维护旅游业的稳健运行，二是保护当事人利益，三是促进旅游业公平竞争。通过类型化的个案处理和适度的能动司法，与旅游行业监管目标相契合，为司法介入旅游行业监管提供了可能性，保证旅游市场安全运转和健康发展。从根本上说，必须依靠法治，进一步健全旅游市场法制，依法加强对旅游市场的监管，确保旅游业在法治轨道上运行，才能"把旅游业办成真正的旅游业"。司法作为维护公平、正义的最后一道屏障，应充分发挥职能，提升司法政策水平，以协调平衡行政干预，加强对旅游市场的监管，化解旅游市场中存在的风险和矛盾，促进旅游法治科学发展。

此次调研发现，在旅游市场综合监管之司法方面，B市不断健全旅游调解机制。一是成立了旅游纠纷人民调解委员会，负责全市旅游纠纷调解工作；在GC区、C县、N县涉旅乡镇司法所成立旅游纠纷调解中心，负责处理辖区内旅游纠纷调解。二是深化旅游巡回法庭建设，不断创新旅游巡回审理模式，及时高效化解旅游活动中游客与旅游经营者、旅游辅助服务者之间因旅游发生的合同或者侵权纠纷，就地立案，就地解决，就地裁决，做到旅游纠纷案件快立、快审、快调、快结、快执。

二 旅游法庭的历史沿革及其现状

（一）旅游法庭成立及其原因

早在2002年，H省针对Y市作为国际旅游胜地游客流动性大、旅游纠纷多的特点，首先在Y市城郊法院设立了旅游法庭，实行巡回办案，快立快审快执。Y市城郊人民法院在南山、天涯、亚龙湾设立了旅游巡回法庭，成为全国第一家拥有旅游法庭的法院，开启司法处理旅游纠纷的新模式，同时为国内旅游行业发达、旅游纠纷突出的地区提供了司法监管可供借鉴的经验。

旅游法庭主要受理旅游经营活动中存在的炒房、出售假冒伪劣产品、强买强卖、非法收取回扣等旅游纠纷案件。截至2010年2月，Y市城郊人民法院民一庭和3个旅游巡回法庭共处理旅游纠纷案件95件，结案标的金额50.6万元。其中游客与其他餐饮住宿经营者之间的纠纷案件32件，占34%，主要涉及餐饮欺诈、炒房、强买强卖等其他欺诈性消费；游客的人身损害赔偿的纠纷案件30件，占32%；游客财产损害赔偿纠纷案件 15 件，占 16%；旅行社和游客的合同纠纷案件 15 件，占 16%；游客诉景区旅游行政管理部门赔偿案件 3 件，占 3%。

H 省 Y 市成立旅游法庭之后，全国多地也先后建立了旅游巡回法庭，如 G 省 L 市旅游巡回法庭、G 省 M 县人民法院旅游景区巡回法庭、J 省 O 县人民法院旅游巡回法庭等。2016 年 4 月，B 市中级人民法院组织 GC 区、C 县、N 县法院负责人到 H 省 Y 市等地考察学习，2016 年 5 月，N 县法院 I 旅游巡回法庭、C 县法院旅游巡回法庭相继挂牌成立。GC 区人民法院结合古城景点景区相对集中的实际制定方案，并经 GC 区委同意后，成立了 GC 区人民法院旅游专门法庭。

旅游专门法庭与旅游巡回法庭的区别在于法官固定、审判场所固定、司法理念、裁判尺度、裁判方法相对统一，可有效规范和限制自由裁量权，确保同类案件法律适用基本统一、裁判尺度基本相同、处理结果基本一致，避免"同案不同判"现象。

（二）审判模式

旅游法庭值班点接到当事人投诉后，对于不属于旅游专门法庭管辖的法官会当即通过电话与 B 市旅游委、消费者协会、工商管理部门、公安机关、景区多方协调，启动联动机制。对于在管辖范围内的案件则实行及时高效化解旅游活动中游客与旅游经营者、旅游辅助服务者之间因旅游发生的合同或者侵权纠纷，就地立案，就地解决，就地裁决。"灵活"二字最能概括旅游法庭处理纠纷的特色，即一律适用简易程序，快立、快审、快结、快执，当庭调解、案发地调解、电话调解，小额旅游纠纷案件免交案件受理费、执行费。（旅游纠纷流程图见本章附录）

（三）B 市 GC 区旅游专门法庭工作开展情况

1. 以明确受案范围为基础，统一司法理念和裁判尺度

为认真落实最高人民法院、国家旅游局《关于进一步发挥审判职能作用促进旅游业健康发展的通知》和 A 省高级人民法院、A 省旅游发展委员会《关于进一步发挥审判职能作用服务保障全省全域旅游发展战略实施的意见》，充分发挥人民法院和旅游主管部门在审判和行政调解、行

政执法等方面的职能作用，积极形成合力，及时、高效解决旅游纠纷，维护游客的合法权益，保障旅游活动的顺利开展。B市GC区人民法院根据区域内旅游工作实际，将旅游法庭的受案范围进行了调整。其范围主要包括：SH片区所有民商事案件；旅客在GC区境内吃、住、行、游、购、娱等过程中与商家、旅行社发生的旅游案件；DY古城和SH古镇内房屋租赁合同纠纷及其他需要旅游法庭办理的案件。案件范围的统一为统一司法理念，确保同类案件法律适用基本统一、裁判尺度基本相同、处理结果基本一致，避免"同案不同判"的现象奠定了基础。

2. 以公正高效审理好涉旅游案件为重点，确保审判工作与旅游专项整治效果双赢

旅游法庭始终以案结事了人和为目的，要求公正高效审理好涉旅案件。办理案件过程中，牢固树立"调解优先、调判结合""案结事了人和"的司法理念，注重双方当事人的调解，努力从根本上化解社会矛盾纠纷。2017年以来，旅游法庭共受理涉旅游案件5件，审结1件。未结的旅游案件中，有2件因被告下落不明正在公告中，有一件因当事人提出管辖权异议上诉至中院，另一件正按照法定程序审理中。

3. 以审理好其他民商事案件为抓手，妥善化解社会矛盾纠纷

旅游法庭在处理涉旅案件的同时，也将维护辖区社会的稳定、经济的发展提供优质法律服务作为法庭工作的重要内容。为此，旅游法庭树立了"审判就是服务"的新司法理念，把审判工作融入为经济建设服务、为社会稳定服务、为人民群众服务之中。2017年以来，旅游法庭共审理其他各类民商事案件40件，审结19件，旧存案件30件，其中判决32件，调撤17件。

4. 以加强社会管理创新为根本，开展司法建议工作

B市GC区人民法院在审理案件的过程中如发现有扰乱B市旅游秩序的情况，会主动向旅发委以及其他涉及此案件的相关旅游管理部门出具司法建议书建议整改。旅游法庭在审理方某诉李某民间借贷合同纠纷一案中，发现方某系某旅行社的导游，2015年2月方某带游客到李某所在的购物店消费，购物店返点折合人民币3万元给方某，后双方就还款事项发生争执，法庭进行了批评教育。之后，双方均认识到了自己的错误，原告

撤回了起诉。本案虽为个案，但从中可以发现个别导游与购物店结成了不正当的"利益联盟"，形成"导游带游客购物消费，购物店以返点的方式给导游回扣或人头费"的黑色利益链，这种旅游行业"潜规则"的存在，损害了旅游消费者的权益，扰乱了 B 市旅游秩序。为此，旅游法庭提出如下司法建议：进一步加强对旅行社、导游及其他旅游从业者的从业资质的审批，适当提高旅游市场准入门槛，提升旅游服务能力；进一步加强对旅行社及导游的管理，严肃查处"零付团费"、超低价恶性竞争和非法"一日游"等旅游市场顽疾，坚决杜绝强制购物、强制消费等损害旅游市场和旅游消费者的现象；旅游部门与市场监督管理部门要进一步加强对旅游购物店的管理，严厉打击和查处违反《中华人民共和国旅游法》的相关规定，违规收受"购物返点回扣"和"人头费"等现象和虚假违法旅游产品广告、价格欺诈、欺客宰客等行为，营造诚信、规范、有序的旅游市场环境。目前，司法建议书得到了市旅发委的回复，取得了较好的法律效果。

5. 以加强制度建设为保障，建立健全快速处理涉旅案件机制

为了使涉旅纠纷的案件及时得到解决，B 市 GC 区人民法院出台了《B 市 GC 区人民法院涉旅案件快速处理机制》和《B 市 GC 区人民法院旅游市场专项整治方案》，充分发挥了人民法院在整治规范旅游市场中的作用，依法维护游客及旅游从业者的合法权益。

6. 以服务旅游产业发展战略为导向，为全区旅游工作提供法律服务

在审理好各类案件的同时，B 市 GC 区人民法院与旅游市场监管综合调度指挥中心协调配合，在发生涉旅案件时及时为相关部门提供法律咨询。2017 年 3 月 2 日，旅游法庭接到××区公安局 110 指挥中心电话称，湖北一男子醉酒后，与他人发生冲突，致使该男子及一名韩国人受伤的治安事件后，旅游法庭及时与 SH 派出所联系沟通，为派出所解决纠纷提供法律服务。旅游法庭参与其他部门对当事人的调解工作之中，大大提升了调解的成功率。2017 年 4 月 26 日，来 B 市旅游的李某与江苏游客蔡某发生口角纠纷后，双方互殴，致李某面部受伤。案件发生后，李某到 GC 法院要求蔡某赔偿损失 3 万元，法院联系蔡某并进行劝说。蔡某只答应赔偿 5000 元，并拒绝到法院进行调解，故旅游法庭告知李某通过司法途径解

决其纠纷。此外，旅游法庭会根据游客数量的多少进行巡回审判，并为游客提供法律咨询。

（四）旅游法庭的作用

旅游法庭的成立可以有效应对旅游服务不可贮存、旅游过程的流动性及缔约形式的不规范性。B 市将适当放宽立案条件，扩大有管辖权的法院的管辖范围；建立繁简分流机制，对事实清楚、责任明确、标的不大的案件适用速裁方式审理，建立旅游纠纷就地立案、就地审理、当庭裁决和立即执行的快速处理机制，并采用"110 联动"出警方式受理案件；加大对欺诈宰客等违法违规行为的惩处力度，构建旅游市场综合整治长效机制，维护 B 市旅游市场的良好形象。

三 对旅游活动主体相关调查结果分析

此次调研中，我们采用现场访谈与随机发放问卷相结合的方式，就司法监管的几个问题分别向旅游法庭法官、旅游行业从业人员、游客及当地居民进行交流后，最终收集到有效样本 328 个。

（一）法治意识

在对游客、旅游行业从业人员及当地居民的调研中，通过两个问题——"对已颁布的旅游法及相关规定了解程度""遇到旅游纠纷，会采取何种方式解决？"能够分析其旅游法治意识。在对第一个问题的回答中，1.89%的旅游市场主体觉得对相关规定非常了解，33.96%基本了解，64.15%非常陌生。第二个问题的回答中，协商占 48.78%，调解占 67.68%，仲裁占 19.51%，诉讼占 18.9%（见图 3-1）。

由此可见，大部分旅游主体旅游法治意识相对淡薄。游客、从业人员及当地居民对旅游法规并不十分了解，只有极少数人对旅游法规十分了解，而有超过半数的人表示对旅游法规及相关规定十分陌生，并不了解。当发生旅游纠纷时，48.78%的人会选择私下协商解决，更多的人选择通过民事仲裁和调解来解决纠纷，而只有不足 20%的人希望通过正式诉讼

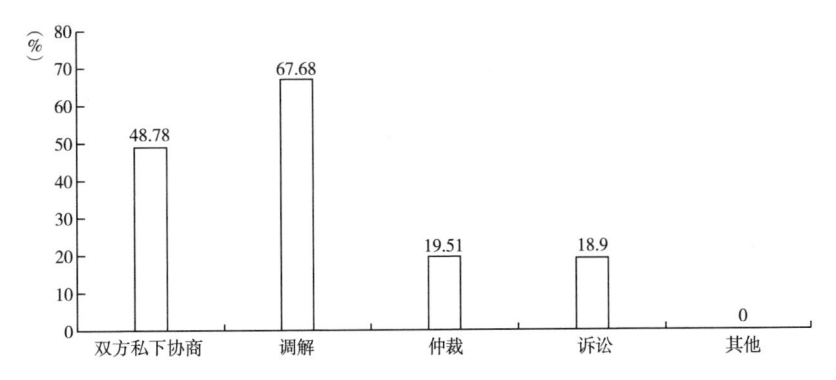

图 3-1 遇到旅游纠纷，采取的解决方式

审判程序解决纠纷。

（二）法治宣传

通过对游客、从业人员、当地居民进行以下问题的提问："您所知晓的处理旅游纠纷的机构有哪些？""遇到纠纷会向什么机构寻求帮助？"和旅游法庭法官"平时如何进行法治宣传？"问题的回答，可对 B 市当地旅游法治宣传情况做出相应分析。在旅游市场主体的回答中，知晓旅游发展改革委员会占 49.15%，旅游局的占 58.47%，消费者协会占 38.98%，游客中心占 22.03%，旅游警察占 46.61%，旅游法庭占 13.56%，不知道任何处理旅游纠纷部门的占 10.17%（见图 3-2）。

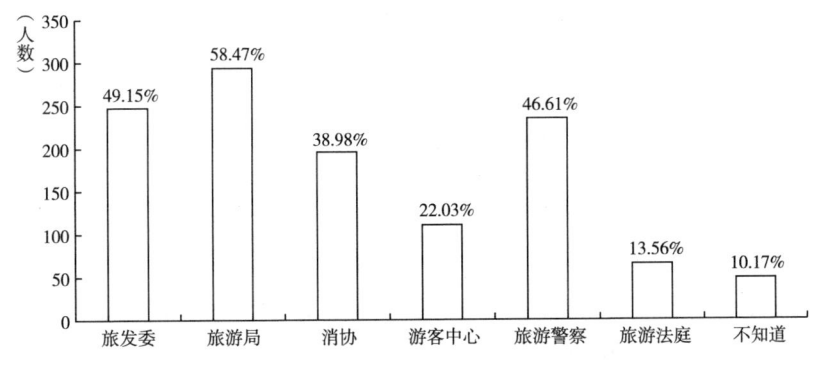

图 3-2 所知晓的处理旅游纠纷的机构

在对第二个问题的回答中，认为愿意向政府部门寻求帮助的人占31.1%，愿意向旅游法庭求助的人占12.8%，愿意向景区管理者、消费者协会、旅行社寻求帮助的人占56.1，视具体情况而定的占35.98%（见图3-3）。根据与B市旅游法庭法官访谈后得知，旅游法庭平时法治宣传以发传单为主，结合多部门联动宣传活动，目前没有独立的网站和经营的微博、公众号。

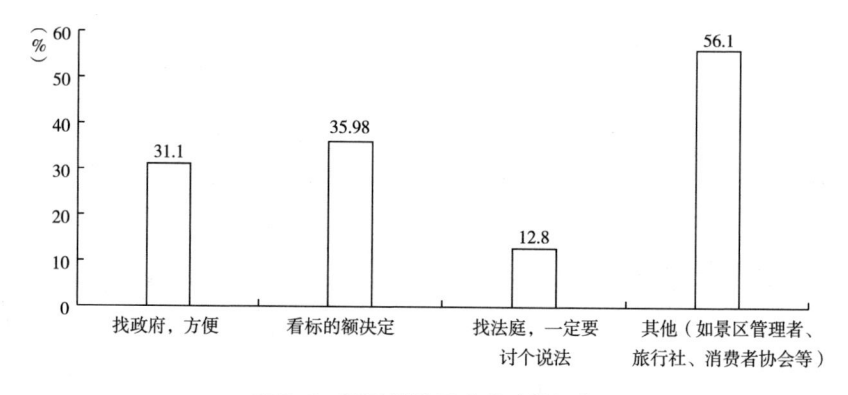

图 3-3 遇到纠纷寻求帮助的机构

由此可知，旅游法庭法治宣传力度不够，公众知晓度较低，不足20%；同时宣传方式单一，仍停留在原始的宣传办法层面，未尝试通过互联网新媒体进行广泛宣传。在遇到旅游纠纷时，选择通过司法途径向法庭选择帮助只占到很小的比例，人们普遍认为司法程序过于复杂，会花费过多的精力引起不必要的麻烦，且影响旅游进程和旅游时的心情。同时，也表现出人们普遍对司法判决结果期待值不高。

（三）旅游法庭认同度

通过对"旅游法庭的存在是否有必要"和"对旅游法庭判决/调解结果是否满意"等问题提问，能测量出各旅游市场主体对建立旅游法庭的认同度高低。在对第一个问题的回答中，有26.22%的人认为旅游法庭的存在有必要并能起到一定作用，7.93%的人则认为没有作用，只是搞搞形式并且浪费资源，有66.85%的人表示不清楚（见图3-4）。

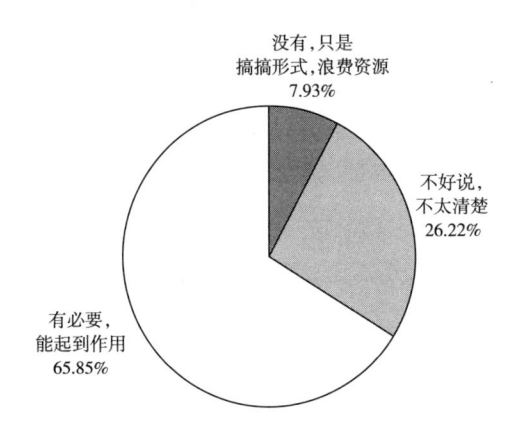

没有,只是
搞搞形式,浪费资源
7.93%

不好说,
不太清楚
26.22%

有必要,
能起到作用
65.85%

图 3-4　旅游法庭的存在是否有必要

在对第二个问题的回答中，有 27.44% 的人表示对旅游法庭的处理结果满意，59.76% 的人表示勉强过得去，12.8% 的人表示不满意，并由调解转入了审判程序（见图 3-5）。由此可见，旅游市场主体对旅游法庭的认同度普遍不高。仅有 26% 左右的人对旅游法庭的存在和工作持肯定态度，过半数的人对旅游法庭概念模糊、态度中立，仍有少部分人认为旅游法庭的存在并不必要，甚至认为浪费了社会资源。对旅游法庭处理案件的结果，大部分人认为基本能达到诉求，说明旅游法庭的认同度虽然还不高，但在客观上能够解决旅游纠纷，基本能起到定纷止争的作用。

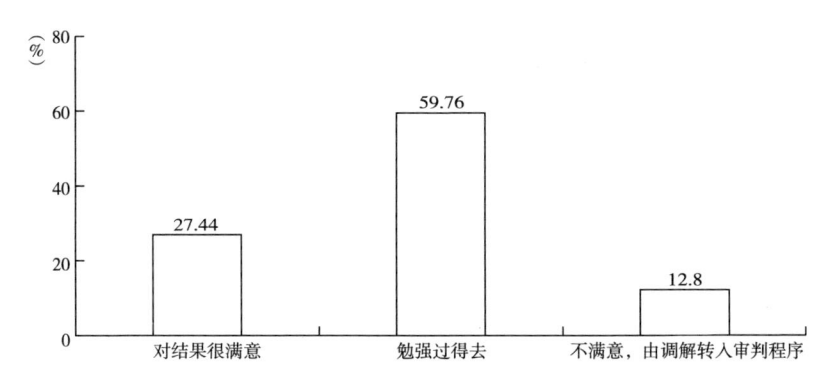

图 3-5　对旅游法庭判决/调解结果是否满意

四 司法监管的主要成就

(一)市领导高度重视,多部门联合治旅取得成效

成立了由书记、市长挂帅的 B 市旅游市场整治工作领导小组,各区、市旅发委、交通局、公安局等 35 个单位与旅游法庭协同联合开展整治监督工作,发挥了政府的主导作用,加强各职能部门的联动协作,整合监管力量。随着 GC 区景区整改整治工作的深入,2017 年 1~7 月 B 市旅游接待人数明显上升。B 市旅游发展委员会官方统计信息显示:2017 年 1~7 月,共接待海内外游客 2276.13 万人次,比上年同期增长 18.14%,旅游业总收入预测 427.55 亿元人民币,比上年同期增长 22.27%。①

(二)创新机制,治理 B 市旅游市场"市场"与"法治"相结合

继 2013 年 10 月 1 日《中华人民共和国旅游法》正式实施后,B 市先后修订通过《B 市旅游管理条例》《B 市旅行社管理规定》等地方性法规,在深入贯彻《旅游法》的同时,结合本市旅游业发展的特点,因地制宜,对《旅游法》的相关条文做了细化和变通。B 市旅游市场监管综合调度指挥中心根据《A 省旅游市场秩序整治工作措施》和《B 市旅游市场整治十大措施》的要求,对违反《旅游法》等法律、法规,受到行政处罚的旅行社纳入黑名单。在黑榜第四期我们可以看到:B 市美团旅行社因未提供相关服务了违反《旅行社条例》第 61 条;B 市阿鹏哥旅行社以不合理低价组织旅游活动违反了《中华人民共和国旅游法》第 35 条;龟兔旅游咨询服务公司因无旅行社资质经营旅行社业务违反《旅游法》第 95 条之规定而受到处罚等;这些都是"市场"与"法治"结合下的 B 市旅游监管创新之处,促使旅游行业规范化、旅游市场秩序化,有效地遏

---

① B 市旅游发展委员会:《2017 年 1 至 7 月 B 市旅游接待情况》,http://www.ljta.gov.cn/html/infor/tongjixinxi/14499.html. 最后访问时间:2017 年 8 月 20 日。

制违法违规现象，使旅游纠纷从源头上减少。①

（三）创新投诉方法，扩展投诉渠道

目前 B 市开通了 24 小时旅游投诉热线和微信平台投诉渠道，游客的投诉可通过综合指挥调度中心统一分配给各单位，使游客的诉求可以及时得到处理和解决。同时，这一创新改变了传统上访和投诉所需要的时间成本，符合现代通信方式多样化的特点，能够更好地为各个群体的游客解决旅游纠纷，还有通过线上与线下的交流，可以更高效解决游客的问题。高效解决游客的纠纷问题，对旅游投诉中心而言，可以减少积累案件的数量，提高投诉中心的工作效率和投诉中心的公信度。

（四）设立旅游巡回法庭和成立 GC 区人民法院专门旅游法庭

B 市针对涉旅案件的特点，成立了旅游巡回法庭以及 GC 区人民法院专门旅游法庭，加快了涉旅案件的审理，也使矛盾纠纷得到了及时解决。该类法庭不仅吸收了国内各地旅游法庭的经验，而且也形成了适合 B 市旅游发展特点的相关办法和条文。如根据《中华人民共和国民事诉讼法》等法律法规的规定，同时结合 B 市 GC 区的实际，B 市 GC 区建立了旅游案件快速处理机制，制定了《B 市 GC 区人民法院依法办理旅游纠纷案件速裁办法》，该办法明确了旅游纠纷速裁适用的法律关系，规定了法庭在快速处理旅游纠纷时应该遵循的流程和遵循的原则，另外还对旅游法庭工作的执行进行了相应的规定。2017 年 2 月 22 日，B 市 GC 区人民法院还发布了 B 市 GC 区人民法院旅游专门法庭的权力清单，明确了旅游专门法庭受理案件的权限。权责的明确化，有利于法庭依法开展相应的治旅活动。B 市旅游专门法庭承载司法职能，高效集中的解决旅游纠纷，为旅游市场司法监管活动的开展提供了司法保障。

---

① 调度指挥中心：《B 市旅游市场监管综合调度指挥中心关于发布第四期旅游"红黑榜"的公告》，http://www.ljta.gov.cn/html/infor/notic/14483.html. 最后访问时间：2017 年 8 月 20 日。

（五）加强普法宣传

在景区醒目位置设立标识、标牌，公布 24 小时旅游诉讼服务电话，并与市旅发委协调，定期通过旅发委信息平台向社会宣传旅游审判机制，以扩大影响力及影响范围，为游客在发生纠纷时寻求解决途径提供了便利。此外，B 市 GC 区旅游专门法庭和旅发委还采取因人制宜的方式进行普法宣传活动。活动的对象，主要分为两大类，一是司法工作者，二是游客、旅游经营者及旅游从业者。就前者而言，要求其认真学习相关法律法规、文件的内容及精神，尤其是《A 省旅游条例》，并在工作中加以贯彻；针对后者，通过多方式多渠道进行普法宣传，从而树立法治观念，强化维权意识。

五 司法监管的主要不足

司法监管虽在一定程度上行之有效，在实践中却仍有缺欠。其一，旅游立法之不完善导致司法审判工作困难重重，法官亦未充分行使自由裁量权以弥补司法空白。其二，人员编制不足、经费紧张。目前，B 市旅游旅游法庭仅配备人员 3 人，其中员额法官 1 名、司法警察 1 名、书记员 1 名。旅游法庭虽有 110 万元区财政投入用于改善其办公环境，但保障经费仍低于同类地州。另外，因经费不足，法院车辆陈旧、设施老化，已不能满足当前办案需求。其三，审判力量相对不足，法官的司法能力有待加强，但目前没有针对旅游法庭法官综合素质能力提升的专门培训，故而法官办案能力提升仅能依靠自主学习业务知识。

第二节 国内外旅游管理模式及其他司法模式的借鉴

一 国内外旅游管理模式的借鉴

旅游管理体制是指国家对整个旅游经济活动和运行进行协调与管理的组织形式、机构设置、职权划分和管理制度的总和。其渗透到旅游管理的各环节、各领域和各个方面，是旅游经济活动正常开展和旅游经济有效运行的重要保障，也是实现旅游经济发展目标的重要手段。

目前国外旅游管理体制模式主要有以下四种：一是单设国家旅游部（局）的国家，主要以亚、非和拉丁美洲发展中国家为代表，大多数国家国民经济总量不大、工业不发达；二是旅游部与产业部（商业部、工商部、商贸部、工商经济部门）结合的国家，主要以欧洲及澳大利亚等发达国家为代表，这部分国家旅游业发达，中央政府内旅游与商务、工业等经济部门合在一个部中，而直接主管旅游的行政机构比较精简；三是旅游局设置在工商或交通等相关部之内的国家。主要是西欧、北美国家及亚太地区的新加坡与新西兰。这些国家大多经济发达、法治完善，在管理体制上，大多由中央政府的商务、工业等经济部门主管旅游业，直接主管旅游的行政机构比较精简，我国香港的旅游管理体制也属于该类型；四是设有政府决策协调机构的国家，主要以美国、日本、韩国、泰国以及马来西亚为代表，以日本为例，旅游和决策管理机构可以分为四个层次：行政主管、政策咨询、政策协调和地方旅游管理。旅游政策协调机构是部际旅游联络会议，设在总理府，由总务长官主持，旅游政策协调机构在旅游综合监管方面发挥了很重要的作用。

国家旅游局是国务院主管旅游工作的直属机构，采取单设旅游局的模式。目前，很多省、市、县由旅游局改为旅游发展委员会，此次改革，一是使旅游局从政府直属机构调整为政府组成部门，二是在原有的职能基础上，增强了综合协调能力。以 B 市为例，B 市建立了由旅游市场监管综合调度指挥中心、旅游警察、工商旅游执法支队、旅游巡回法庭、退货监理中心、旅游联合巡逻队、司法调解中心、各涉旅部门以及执法履职监督办公室组成的"1+3+N+1"的综合监管模式。虽然此监管模式取得了一定良好的成效，但部门之间职能分工界限不明确以及相关涉旅部门之间没有完整的衔接模式，因此此监管模式仍有待完善和改进。

二 国内互联网法院建设的借鉴

（一）互联网法院建设概况

近日，中国第一家互联网法院在杭州诞生，从立案到审理，从举证到质证，从开庭到调解都在网上进行，互联网法院主要解决网上纠纷，也是"互联网+"的具体体现。"互联网+"法院的本质就是运用互联网技术来提升司法服务水平与效率。互联网法院将传统线下的起诉、立案、举证、开庭、送达、判决、执行在内的诉讼活动全部在线上进行，探索为诉讼当事人提供"一站式"服务，为当事人提供了很多便利。下一步还要将互联网技术深度融合到司法审判与法院管理的各个领域，如线上取证、线上审理，实现司法文书自动生成、电子签名、电子送达的作用，将大数据、云计算、人工智能等先进技术引进审判流程中，语音识别系统自动生成庭审记录；通过与公安、工商、检察院以及互联网行业监管部门等单位之间的数据对接，链接行政、仲裁、公证、调解、第三方组织等诉讼外法律服务平台，构筑以互联网法院为主体的"一体化"网络纠纷解决，形成各方协同治理的格局，以有效预警和及时解决涉及互联网的各种风险。[①] 正

[①] 谢军：《互联网法院需技术与法律双轮驱动》，载中国法院网，http://www.chinacourt.org/article/detail/2017/08/id/2973686.shtml，最后访问时间：2017 年 8 月 20 日。

因为互联网技术的发展,熟人社会在现代化发展中渐渐瓦解,当事人或许面都没有见过,就产生了纠纷,或是人格的侮辱,或是网络诈骗,或是电子合同纠纷。这些证据都属于电子证据,普通法庭审理起来仍然较为困难,而互联网法院将网络技术和司法结合起来解决这些问题,不仅能够客观公正地处理案件,还能对某些常见的网络案件运用大数据计算和预测分析。这项制度的创新,不仅完善了司法制度,也有利于当事人网络纠纷的便利解决,是我国法治事业建设中取得的重大进展。

(二)互联网法院对旅游司法监管的启示

互联网法院的出现为进一步探索"互联网+法律"提供了平台,其最具特色的地方就是技术与司法的融合。当前旅游巡回法庭在建设过程中也可以吸收借鉴互联网法院的一些优点。针对游客在网上与旅行社签订的电子合同,或是与订的酒店客栈发生纠纷的情况,若此时能够如互联网法院一样的在网上联系双方当事人,进行调解裁判,将会使双方的利益得到更好的保护。举个例子:当游客订了一家很贵的酒店但因为行程取消而不能按时入住时,此时游客提出诉讼请求依据和经营者提出的答辩理由所依据的证据都能在互联网上进行查询,例如订酒店声明、入住酒店协议以及是否支付房费都能在网上进行查询。如果没有互联网技术的支持,利益受损的游客只能忍气吞声或者付出更高的代价去打官司,这样无疑中增加了维权成本。因此,互联网法院在推广建立的过程中可以和旅游巡回法庭进行有效结合,在互联网法院上建立涉旅案件纠纷解决平台,以此来方便游客维权,也可弥补旅游巡回法庭的不足。

第三节 旅游司法监管的困境

一 司法公信力不足

司法公信力是人民群众对司法认知度、认同度、信任度的综合反应。促进司法公信力的明显提高,必须以保证公正司法为核心,让人民群众在每个司法案件中都感受到公平正义。① 中共十八届中央委员会第四次全体会议通过的《中共中央关于全面推进依法治国若干重大问题的决定》提出:必须保证公正司法,提高司法公信力。公正是司法的生命线,司法公正对社会公正具有重要引领作用,司法不公对社会不公具有致命破坏作用。在 B 市旅游市场司法监管的过程中,出现了很多问题,这些问题都有可能导致司法的公信力不足。

(一)调解法律性有待加强

传统的人民调解基本上是非专业化的模式,调解员调解成功与否,在很大程度上取决于调解员的个人威信、人格魅力以及所代表的基层组织的权威。目前各地基层人民调解员队伍普遍存在年龄结构老化、文化程度不高、法律知识有限、调解能力较弱等问题。许多调解人员缺乏相关的法学、心理学等基础知识和必要的调解技巧,导致调解过程过于粗放,质量难以保证。

然而人民调解制度的作用发挥对于维护社会稳定、增进社会和谐来说

---

① 曹建明:《以公正为核心以人民满意为标准加强司法公信力建设维护社会公平正义》,《人民检察》2016 年第 1 期。

是不可替代的。随着法治进程的加快和公民法治意识、权利意识的不断提高，对人民调解制度的功能定位应注意融入法治元素，强调化解矛盾纠纷与保护公民权利并重。所以重视人民调解工作需要为其发展提供必要的条件和保障。①

笔者在调研中发现，旅发委的初衷是通过建立多部门联动的创新机制来提高解决旅游纠纷的效率，帮助游客维权，维护旅游市场秩序及当地声望。在遇到旅游纠纷需要旅发委调解时，旅发委会请与旅游纠纷相关的部门工作人员以及旅游警察、旅游法庭的法官到案一起调解，而旅游警察和旅游法庭的法官在调解中发挥的多是法律的威慑功能。倘若旅游纠纷的解决是一方或者双方因为受到法律的威吓而不得不妥协，一方当事人不服，感受不到法律的公平和正义，那么就会造成案了事不了，损害司法公信力、司法权威，不利于当地的旅游市场综合监管的局面。

（二）司法舆情管理仍停留在回应性管理

以B市董某遭故意伤害案为例，B市司法机关在面对舆情出现时，多为回应性管理。从案件发生到案件公开开庭审理的过程中，有好几次都引起舆论的热议，而这其中有几次舆情是可以通过采取预防措施减少舆论影响的。另外，司法机关没有配备处理舆情的专业工作人员，工作人员多为从新闻科抽调，那么当重大舆情发生时，司法机关不能快速反应，难免会对司法造成舆论压力。

（三）法官的专业性有待提高

旅游法庭处理的纠纷主要有五种：涉及旅游过程中游客人身、财产损害的纠纷；涉及旅游交通、住宿、餐饮、导游、景点观赏或其他相关服务的旅游合同纠纷；旅游经营活动中旅游产品纠纷；出售假冒伪劣旅游产品以及旅游经营过程中强买强卖、非法收受回扣等损害游客利益和不正当竞争行为的纠纷；涉及旅游经营者和旅游消费者的其他纠纷。处理这些纠纷的都是民事庭的法官，他们在遇到专业的旅游问题时也有不明确的地方，

---

① 冯卫国：《转型社会中的人民调解制度：挑战及其应对》，《法治研究》2014年第7期。

难免影响到最后的判决结果。

二 旅游纠纷解决机制不够完善

我国《旅游法》第 91 条规定：县级以上人民政府应当指定或者设立统一的旅游投诉受理机构。受理机构接到投诉，应当及时进行处理或者移交有关部门处理并告知投诉者。第 92 条规定：游客与旅游经营者发生纠纷，可以通过下列途径解决：（1）双方协商；（2）向消费者协会、旅游投诉受理机构或者有关调解组织申请调解；（3）根据与旅游经营者达成的仲裁协议提请仲裁机构仲裁；（4）向人民法院提起诉讼。据此旅游纠纷解决机制可概括为四种：协商、调解、仲裁和诉讼。根据笔者暑期实地调研情况，目前游客主要选择双方协商和调解的方式来解决旅游纠纷，调解又主要分为旅发委联合各部门组织的调解和法院旅游法庭的调解，仲裁和诉讼的方式很少被用到。游客认为仲裁和诉讼的维权方式较协商和调解麻烦。究其原因，维权渠道不够畅通、解决机制不完善。

（一）仲裁在旅游纠纷解决中作用发挥不够

旅游纠纷仲裁是指游客或旅游经营者或旅游辅助者，在平等自愿的基础上达成旅游纠纷仲裁协议，当旅游纠纷发生后，由一方当事人或双方当事人将旅游争议交由仲裁机构进行审理，仲裁庭在基于法律规定与具体实施的基础上居中做出对游客以及旅游经营者或旅游辅助者具有法律约束力的裁判。[1] 在国际上，仲裁因为其自身公正公平、高效快捷、亲和人本的特点而被普遍用来解决国际旅游、经贸纠纷。在管辖、法律选择适用、裁决的有效执行上都有其他纠纷手段无法比拟的优势，为当事人所信赖。[2] 在涉旅案件中游客多为外地人，纠纷需要快速解决且案件标的额较小，但诉讼维权成本高，此时仲裁不失为解决涉旅纠纷的好渠道。仲裁采用的一裁终局制和其简便的程序为发生争议的当事人提供了极大的便捷，而且仲

---

[1] 谢丹：《论我国旅游纠纷仲裁机制的强化》，博士学位论文，海南大学，2013。
[2] 王欣：《建立和完善海南国际旅游仲裁机制》，《今日海南》2010 年第 3 期。

裁的裁决或仲裁机构所做的调解书都具有强制执行力,因此公信力较高。

与解决同类纠纷的司法、行政途径相比,仲裁有七大特点。①

(1) 自愿性。当事人可协商确定是否将纠纷提交仲裁、交与谁仲裁、适用何种程序规则等内容。

(2) 专业性。因仲裁对象大都是民事纠纷,常常涉及复杂的法律、经济贸易和技术性问题,仲裁员是行业专家。

(3) 灵活性。即程序不像诉讼那样的严格,多环节可以被简化。

(4) 保密性。仲裁一般以不公开审理为原则,当事人的隐私、商业秘密和贸易活动不会因仲裁而泄露。

(5) 快捷性。仲裁实行一裁终局制,不像诉讼那样实行两审终审制,利于当事人之间纠纷的快速解决。

(6) 经济性。由于快捷的特点,仲裁无须多审级收费,费用一般低于诉讼途径。

(7) 独立性。仲裁机构独立于行政机关,仲裁机构之间也无隶属关系,独立进行,不受任何机关、社会团体和个人的干涉,仲裁庭审理案件也不受仲裁机构的干涉。

然而根据笔者的实际调研情况,选择仲裁作为解决纠纷方式的游客几乎没有。旅游作为一项综合性较强的产业,包罗万象,需要专业素质较强的仲裁员,而且仲裁员都有保密义务,这不仅有利于节省游客的时间和精力,而且也有利于游客尽快从旅游消费纠纷中解脱出来,减少更多的损失。

(二) 调解和诉讼衔接不畅通

诉调衔接的立法规定和司法实践,至少从1982年《民事诉讼法(试行)》的制定和颁布就已经开始,并且在20世纪90年代全方位司法改革之初,如何处理调解和诉讼的制度及组织关系,从而建立起一套适应经济社会发展的纠纷解决、矛盾化解和社会治理机制,就成为首当其冲的实践问题和理论问题。由于中国的政法实践由"调解中心主义"逐渐转向

---

① 叶勇:《设立旅游消费纠纷专门机构有关问题讨论》,《消费导刊》2008年第1期。

"诉讼中心主义",伴随着许多重要文件的出台如 2014 年《中共中央关于全面推进依法治国若干重大问题的决定》以及《最高人民法院关于确定多元化纠纷解决机制改革示范法院的决定》(法〔2014〕358 号),诉调机制的范围得到更大范围的扩展,亟须构建有机衔接、相互协调的多元化纠纷解决机制。凌斌在《诉调衔接的政法实践与法治意义》(《法制与社会发展》2015 年第 5 期)中指出,因为缺乏专门针对诉调对接的具体规范及约束调解运行的机制,各种形式的调解主体仍然局限于各自范围内开展工作。法院无法对其他类型的调解在组织上、程序上进行保障与指导,甚至于在进行司法确认时仍需要对案情重新审查、调解。法院调解、司法局、人民调解之间的对接、诉前、诉中调解与司法审判之间的对接均存在亟须解决的问题。①

三 行政执法和民事司法衔接不畅通

现行的司法过程中,仅注重行政执法和刑事司法相衔接,忽略了行政执法和民事司法相衔接,很多涉旅案件除了违反《行政处罚法》同时也违反了相关的民事法律。例如新闻报道的 B 市 GC 两客栈存在"刷单炒信、自己写好评、差评随意删"等不正当竞争行为除了违反《行政处罚法》,还违反了《反不正当竞争法》以及《消费者权益保护法》,侵犯了消费者的知情权。但目前行政执法和民事司法衔接不畅通,仅强调以行政处罚(如责令停产、停业、暂扣或者吊销许可证和营业执照)等手段来规范旅游市场,未能有效保护游客受损的权利,且仅以行政执法的手段来规范旅游市场只能起到一时整治的作用。根据反不正当竞争法第 20 条第二款,被侵害的经营者的合法权益受到不正当竞争行为损害的,可以向人民法院提起诉讼。但事实上这两家客栈的行为因游客的曝光才得以被惩处,究竟是因为这已成为行业潜规则还是其他经营者并不知情或是行政机关的不作为,还需进一步探讨。

---

① 纪学鹏、徐怡南:《诉调对接机制之实务探讨》,《法制与社会》2013 年第 8 期。

四 旅游法庭运行尚未成熟

（一）旅游巡回法庭的"巡回性"不够突出

考虑到旅游具有淡旺季，在旅游淡季的时候涉旅纠纷会减少，以及在人流量少的景区涉旅纠纷同样也会减少，因此，此时旅游法庭需要的司法资源会减少。但目前旅游巡回法庭的"巡回性"不够，其在地点和旅游季节上的巡回性不够突出，倘若旅游巡回法庭不突出"巡回性"，势必会浪费司法资源。

（二）法官专业能力不足、工作强度过大

目前没有专门针对提高旅游法庭法官素质的培训，法官办案仅依靠自身对旅游法的学习和原有的法律素养，但新颁布的旅游法规与地方条例对审判者的素质提出新的要求，目前审判力量薄弱，法官的司法能力、工作水平有待进一步提高。且法官多兼顾法院民庭和旅游法庭双重职务，这无形中加重法官工作强度，无法专注于旅游法庭的建设和工作。现在旅游法庭负责庭审的司法人员同时担任两个或两个以上不同案件类型的审判，这样一方面可以解决司法工作人员不足的现状，另一方面，多个类型的庭审审判会加大司法人员的工作量，进而可能会导致因受不了高强度的工作而导致人才的流失，同时可能也会影响到案件的审判质量，一个审判人员如果不能专攻一类案件，并对该类案件进行总结分析的话，可能会因为经验不足，专业能力的缺乏而影响到案件的审判质量。

（三）旅游法庭配备不足

B市GC区旅游法庭目前仅配备人员3人，其中员额法官1名、司法警察1名、书记员1名。旅游法庭成立后区财政投入110万元用于改善旅游法庭办案环境，但仍存在GC区保障经费低于同类地州的区的保障经费，办案经费不足。且公车改造后，法院车辆陈旧、设施老化，已不能满足当前办案工作的需要。

五 舆情影响司法公正

公众舆论对建设良善监督具有积极的意义，可以提高裁决的透明度与公正性，更好地树立司法权威，扩大法律普及性，提高社会公众的参与度。但公众舆论的过度介入则容易形成"舆论审判"，不仅会使得司法公信力下降，影响司法裁决的公正性，而且对当事人的合法权益也有一定的损害，特别是自媒体的出现也给舆论监督带来机遇和挑战。① 自媒体所针对的某一项问题的讨论很容易引起阿希效应，即从众效应，是指个体在群体中往往会不自觉地受到群体的影响和压力，因而在知觉、判断与行为上趋向于跟多数人一致的现象。② 法国著名社会心理学家古斯塔夫·勒庞在《乌合之众》一书中指出，"群体心理"是不可靠的，是暂时的，一旦构成群体的人各自离散，每个人又立即恢复到自己以前的状态。但在群体之中，他的个性却消失了，这时候他的思想与感情所表达的与群体的思想感情完全一致。③ 很多时候，一些不明真相的"吃瓜群众"加入舆论一边倒浪潮，呼声比谁都高，然而最不理智的也是他们，这样不仅不能起到指引司法的作用，反而还加剧了法官的压力和减弱了司法审判对公众的教育力、说服力、公信力。从众本身是中立的，但是从众的目的和后果具有双面性。而一旦公众舆论导向明确偏斜一方，势必对另一方当事人不公平。在对相关部门进行访谈时提到，多次舆论都影响到了 B 市的旅游印象，以 B 市董某遭故意伤害案为例，很多网友因为被害人董某发布的微博才得知这个事件，于是在微博上掀起一阵"腥风血雨"。加之很多网友对 B 市旅游的不满，舆论几乎一边倒，这也给法官造成了很大的压力；针对旅游管委会的工作人员提到的游客在社交平台上发表不符合事实的甚至带有诬蔑性的发文，虽然及时得到处理，但处理的速度往往跟不上网络传播的

---

① 陈崴：《新媒体时代舆论监督与司法回应的互动平衡机制构建》，博士学位论文，华东政法大学，2015。
② 关于阿希效应，参见 http://www.guoxuez.com/cglz/xy/ghxy/33248.html，最后访问日期：2017 年 11 月。
③ 参见〔法〕古斯塔夫·勒庞《乌合之众——大众心理研究》，何道宽译，北京大学出版社，2016。

速度。在这个人人都是新闻中心的时代,发泄自己的情感有时候也会成为舆论伤害一个个体甚至一个地区的起源;另外司法机关没有配备处理舆情的专业工作人员,工作人员多为从新闻科抽调,那么当重大舆情发生时,司法机关不能快速反应,难免会对司法造成舆论压力。

六　监管力度不同

(一)定点购物的转移

很多"不安分的经营者"在 B 市旅游整治后,又转移到其余没有整治的地方。各地的监管力度不同,没有形成统一的监管机制。A 省出台"二十二条"后,取消了旅游定点购物,即原评定的旅游购物企业不再定点接待旅游团队,所有购物企业纳入社会商品零售企业进行统一监管。而严禁变相安排和诱导购物的规定使很多购物企业门可罗雀、无利可图,其在 B 市旅游市场失去了地位,于是转向其他省份的景区成为新的"寄生虫"。

(二)"黑社"的转移

《旅行社条例》所称旅行社,是指从事招徕、组织、接待旅游者活动,为旅游者提供相关的旅游服务,开展国内旅游业务、入境旅游业务和出境旅游业务的企业法人。根据此定义,这里的"黑社"笔者定义为为了获得更多利益在进行相关服务活动时,违反《旅行社条例》侵犯游客权利的企业法人机构。[①] 和购物点一样,当 B 市和 A 省的旅游市场进行整治,导游和旅行社也随之转移到了其他监管相对宽松的旅游市场继续生存,因此,仅仅对 A 省的旅游市场综合监管进行整治,从全国范围来看,起不到最根源的作用。

---

① 参见《旅行社条例》,2009 年 1 月 21 日国务院第 47 次常务会议通过,2009 年 5 月 1 日起施行。

(三)"黑导"的转移

"黑导"在法理上的解释是利用特殊的身份、对当地景区的熟知度和拥有自己利益圈子,通过自己的"资源"侵犯游客的利益,打破合法规范,获得不当利益的群体。2017年4月15日开始施行A省人民政府印发《A省旅游市场秩序整治工作措施》中对于导游的监管,提出了改进导游管理方式,并且在旅游发展委官网上对管理方式进行落实,对导游进行了统一平台的管理,对导游工作进行网上星级评定,对导游进行了严格的管理,采用线上和线下相结合的方式对导游进行严格的管理。这使本来依靠吃回扣的"黑导游"无利可图,使原本收入就比较低的导游行业收入减少、负担加剧。很多导游之前没有与旅行社签订劳动合同,没有工资保障以及没有社会保险、医疗保险等,这使导游的流动性很强。虽然相关法律规定了导游上岗需带牌并建立了"导游黑"名单册。但在低价社团中,游客并不会刻意留意导游是否被拉进黑名单。有低价游的旅行社借此给予"黑导"生存空间,很多消费者仍然会受各种因素的影响选择低价游,因此也成为受害者。对于外省导游转入的去资格评定不是特别严格,从海南省的外省导游准入申请表(附件)可以看出,对于申请准入的导游,海南省没有进行进一步的考察,没有相关部门的面试。而在海南省旅游市场对导游的监管没有A省严格。另外Y也存在导游收小费和拿回扣的现象,Y的导游乃至是全国的导游,导游的收入都由基本工资、出团补助、回扣——"人头费"三部分组成,但可能是因为导游"恶劣行为"对社会的影响力不同、在各省的旅游地位的不同,各省对导游的监管力度不统一。针对导游拿回扣的现象,Y政府并没有出台专门的管理办法,虽然在Y的旅游官方网站上涉及了公众监督,但其中并没有涉及导游专门的评议窗口。在此次调研中,我们也从相关部门获得了一些关于"黑导"的案例。这类案件的共性是导游强制游客进行消费,并且提出游客消费应达到的下限,若游客没有消费或消费额没有达到下限时,导游便会谩骂,然后再把游客带入下一个消费点。这样一来,游客没有真正感受到旅游的意义,也会对旅游地产生不良印象,最终导致旅游目的地在全国范围甚至全球树立不良的口碑,并且影响旅游地旅游市场的可持续发展。

七 角色定位

消费者在信息获知、协商缔约等方面与经营者相比处于绝对的弱势地位,因而在民法的具体规则和制度设计上应当适当的倾斜,若完全实行民法上主体平等原则,消费者权益就不可能得到全面保护。需要借鉴《德国民法典》在总则中规定消费者概念,以体现民法为市场经济的基本法对消费者主体地位的重视,确定倾斜保护的原则以补足消费者在法律规则上的地位。① 法律从维护社会公平正义角度出发,力求使争辩双方的权利相对平等,所以在制定法律时都会给予相对较弱的一方更多的权利以及给予相对较强的一方更多的义务。把消费者放到旅游市场上其实就是旅游主体——游客。自《A省旅游市场秩序整治工作措施》颁布后,其规定的"二十二条"可谓"重拳整治旅游市场",对整治B市旅游市场秩序起到了一个较好的效果,在规范旅行社经营行为和对导游、行业协会、景区景点的监管上都有极大的改善。国家和企业都从自己身上找到了问题并积极去应对解决,得到了良好的反应,对游客和经营者、景区来说都不失为一件好事。

然而在法律上对消费者予以倾斜保护的原则并不等于不为其设定相应的义务。除《消费者权益保护法》第25条退货限制,《旅游法》第13～16、70～72条(第15条和第72条是效力性规定,其他的都是管理性规定),无论是《消费者权益保护法》还是《民法总则》或是《产品责任法》等法律,其对消费者的权益保护都要大大超过对经营者的保护,对其应当承担的义务及其后果则很少提及。这使部分消费者开始肆意妄为,进行欺诈消费或者故意报复陷害经营者,如在微博或其他公众平台夸大事实影响。因为其对旅游经营服务者的约束过于严苛而对游客的义务规定却少之又少,即使有规定也没有规定其应当承担的后果,所以有时候才会出

---

① 杨立新、刘召成:《德国民法典规定一体化消费者概念的意义及借鉴》,载《法学杂志》2013年第1期。

现游客给 B 市甚至 A 省扣上莫须有的罪名情况。其实游客自己也不想发生矛盾纠纷，但一旦遇到矛盾纠纷，游客容易据理力争，将 A 省旅游推上风口浪尖。因此司法也应当合理裁判游客和经营者利益归属，摒弃对经营者的刻板印象，合理公正地权衡各方利益。

第四节　完善旅游市场司法监管的建议

一　提高司法公信力和司法满意度

加强调解和诉讼的衔接，体现在两个方面。

1. 程序与人员的衔接

衔接工作主要从两方面开展，一是程序上的对接，二是人员的接洽。第一方面需要通过法官和调解员的衡量做出决定，针对一些特定类型的案件，经诉讼各方当事人同意可以委托相关的地方人民调解委员会或者行业、专业人民调解委员会调解，如调解不成案件回到诉讼程序继续审理，如调解成功则由法院根据调解协议出具民事调解书，或经人民调解委员会调解达成调解协议，当事人双方认为有必要的可以共同向人民法院申请司法确认。

第二方面即加强诉调对接机制的人员对接，人民法院、司法局与相关行政机构可以通过建立联席会议制度加强信息沟通，及时掌握社情民意，分析矛盾动向，落实诉调对接工作的具体措施。①

2. 开展特邀调解工作

特邀调解是指人民法院吸纳符合条件的人民调解、行政调解、商事调解、行业调解等调解组织或个人成为特邀调解员，接受人民法院立案前委派或者立案后委托依法进行调解，促进当事人在平等协商基础上达成调解协议，解决纠纷的一种调解活动。

法院开展特邀调解工作需要从以下几个方面入手：一是特定部门与人

---

① 纪学鹏、徐怡南：《诉调对接机制之实务探讨》，《法制与社会》2013年第8期。

员负责特邀调解工作,并配备熟悉调解业务的工作人员,抓好工作落实;二是对调解员进行培训,如通过接受调解员的咨询、定期开展经验交流活动等多种方式,对其调解活动进行指导;三是对特邀调解纠纷进行流程管理,如遇到适宜调解的纠纷需要安排特定的调解组织和调解员进行调解,并管理特邀案件流程、统计相关数据,跟踪委派、委托案件的进展情况;四是组织开展特邀调解的业绩评估工作,根据实际情况向特邀调解员发放误工、交通等补贴,对表现突出的特邀调解组织和特邀调解员给予物质或者荣誉奖励。①

二 完善旅游纠纷解决机制

(一)建立在线旅游争议调解中心

随着网络技术的运用和快速发展,基于效率原则,解决旅游争议非常适合运用在线方式。在线调解是在线解决纠纷机制(ODR)的一种重要的形式,在线调解没有脱离传统调解的本质,但它同时又在网络空间形成了独有的特点:高科技性、经济性、自律性、灵活性和全球性。首先,在线调解离不开信息技术的支持;其次,可以节约身处不同地区的当事人往来的费用,节约当事人的成本;再次,在线调解不受时间、地点限制,可以及时、多次地沟通,也可以节约调解机构的成本。对于解决一些争议不大、额度较小的旅游纠纷来说更凸显其方便、快捷、高效的优点。②

(二)构建旅游纠纷仲裁新机制③

1. 增强旅游主体仲裁解决纠纷意识

美国的旅游纠纷仲裁的普及化程度非常高,许多旅游经营者往往将仲

---

① 胡仕浩、柴靖静:《规范特邀调解制度,完善诉调对接机制——〈最高人民法院关于人民法院特邀调解的规定〉的理解和适用》,《人民法院报》2016年6月版。
② 许靓:《在线调解机制及其在中国的发展研究》,博士学位论文,山东大学,2014。
③ 参见闻银玲、罗一涵、曹兴龙、徐何生《涉外旅游法律问题研究》,上海财经大学出版社,2014。

裁解决争议纳入合同中；比利时的旅游纠纷仲裁也已作为一项重要内容成为旅游合同的必备条款之一。启动仲裁程序的第一步是需要游客与旅游经营者达成仲裁协议，要促进我国旅游纠纷仲裁制度的高度普及，就需要加强仲裁法律知识的宣传和普及，积极促进游客与旅游经营者将仲裁条款纳入旅游合同，以提升社会公众对于旅游纠纷仲裁的法律认知度和认可度。①

2. 建立旅游仲裁中心

全国首家旅游争议仲裁中心于 2005 年在 K 市成立，K 市仲裁委员会旅游争议中心是 K 市仲裁委员会的派出机构，其职责就是负责在 A 省旅游行业内全面推行仲裁法律制度，采用仲裁的方式解决旅游纠纷。旅游仲裁中心具有依照旅游市场规律，依靠旅游行业专家，采用旅游行业的规则，解决旅游市场纠纷的特点，对促进旅游业的健康、规范发展起着重要作用。

结合仲裁的专业性特征，对解决旅游争议以及完善旅游纠纷秩序的构建具有良好的效果，弥补了旅游法庭在一定程度上缺少人手、法官旅游专业素质不强的弱点，是值得推广的。旅游仲裁中心起到了一种临时仲裁的作用，即由当事人各方通过仲裁协议或仲裁条款直接组织仲裁庭的仲裁，不依赖任何常设仲裁机构或组织，仲裁庭成员由当事人协商选定，争议解决后仲裁庭即解散。这不仅可以妥善解决大量积压的案件，而且能够提高办事效率，有效地改善我国现行争端解决机制。

（三）运用小额诉讼程序解决旅游争议

此处的小额诉讼程序指基层法院的小额诉讼法庭或专门的小额诉讼法院适用比普通的简易程序更加简易化的诉讼程序，审理数额甚小的案件过程中所进行的各种诉讼活动及各种诉讼关系的总和。它的优点首先在于更注重效率，主要表现在开庭时间宽松、诉状简便和判决结果等诉讼过程的简略上；其次设置不得反诉、限制上诉、依次审理结案、简化证据调查及特殊的证人询问措施等程序以减少当事人在诉讼中的时间、精力、金钱等

---

① 谢丹：《论我国旅游纠纷仲裁机制的强化》，博士学位论文，海南大学，2013。

方面的投入和支出。

（四）网上诉讼解决旅游争议

《最高人民法院关于进一步推进案件简繁分流优化司法配置的若干意见》（法发〔2016〕21号）指出要创新开庭方式。对于适用简易程序审理的民事、刑事案件，经当事人同意，可以采用远程视频方式开庭。证人、鉴定人、被害人可以使用视听传输技术或者同步视频作证室等作证。通过利用在线诉讼服务平台，进行网上立案、网上咨询、联系法官、在线咨询、网上调解、信访投诉、网上证据交换、在线缴费等实现网上诉讼程序与传统诉讼的优势互补。因游客具有很强流动性，一般而言，旅游纠纷的发生都是异地的居多，利用互联网技术的便捷能够使更多的游客维护自己的权益，减少来回奔波的次数，减轻当事人的负担，可以进一步强化民众的法治意识。

三 完善旅游法庭建设

在政府建立统一的旅游市场过程中，司法机关要积极地配合，及时化解难题，并为企业提供经典案例和范本。旅游法庭的设立多是为了解决游客、旅游经营者与旅游从业者之间发生的旅游纠纷。旅游法庭设立后，游客的投诉率下降，景区治安环境变好，这体现了司法监管的作用，下文针对旅游巡回法庭的情况提出延伸审判职能等建议。

（一）延伸审判职能

2015年9月16日，最高人民法院颁布了《关于充分发挥审判职能作用切实维护公共安全的若干意见》，其中关于准确把握发挥审判职能作用维护公共安全的基本要求，就是要坚持立足本职，有针对性地强化相关案件审判工作，延伸审判职能，综合运用庭审直播、案例发布等方式增强案件裁判的法律和社会效果，开展法制宣传和公共安全教育，推动健全多元化纠纷解决体系。对于游客这样一个特别的人群来说，人民法院的职责不仅仅是发挥裁判功能，更多时候是参与调解、发布指导性案例、对景区游客进行普法宣传。这是为了更好地适应社会经济的发展，也是对传统审判制度的创新。在当前经济社会加速转型的形势下，基层人民法院相对于中级以上人民法院的"规则之治"，更有必要注重"纠纷解决"，所以其审判功能的行使不仅仅是审判职能，还涵盖了参与社会稳定、公共政策引导和法制宣传教育的功能。对于案件管辖范围来说，各地应该根据当地的实际情况来对管辖案件范围做出调整，而不仅仅局限于五类纠纷案件。例如随着景区的发展，景区房价上涨后，景区的房东与租客的合同发生纠纷的案件越来越多，巡回法庭可以归纳这类案件，并提供典型案例供其他案件参考。这也是解决景区发展快速导致景区房价快速上升引发合同争议问题的途径之一，对景区的发展大有裨益，同时也可以发挥旅游法庭的作用。

（二）加强旅游法庭配备

以 B 市为例，当前旅游法庭配备不足主要表现在一是编制人员不足，旅游法庭目前仅配备人员 3 人，其中员额法官 1 名、司法警察 1 名、书记员 1 名。二是办案经费不足，法院车辆陈旧、设施老化，已不能满足当前办案工作需要。三是旅游法庭法官专业性不强，法官办案仅靠自身对旅游法的学习和原有的法律素养。因此，应增加旅游法庭法官的配备以及加大对旅游法庭的经费投入，以此来保障法官办案的需要以及旅游法庭的建设和良好运行。与此同时，应加强对旅游法庭的法官进行旅游相关方面的法律知识的专业培训，不断提高旅游法庭法官的专业素养。

（三）突出旅游巡回法庭的巡回性和季节性

考虑到旅游具有淡旺季，在旅游旺季时涉旅纠纷会大量增加，因此，在旅游旺季应加强办案力量，确保涉旅纠纷得到及时有效的解决。此外，旅游巡回法庭可以作为一个常设机构，充分利用巡回审判车辆，不定期、不定时沿旅游线路巡回办案，快立、快裁、快调、快结、快执，做到及时有效化解旅游矛盾纠纷。即使没有矛盾纠纷的时候，旅游巡回法庭也可在各个景区之间来回进行普法宣传教育和提供与旅游方面有关的法律咨询。

（四）实行示范诉讼、发布指导案例

根据《最高人民法院关于进一步推进案件简繁分流优化司法配置的若干意见》（法发〔2016〕21号）的相关内容，鼓励旅游法庭开展示范诉讼的工作，探索实行示范诉讼方式。对于系列性或者群体性民事案件和行政案件，选取个别或少数案件先行示范诉讼，参照其裁判结果来处理其他同类案件，通过个案示范处理带动批量案件的高效解决。日前，A省高级人民法院公布了十大旅游纠纷典型案例，通过这样的方式可以对经营者起到宣传法律、司法指导的作用，也有利于规范经营者的行为。

（五）配合相关行政部门出台旅游黑名单

2017年11月1日，最高人民法院院长周强在第十二届全国人民代表大会常务委员会第三十次会议上就最高人民法院关于人民法院全面深化司法改革情况的报告中指出要加强对失信被执行人的联合信用惩戒。认真贯彻《关于加快推进失信被执行人信用监督、警示和惩戒机制建设的意见》中的相关规定：进一步修改完善失信被执行人名单制度，明确失信被执行人的纳入标准、救济途径、退出机制等问题。继续健全失信被执行人信用监督、警示和惩戒机制，联合多家单位构建失信被执行人信用惩戒网络。《国家旅游局关于旅游不文明行为记录管理暂行办法》第九条规定："旅游不文明行为记录信息保存期限为1年至5年，实行动态管理。（1）旅游不文明行为当事人违反刑法的，信息保存期限为3年至5年；（2）旅游不文明行为当事人受到行政处罚或法院判决承担责任的，信息保存期限为2年至4年；（3）旅游不文明行为未受到法律法规处罚，但造成严重社会影响的，信息保存期限为1年至3年。"通过记录旅游不文明行为有利于推进旅游诚信建设工作，提升公民文明出游意识。旅游法庭在审理相关案件的同时也要及时地通知旅游主管部门，严格实施信息保存期限的相关规定。

（六）加强各个旅游法庭的联系

目前全国大部分地区已经设立了旅游巡回法庭，各地间应该加强联

系,互享经验,探索更好的司法监管体系。特别对于跨省的违法犯罪更需要旅游巡回法庭之间的相互配合。下一步的旅游发展目标就是要从局域旅游走向全域旅游,全域旅游是将特定区域作为完整旅游目的地进行整体规划布局、综合统筹管理、一体化营销推广,促进旅游业全区域、全要素、全产业链发展,实现旅游业全域共建、全域共融、全域共享的发展模式。在此前提下各地旅游巡回法庭若联系紧密,则更有利于游客权益的保护。比如一个游客离开一个景区到另外一个相近的景区游玩,若发现之前的旅行社未履行合同规定的义务,返回当地调解既耽误时间也耗费精力,就近的旅游法庭便可以联系旅行社所在地旅游法庭进行互联网上的调解,这也是个不错的调解纠纷的方式。

(七)加强旅游法庭与其他部门的协调工作

A省B市正在全面实行"1+3+N+1"旅游市场综合监管模式,"1+3+N+1"的模式主要指建立一个集中统一的综合监管指挥平台,形成信息汇集、及时研判、综合调度、联合执法、快速反应、高效处置的工作机制;"3"是强化旅游警察、旅游巡回法庭、工商和市场监管局旅游市场执法3支队伍;"N"是发挥多个涉及旅游执法部门的职能作用,共同维护旅游市场秩序;"1"是建立旅游监管履职纪检监察机制,对涉旅部门履职情况进行巡查、巡视,发生重大关涉旅游事件时,监察部门启动监督、问责程序,依法依纪严格追究责任。这个旅游市场的综合监管模式可以说在B市取得了较好的监管效果,下一步可以考虑建立全国统一的综合监管指挥平台,这样的话可以在全国范围内形成良好的互动和反馈,防止出现监管力度不一样导致问题多重出现、复发的情况,各地的监管同时抓、同步行动,也有利于节省资源提高效率。

四 加强舆情管理能力

(一)建立专门的舆论领导小组

舆论的发酵是具有过程性的,一事件的发生、讨论、升温都是具有阶段性的，舆论的这一阶段性以庆安枪击事件舆论发展曲线为例（图3-6）。

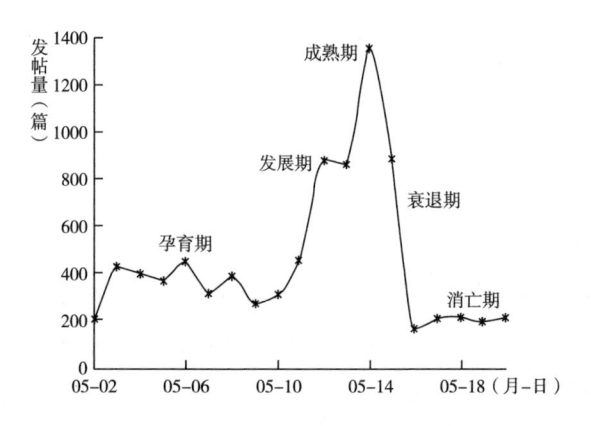

图 3-6　庆安枪击事件舆论发展曲线
资料来源：微信公众号旧文化运动。

这一事件的舆论讨论发展的过程具有一定的代表性，舆论的发展一般经历孕育、发展、成熟然后开始衰退消亡几个阶段。而建立舆论领导小组的作用就是利用各个阶段过渡的时间，把舆论的不利影响停留在孕育期。除此之外，舆论领导小组还应积极地对舆情进行预测，建立完整的危机预判机制，设立舆论危机的标准，对可能存在的危机的信息进行积极、正确的引导；在处理舆论危机时期，既要求该领导小组提出具有实用性的应对措施，也要求该领导小组平复社会公众的情绪；最后舆论风暴过后，该领导小组还应该针对该事件总结应对中具有可操作性的措施，以备日后该类事件的舆情的应对。因此应严格要求该舆论领导小组的工作能力。[①]

（二）加强统一网络平台舆情管理能力

笔者在进行调研的时候也向相关部门了解过，针对舆情应对的领域，并不是空白的，但进一步深入了解得知，该舆论统一平台更多的工作导向是宣传政务，对于不良影响的舆论管理，并没有完整的应对机制，对于该平台工作而言，平时宣传政务，出现具有不利影响的舆论时，适当地发

[①] 隋昌鹏：《网络情境下群体性事件的阻断机制研究——以微博舆情管理为例》，《内蒙古师范大学学报》（教育科学版）2016年第7期。

声。要使舆论成为旅游市场发展的宣传途径，就需要完善统一平台的舆情应对措施、加强平台工作人员的工作能力、强化统一网络平台的舆情管理能力。①

（三）建立明确的赏罚制度

上述的案件中也提到有游客恶意诋毁的发文，而针对这一发文者的虚假信息带来的影响，只能由旅游市场来承担，而对于发文者受到的惩罚微乎其微。因此需要避免不怀好意的人利用大的舆论走向，给旅游市场带来新的、不存在的"危机"，舆情应对部门要建立问责制度。②

（四）鼓励公众参与舆论管理

公众是直击旅游市场的发展和动向的目击者，是旅游市场的第一知情人，舆论管理鼓励公众参与，了解旅游市场中的矛盾，针对这一些矛盾建立相关的预防措施。另外，在舆论危机发生时，鼓励公众发声，还原事实的真相，加强反馈的可信度，提高舆论管理的效力。③

五 相关法律法规的完善

目前关于旅游的法律法规仍然存在缺失，法律法规内容宽泛没有具体实施标准以及法律法规的规定存在矛盾和冲突。因此，完善相关法律法规尤为重要。A省人力资源和社会保障厅、省旅游发展委员会近日联合印发《关于进一步规范旅游行业导游用工管理工作的通知》（简称《通知》），正式推行《A省旅游行业导游劳动合同（推荐使用文本）》，强化签约导游管理。通知强调，全面推进劳动合同制度，推进旅行社、景区景点等用人单位依法与导游签订劳动合同，提高劳动合同签订率和履约质量。

---

① 隋昌鹏：《网络情境下群体性事件的阻断机制研究——以微博舆情管理为例》，《内蒙古师范大学学报》（教育科学版）2016年第7期。
② 罗昊：《网络问政：网络舆情管理的主动模式》，《情报杂志》2013年第8期。
③ 何丹华：《新媒体背景下的公共舆情管理——以粤东群体事件为例》，《暨南大学学报》（哲学社会科学版）2014年第12期。

劳动合同在导游工时制度、劳动报酬、培训和解除劳动合同等内容上做了进一步明确，包括经人力资源和社会保障行政部门批准，导游可以实行不定时或者综合计算工时工作制。旅行社等用人单位通过参与旅游行业工资集体协商，建立完善导游薪酬机制，对导游基本工资、带团补贴和绩效奖励等内容进行明确。导游存在被纳入导游诚信"黑名单"、被吊销导游证等情形的，单位可根据企业规章制度的规定，依法解除劳动合同。①

在《通知》未颁布之前，导游主要是以劳务派遣形式派到用工单位的，按《劳动合同法》第五十八条、第五十九条的规定，劳务派遣单位应当与被派遣劳动者订立两年以上的固定期限劳动合同，按月支付劳动报酬，在无工作期间，劳务派遣单位应当按照所在地人民政府规定的最低工资标准，向劳动者按月支付报酬，劳务派遣协议中应当与用工单位约定劳动报酬和社会保险费的数额与支付方式等。但实际情况不尽如人意，导游们没有最低工资保障，收入大多靠介绍购物取得，大部分无社会保险，这使导游在其工作岗位上忘记初心，偏离轨道并越走越远，也导致了整个行业的恶性竞争。《通知》颁布后，导游的一些权利得到保护，但仍有不足，在未来的发展道路上更应该按照《劳动合同法》《社会保障法》等相关法律法规对导游的人身财产权利进行保护，从根本上遏制"黑导"出现，有利于形成良好的行业风气，更重要的是能够把一个地区的文明带给更多的人。

---

① 参见李茂颖《A省强化导游用工管理、全面推进劳动合同制度》，载旅游资讯信息网。

附　录

YL县人民法院旅游纠纷受案流程简图

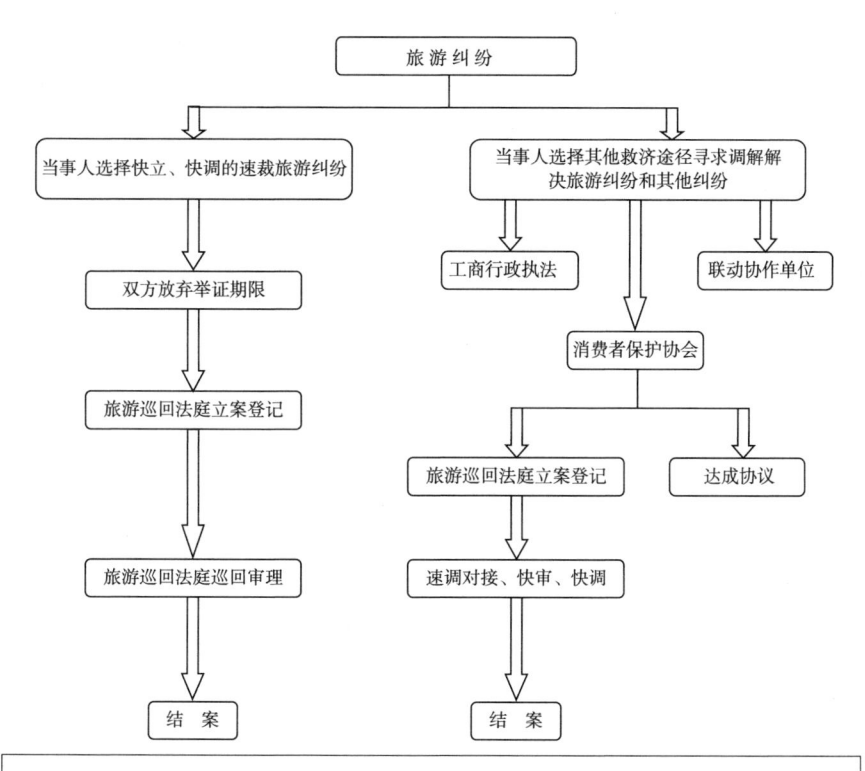

```
                          旅游纠纷
            ┌────────────────┴────────────────┐
            ▼                                 ▼
   当事人选择快立、快调的              当事人选择其他救济途径寻求调解解
      速裁旅游纠纷                      决旅游纠纷和其他纠纷
            │                    ┌────────────┼────────────┐
            ▼                    ▼                         ▼
     双方放弃举证期限         工商行政执法                联动协作单位
            │                    │
            ▼                    ▼
    旅游巡回法庭立案登记       消费者保护协会
            │                    ├────────────┐
            ▼                    ▼            ▼
    旅游巡回法庭巡回审理   旅游巡回法庭立案登记   达成协议
            │                    │
            ▼                    ▼
          结案             速调对接、快审、快调
                                 │
                                 ▼
                               结案
```

联动协作单位：B市旅游局、C县旅游局、F管委会、C县工商局、C县公安局、LS镇管委会、Z管委会、LM景区管委会、C县消费者协会、F县公安分局、C县交警、C县司法局、LS镇、DJ乡、JH乡、LP乡等单位，建立诉调对接、实现旅游纠纷多元化联动化解机制。

第四章
旅游市场的社会监管

引 言

2016年7月27日，A省十二届人大常委会第二十八次会议联组会议就A省旅游市场综合监管工作向省政府及有关部门进行专题询问。2017年1月25日，A省召开2017年全省旅游市场工作会议，会上发布的《2016年A整治旅游市场秩序工作总结》显示：2016年A省共开展联合执法检查2474次，出动执法人员31000人次，检查旅游企业9170家，检查旅游从业人员49330人次，接听游客来电咨询21600余起，协助办理游客退货1786起，退货金额1538079元，受理游客投诉2231起，经核实有效投诉470起，处理470起，结案率达100%；启动开展了旅游购物市场"高定价、高回扣"和"不合理低价"的专项整治，推动成立由协会自主运行的A省旅游购物退货监理中心，实现旅游购物退货的"快处快赔"，有效减少游客购物投诉。全省16个州市组建了旅游市场综合监管综合调度指挥部，K市、D市等5个州市和T市、R市2个县级市设立了旅游警察队伍；与省高院联合推动在82个市县区基层法院挂牌设立了46个旅游巡回法庭和77个旅游案件巡回审判点，开展案件审理、纠纷化解、矛盾排查等日常工作，实现了重点旅游景区、知名旅游景点全覆盖。但A省旅游市场综合监管还存在一些问题，如2017年伊始的女游客被打遭毁容、多人在餐厅催饭被打、副省长疑似在当地被强迫购物、被三部委重点督查、被国家旅游局严重警告等。

在旅游热潮下，A省作为旅游大省，建立健全旅游市场管理体系是关键。在传统的政府管理之外宜深入研究社会监管机制的内涵，引入社会监管制度以促进B市乃至A省旅游业健康、可持续发展。本文旨在通过此次"三下乡"调研实践活动中所见所闻实际情况，结合阅读的文献资料，以期阐述清楚相关问题，提出一些有针对性和符合现状的建议，为B市乃至A省旅游市场良性运行建言献策。但笔者知识储备不足，观察理解能力有限，以初学者的眼光执笔撰写之文未必能登大雅之堂，在此恳请各位前辈和读者批评指正，多一分理解和包容，本调研组员不胜感激。

第一节 旅游市场的社会监管

一 社会监管简述

(一)社会监管的词义

监管——我国在引进西方国家市场规制理论时,法学领域惯用的翻译词语。它是西方国家政府为了弥补市场失灵和政府失灵而采取有别于传统政府干预行为的各种手段对市场行为目标进行相对独立的主动干预活动。监管最常见的分类是经济监管与社会监管。其中,经济监管直接干预企业行为与市场运行,社会监管维护诸如健康安全、环境保护等社会价值。① 所谓社会监管,是指在市场经济社会,政府为了弥补市场失灵和政府失灵而采取有别于传统政府干预行为的各种手段对诸如卫生健康、安全、环境保护等涉及社会价值的市场行为目标进行的主动干预活动。

(二)社会监管的起源和发展

社会监管起源于"美国第二次权利革命"(从罗斯福新政到20世纪80年代),即从权利法案所规定的权利扩展到健康卫生、安全生产、环境保护等一系列新的权利。② 随着社会生产力发展,市场主体行为的外部性和信息不对称等所导致市场失灵愈益凸显,在公民权利意识日益增强即人权价值理念日益深入的背景下,在以市场机制为主导的"小政府、大社

---

① 马英娟:《监管的语义辨析》,《法学杂志》2005年第5期。
② Cass R. Sunstein, *After the Rights Revolution—Reconceiving the Regulatory State* (Harvard University Press, 1990), pp. 24-31.

会"的基础上，逐渐推行"分散化公共治理模式"①，社会监管制度应运而生。社会监管制度得到大力发展是在20世纪70~80年代。自20世纪以来，这场政府监管改革（或称为"规制改革"）运动在世界各国基于市场经济发展水平渐进式地且程度不等地一直延续至今。社会监管制度基本体现了源于市场经济的社会监管内涵的应有要求，也是西方国家社会监管制度的历史经验总结与启发。②

（三）社会监管的特征

（1）政府职能定位于提供公共产品（public goods）和公共服务。政府职能必须适应市场经济的要求，构建以市场机制为基础的有限政府、责任政府，这是社会监管的前提和基础。

（2）政府的决策、执行和监督职能分离。政府的决策、执行和监督职能要由不同的机构或部门行使，这是产生社会监管的直接动因之一，也是绩效政府的必然要求。

（3）社会监管机构的相对独立性。社会监管机构既有设置在原有行政部门内的，也有独立于原有行政部门之外设置的。然而，重点是社会监管机构不仅有相对独立的人事编制、财政预算，而且有相对独立的责任负责制。

（4）社会监管机构有别于传统的政府机构。社会监管机构往往属于政府直属特设机构或政府直接授权的事业组织，不仅具有行政权，还具有准立法权和准司法权。社会监管机构所享有的权力往往被称为除立法权、行政权和司法权之外的"第四种权力"③。

（5）社会监管模式既有采取多部门分工监管模式，也有采取单一部门监管模式。

（6）社会监管的专业化。在一个以市场机制为主导的有限政府社会，

---

① 参见周汉华《监管制度的法律基础》，http：//www.serc.gov.cn/jgyj/zcyj/200802/t20080220_5858.htm。
② 李昌庚：《社会监管：国际经验与中国选择》，《南京社会科学》2013年第4期。
③ 李燕：《食品安全地方立法的重大疑难问题解析——以起草〈重庆市食品安全条例〉为视角》，《现代法学》2010年第2期。

"分散化公共治理模式"成为必然要求。

（7）社会监管的透明度原则。这一原则要求社会监管机构应当做到如下几点：监管机构在行使准立法权时所制定的行政规章或规范性文件应当公开透明；监管机构的规章制度及办事规程应当公开透明；监管机构的重大决定事项应当举行听证会等。

（8）社会监管的民主基础。社会监管源于市场失灵和政府失灵，其监管成效依赖于市场经济基础上的民主体制。无论政府职能的市场转型、政府的决策、执行与监督分离原则、社会监管机构的相对独立性、社会监管的透明度，还是社会监管机构所谓的"第四种权力"等，均依赖于相应的民主基础。

二 B市旅游市场社会监督

（一）B市旅游市场

B市，A省辖地级市，位于A省西北部云贵高原与青藏高原的连接部位，拥有丰富的旅游资源。然而，随着游客人数的增加，B市旅游市场问题愈发明显。调研团队采访了B市旅游发展委员会信息统计科，获得资料《B市各项旅游指标一览表》。数据显示：2007~2016年B市接待游客人次逐年递增，2011~2016年每年以500多万人次直线攀升。旅游业收入亦随之不断增长。人民网旅游频道的数据显示，2016年平台共收到797条涉及全国各省份的投诉，A省以316条高居榜首，较2015年增长35.6%。调研团队从B市旅游发展委员会信息统计科办公室工作人员处获悉：2016年B市线上投诉统计量为79条，2017年为121条，投诉量逐年增长，且增速较快。旅游市场的问题可以分为导游、旅行社、酒店、航空、景区等方面。根据数据显示，2016年旅游投诉主要集中在这几个方面，旅行社以38.6%的比例高居榜首，景区以20.2%次之，之后便是航空15.8%，酒店15.1%，导游7.4%和其他。旅行社的问题集中于"低价游"、欺诈游客、无照经营、超范围经营、非法转让经营许可、履约不到位、服务质量较差等方面，而酒店的问题不外乎"吃、住、行、游、购、娱"等六要素方面的问题，景区则是集中于环境卫生、设施安全、收费不合理等方面，导游素质低下，强制游客购物甚至殴打游客的现象屡禁不止。这些问题让游客旅游的整体感官下降，严重影响了旅游市场的蓬勃发展。因此，无论是B市，还是A省，乃至于全国，旅游市场的监管问题迫在眉睫。除了立法监督、司法监督、行政监督、行业自律以外，社会监督是一类极其重要的监督方式。在现代社会中，随着民主与法制的发展，公众对于旅游市场中侵犯自身权益的反抗与法律保护的需求日益上涨，政府对于民意的重视，都使社会监督在旅游市场监管中占据了重要的地位。

（二）B市旅游市场社会监督主体及相关部门

目前，B市旅游市场社会监管方面的主体可以分为游客、媒体、公众、从业者等。无论是女游客在B市被打事件，还是A省副省长被强制购物事件，这些事件的背后都有社会监督主体的存在。游客揭露不良现象与事件，媒体传播事件，公众、从业者推波助澜，目的都是促使政府在最短时间内尽快解决事件。

B市旅游发展委员会的前身是B市旅游局，属于B市旅游行政监管部门，职能之一便是"承担规范旅游市场秩序、监督管理服务质量、维护旅游消费者和经营者合法权益的责任。规范旅游企业和从业人员的经营和服务行为。组织拟订旅游区、旅游设施、旅游服务、旅游产品等方面的标准并组织实施。负责旅游安全的综合协调和监督管理，指导应急救援工作。指导旅游行业精神文明建设和诚信体系建设，指导行业组织的业务工作"。这与社会监督有着密切的联系，该政府组织的官方网站专门设置了"公众监督"和"回应关切"的板块，有"红榜"与"黑榜"之分，旅客能够以最为便捷的方式将有关旅游市场的不良现象与政府进行反馈，从而实现政府与群众合作的无缝衔接。

我们访谈深入了解了B市旅游发展委员会政策法规办公室管理下的社会监督员制度。这项制度是有渊源的，2015年3月13日，首批监督员受聘，旅游服务质量"万名社会监督员"制度已经施行。来自全国各地、各个行业、各个层面的近万名社会监督员从文明旅游、乡村旅游、旅游安

第四章 旅游市场的社会监管

全等方面积极建言献策，监督作用得到初步发挥。而在旅游服务质量"万名社会监督员"的官网上更是能够明确清楚地查阅到 A 省监督员名单，明确了监督员的选聘范围、分配名额、选聘程序、监督职责、管理等内容，受 A 省旅游发展委员会的监督与指导，对 B 市乃至全国的旅游服务质量动态监督、依法"挑刺"。根据《旅游法》《消费者权益保护法》等相关法律法规和服务标准，监督员们将对旅游经营者、从业人员和旅游部门等是否非法经营、强迫消费、假冒伪劣、违法运营等进行监督，并提出意见、建议。监督员可用手机扫描证件上的二维码，在弹出的页面中反映问题或提出表扬，提交的内容会传送到国家旅游局，相关部门将调查核实并做出处理。旅游经营者也可通过扫描证件的二维码来确认监督员的身份。这样能够创造更加良好的旅游环境，坚决取缔不规范经营项目，依法依规开展旅游业务。同时，提高从业人员素质，注重服务质量，为游客创造良好的旅游环境。

在自媒体时代，B 市 GC 区委宣传部官微是 B 市 GC 区政府与公众互动交流的主要平台之一。但目前为止，B 市 GC 区委宣传部官微的表现平平，前段时间更是出现"古城官微怒怼网友"的丑闻。此外，查阅了所有 B 市 GC 区委宣传部官微的微博信息，发现其与网友的互动基本为零，且没有出现任何报道 B 市古城旅游的不良事件。如此看来，B 市 GC 区委宣传部官微的社会监督职能尚未得到很好的发挥。

记者，新闻机构中从事采访和报道工作的专业人员，承担着从事信息采集和新闻报道，为大众揭示真相的工作职责。在旅游市场中强制购物、殴打女游客等具体事件的背后不乏媒体的推波助澜与记者的明察暗访。媒体将事件公之于众，引起公众的关注，扩大了事件的影响力，在此影响力下，政府必须要给公众一个交代，在无形与有形中推动旅游市场向健康积极的方向发展。

目前，上述的组织和人员负责 B 市旅游市场监管问题的搜集、举报与辨真伪工作。各级相关政府机关、相关组织及其人员都在自己的职权范围内履行着社会监督的义务，在政府的引导与管理下，揭露与举报 B 市旅游市场的综合问题，促进 B 市旅游市场健康发展。

第二节　旅游市场的媒体监督

一　媒体的发展及作用

自从公元前1世纪恺撒在罗马城中立起第一块信息公式的木牌起，媒体就肩负着信息传播和舆论引导的使命。媒体自出现时起，就是这个社会最敏感、最富活力的因素，其推动着世界民主进程的发展。随着工业革命的发展，报纸、广播、电视的出现，给整个欧洲大地及全球的现代化进程插上了翅膀。20世纪中后期，随着信息革命的浪潮袭来，以数字化的传统媒体、网络媒体、移动端媒体、数字电视、数字报刊为代表的新媒体闯入大众视野。新媒体以其交互性与及时性、海量性与共享性、多媒体超文本个性化与社群化的特征，在社会经济发展、民主政治建设和公民权利保障等方面的作用与日俱增。近年来，博客、微博、微信、百度官方贴吧、BBS等的出现，打破了媒体由具有专业知识的机构和个人所垄断的局面。我们迎来了自媒体时代，政府及社会的信息越来越向公众公开。"这是公民知情权的要求，也是自媒体时代无法改变的既成事实。"① 媒体的产生和发展对人类社会的进步产生重大的作用。

（一）信息传播的作用

最初的媒体，就是应信息传播的需求而生，其功能随着科技的进步不断地扩张。尤其是网络时代的到来，信息的发出者和接收者的界限日益模

---

① 郭龙：《论媒体监督在促进司法公正中的作用》，《西部法学评论》2016年第2期。

糊①，极大地拓宽了信息的传播渠道、提高了信息传递的效率，使媒体信息传播的功能愈加凸显。

（二）舆论引导的作用

舆论引导是媒体立足于其信息传播的基本功能，借助其及时性、共享性的特征，对某一社会事件及其看法和评价在短时间内广泛传播，从而引导其受众的思想。合理正义的舆论引导，对抵制社会不良风气、广泛团结社会力量、传达社会成员的诉求，从而促进社会进步等方面具有不可比拟的优势。

（三）社会监督的作用

媒体监督的背后，有着深厚的法学理论基础。人民主权理论是媒体监督最重要的理论基础。《社会契约论》的核心精神之一就是主权在民，人民是社会理所应当的监督者。权力制约理论是媒体监督的又一理论基础，"有权力的人都倾向于权力滥用，这是一条亘古不变的规律"。媒体监督是打破利益既得者垄断地位，打破信息隔膜的重要武器。

正如马克思在《论普鲁士书报检查制度》中所言，新闻自由就是人类自由的实现，没有新闻自由，其他一切自由都会成为泡影。由此可见新闻媒体对社会的民主和自由的重要性。媒体作为我们社会中为民众发声的代表，不仅在表达民众的声音和愿望中起到巨大的作用，并且基于其自身的号召力和影响力，能够对权力的滥用起到"超个体"的监督作用。媒体代行了公民所享有的法律赋予的表达权和追求公平正义权。② 正因如此，媒体就成为公民制约政府权力滥用的有力武器。媒体对政府缺位、越位、错位行使权力给社会和民众带来的不利影响加以披露和报道，能够从一定程度上监督政府各职能部门回到自己的轨道。除此之外，现代社会，媒体无处不在。媒体能够及时敏锐地曝光一些社会行为与社会现象，以社会事件为媒介，传播社会的光明与美好，抨击社会的腐败与丑恶，达到社

---

① 龙肖毅：《大众媒体在提升旅游经济中应用及策略分析》，《新闻知识》2015年第6期。
② 王倩：《浅谈新闻媒体舆论监督的社会作用》，《前沿》2013年第11期。

会监督、社会服务的目的。由于媒体传播技术的飞速发展，社会监督的网络已经逐渐渗透到社会的各个角落。

20年来，B市在旅游界颇负盛名，自然成为媒体的宠儿。不可否认，B市旅游业能取得今日的发展，媒体在其中发挥着巨大的作用。B市旅游业的迅猛发展，在带来巨大经济利益的同时，也产生了"零团费""高价宰客""黑店""黑导""恶意刷单"欺骗消费者等严重损害消费者权益、不正当竞争、破坏市场秩序的问题。在这种情况下，媒体作为这个社会最敏感、最有号召力的力量之一，揭露旅游市场发展的不良现象，监督旅游市场的发展，义不容辞。

二 旅游市场的媒体监督

B市自1997年开始，从一个偏远少数民族聚居区，飞速发展成为世界炙手可热的旅游胜地。旅游这一新兴产业被称为"朝阳产业"，更是B市的"支柱产业"。B市对旅游业的倚重程度，不亚于全国任何一个城市。B市作为全国旅游业的探路人，"B市模式"曾被作为全国旅游业发展的蓝本。同时，因为旅游业的飞速发展，B市旅游业存在的问题，也极具复杂性、综合性和代表性。B市也在建立和完善旅游监督机制。作为社会监督的中坚力量，媒体在旅游监管中起到了重要的作用。在下文中，笔者将对B市旅游监督中的媒体监督主体及客体展开深入的探讨。

（一）主体

1. **本地官方媒体——B市官方微博和微信平台**

官方媒体在舆论引导、社会监督方面所发挥的作用可谓是举足轻重，而B市新闻办正是担此大任的一个党政部门。其主要负责网路舆情监控与舆论引导工作，侧重于主旋律及正能量的传播、重大影响投诉案件的处理结果公示以及对其他媒体报道的审核等方面的工作。尤其自2017年4月"红黑榜"制度落实以来，对每期"红黑榜"的上榜单位或个人及其事由，B市新闻办都将发布在其微博微信平台和旅发委官网。就B市旅游业整改过程中的违法违规企业及个人的行政处罚信息也在相关平台上公布。另外，B市旅发委还在其微博微信平台开启投诉通道，主动解决旅游纠纷，以便及时处理游客投诉，维护其合法权益。

官方媒体因其性质与职权的限定，所承担的更多是信息发布和舆论引导作用，而在旅游市场监督的深入性与主动性方面仍有不足。

2. 旅游记者

仅从对经济发展之贡献来看，B市旅游业独占鳌头。因其旅游业的独特地位，加之媒体的趋利本性，旅游专栏如雨后春笋般涌现，众多旅游记者应运而生。除了对B市旅游的正面宣传与攻略解说之外，旅游记者的职责，还包括对旅游市场中所出现的典型问题和不法行为进行有针对性的报道，以担当公众的"眼睛"与"口舌"，从而在旅游监督中发挥积极作用。但是，在面对一些敏感问题或利益壁垒时，记者亦会"沦落"为弱势群体，遭到外界的干预甚至是打压，以致难以发声，无法有效发挥其监督作用。

3. 自媒体

当下，在B市旅游监管中，自媒体监督是用户最活跃、数量最庞大、传播最迅速、影响最深远的媒体监督方式。在互联网时代，自媒体监督有其突出优势。其一，自媒体监督的便捷性。凡在旅途中遇到问题，无论大小，游客均可通过微博、微信等平台发出；其二，自媒体监督的即时性。通过自媒体曝光的旅游问题，多为游客所见所闻或亲历，也往往会在事发第一时间发布；其三，自媒体监督传播速度快，因微博、微信等软件已为社会普及，且通过自媒体曝光常附图为证，故能在短时间内博人眼球并被迅速转发、传播。

然而，自媒体监督亦有其弊端。首先，情绪化严重，具有片面性。通过自媒体曝光的旅游问题，大多由权益受损者单方陈述，难免情绪化，缺乏客观性。其次，自媒体监督具有盲目性。由于目前我国网络监管不到位，加之网民素质参差不齐，面对B市曝光的旅游问题，常有好事者恶意评论、转发，更有甚者恶意捏造事实，以讹传讹，纷然流谤。再次，自媒体监督的不完全性。通过自媒体发布的消息往往在短时间内引发热议，然持续关注的人数不足，可能造成很多人对此"知其然而不知其所以然"，从而形成刻板印象，影响自媒体监督的真实性、完整性。

4. 外部媒体的监督

B 市 GC 景区名闻遐迩，然而层出不穷的旅游问题使其名实难副，亦引来全国媒体的关注。央视新闻曾多次对 B 市旅游的突出问题进行报道，中央财经频道的《消费主张》也就此做过专题。2017 年 11 月央视曝光 B 市客栈在某电商网站"刷单炒信、自己写好评、差评随意删"等不正当竞争行为，再次将 B 市旅游业推至舆论的风口浪尖，当地有关部门立即成立联合调查组对此进行处理，并展开市场排查。相较于其他舆论监督主体，外部媒体监督的优势在于，更多了一份"旁观者清"的冷静与客观，能够更大程度地反映问题全貌，往往也能够引起更为广泛的关注。不可否认，外部媒体监督对 B 市旅游业的改革有一定的推动作用，但亦不可过度依赖，毕竟从来没有仅靠外力即可成功的改革。

（二）对象

1. 对旅游经营者和从业者

媒体对旅游经营者和从业者的监督是多方位、多层次的。首先，游客自身通过微博、微信等社交平台发送即时感受，将自己所见所闻或者感受到的旅游中存在的问题通过自媒体传播，从而引起社会广泛关注。其次，官方媒体也会对旅游从业者和经营者的行为进行监督。尤其是自"红黑榜"设立后，每个月都会根据游客投诉情况形成旅游"红黑榜"，在旅发委的官方网站和微博、微信平台，各大景区电子显示屏以及 B 市日报、B 市读本等与旅发委合作的媒体上公布。此举对从业者及经营者形成了有效的激励机制，并且通过媒体对消费者加以引导。媒体报道对利益相关者的判断决策产生影响是必然的，而利益相关者的诉求是否满足、满足度如何，又反过来见诸媒体。[①] 通过媒体，使经营者和从业者迫于市场压力，而不是通过行政施压，主动地改善经营活动，提高服务质量，形成良性竞争机制。

2. 对政府部门

美国联邦最高法院大法官斯·P. 特瓦特从法学的角度提出了"第

---

① 张尔升、明旭：《网络媒体对政府治理的作用研究——来自国际旅游岛建设的证据》，《经济社会体制比较》2015 年第 5 期。

权力理论"。其理论认为宪法保证新闻自由，就是为了培植形成独立于三权之外的第四权力——新闻媒体，以期监督政府，防止公权力的滥用，从制度上发挥功能。① 在 B 市旅游市场的发展与监督中，媒体行使其"权力"，对政府的监督具有很明显的效果。B 市旅游中出现的众多问题，诸如高价宰客、强制购物、不合理低价游、导游打人等事件，首先是通过媒体流出，在社会引发巨大的反响，招来多方关注。然而，B 市的旅游乱象的出现，仅仅简单地归咎于市场失灵吗？很显然不是，其中一个重要原因是政府监管的缺失。尤其工商部门对物价的管控、质监部门对产品质量的监督严重不足。通过媒体报道，我们看到的不仅仅是市场秩序的混乱、商业道德的丧失，同时还暴露了政府的不作为。

媒体舆论对政府工作的监督与其他监督形式相比有不可替代的作用，它能给违法者造成一种舆论压力，促使行政机关及其工作人员依法行政和严格执法。② 近年来，由于 B 市旅游问题引发多方关注，B 市乃至整个 A 省都处于舆论的风口浪尖，迫使政府部门对旅游市场展开大刀阔斧的改革，如相继出台各项规定、加快《A 省旅游条例》的修改进程、加大执法力度、下定决心厘清旅游市场秩序、重新打造 B 市旅游新招牌。在对政府部门的监督过程中，媒体所起的作用是不容忽视的。

3.对游客

作为旅游市场的参与者，游客依然需要监督。但是由于游客数量巨大，流动性强，很难采取有效措施对游客的不良行为进行监督。在《A 省旅游条例》和《B 市旅游管理办法》中，也没有涉及对游客的监督，因此很难依据法律手段或行政手段对游客的不良行为课以责任。然而，媒体通过对游客的不良行为的报道和评论，一则引发人们对不文明旅游行为的关注；二则通过网络曝光，对行为人形成一种牵制力；三则通过网络媒体对他人不良行为的监督，同时也可树立正确的观念，有则改之，无则加勉，激发游客的责任感。

---

① 任永生：《网络舆论行政监督研究》，硕士学位论文，郑州大学。
② 钟丞：《地方行政执法与舆论监督关系浅探》，硕士学位论文，河北师范大学。

三 旅游市场媒体监督的优越性

（一）克服政府监督效率低

"有权必有责，用权受监督，违法必追究，侵权必赔偿"，这是依法行政建立责任政府的基本要求。[①] B 市旅游市场的健康发展离不开政府的保驾护航，但是就过去几年 B 市旅游市场的发展现状来说，不乏政府不作为、监管缺失、权责不明、相互推诿的现象。对于政府部门来说，新闻媒体监督是一种强有力的外在制度。[②] 在媒体曝光的压力下，能够促进政府部门更好地行使职权，增强政府工作人员的责任感与使命感，建立阳光高效的政府。

（二）促进市场机制在旅游市场中发挥作用

在 B 市旅游市场中，部分经营者常置法律于不顾，以违法方式牟取暴利，然仅依靠行政手段却无法使之禁绝。通过媒体的适度曝光与"红黑榜"的定期公布，为消费者提供真实可靠的信息，使违法违规的经营者逐渐丧失竞争力。公平、开放的市场竞争，能够促使企业遵守法律法规与行业规范，改进经营方式以提供优质的产品与服务，从而引导市场良性调整，为 B 市旅游市场的回归提供适宜的本土环境。

四 旅游市场媒体监督的局限性

（一）新闻媒体知情权受到限制

新闻媒体的知情权受到限制，是影响媒体监督作用的一大障碍。新闻媒体的职责在于客观真实地对社会事件进行报道，如果新闻媒体的知情权

[①] 钟银意：《论新闻媒体监督在行政问责中的问题与对策》，《经济与社会发展》2010 年第 9 期。

[②] 钟银意：《论新闻媒体监督在行政问责中的问题与对策》，《经济与社会发展》2010 年第 9 期。

第四章
旅游市场的社会监管

遭受严重限制,新闻媒体则失去了发挥其作用的前提条件。7月15日在与一位B市旅游记者进行访谈的过程中,我们问及他对7月11日游客与当地居民的冲突事件①的关注程度与看法时,他表示他本人非常关注事情的发展,但是当日在前往F采访时被有关部门阻拦,因而无法了解到事件的真相与全貌。这一事件在微博中已经传得沸沸扬扬,至今检索还有多条记录,但是始终不见B市相关部门发文道明事情原委以及解决结果。知情权遭遇到的强大阻力,使新闻媒体舆论监督的作用成了文本中的内容,不能真正落实,更无从为B市旅游市场秩序的维持做出应有的贡献。这一案例也反映出媒体监督领域立法层级低、人治意识强的特点,使媒体监督在必要时刻难以正当合法地行使其知情权,从而大大削弱了其在社会监督中的作用。

(二)本地媒体的洞察力和责任意识缺乏

2017年11月11日央视《新闻直播间》报道的一则关于B市GC区一些客栈存在利用电商业务进行"刷单炒信、自己写好评、差评随意删"等不正当竞争行为②,又一次将B市推上了舆论的风口浪尖。在报道中出现的民宿利用虚假图文进行宣传、通过威逼利诱迫使游客删差评等不正当竞争行为,以及民宿环境差、服务态度恶劣、恶意推荐高消费旅游项目拿回扣等严重损害消费者权益的行为,绝非偶然,也绝非个案。报道中一位当事人的一句话"民宿都这样的,再好就是宾馆了"着实引人深思。首先说明一个问题,当地经营者对他们的不法行为已经产生了默契,而这种默契的形成绝非一日之寒。其次说明这种操作在B市并非独此一家,已经成为行业"潜规则"。但在此前,无论是B市本地的新闻报道还是官方公布的"红黑榜",均未提及此类消息。是因为司空见惯熟视无睹,还是"多一事不如少一事"的放任?这就反映出当地媒体的敏感度与洞察力的缺乏,以及职业担当和责任意识的欠缺。如何落实自己的责任,在B市旅游市场的改革中发挥自己应有的作用,如何不让自己成为一个象征?是值得B市媒体深思的重大问题。

---

① 案情详见附件案例一。
② 案情详见附件案例二。

（三）对媒体监督之监督的缺失

在促进 B 市旅游市场回归的进程中，媒体监督功不可没。然此间恶意诋毁、虚假报道等情形，已经层出迭见了。恶意言论的发布，非但不能起到社会监督的作用，反而对 B 市旅游形象造成了一定程度的损害。新闻媒体享有社会监督的权利，就要承担起与之对应的义务。只有真实准确地报道，才能有说服力，才能使问题得以解决，正义得以伸张。要保证新闻媒体报道的真实性，必须建立对新闻媒体的监督制度。

（四）对环境保护与生态文明的关注力度不足

在媒体监督的报道中，更显见的作用是对市场领域的监督。在环境破坏、生态保护等方面媒体则表现为关注不够。旅游的目的之一在于欣赏自然风貌，获得与山水亲近的乐趣，并因之产生一种珍惜、爱护自然的观念。对生态环境的保护应当作为旅游报道的一个导向，可惜媒体在这方面的关注还不够。[①] 绿水青山就是金山银山，古镇蓝天是 B 市旅游业可持续发展的资本。在 B 市未来的媒体监督工作之中，须对环境保护与生态文明加以足够重视。

五　发挥新闻媒体在旅游市场监督中作用的建议

（一）转变政府观念，保护新闻媒体的合法权益

新闻媒体是政府的喉舌，也是镜子。在 B 市旅游业发展的过程中，B 市政府更应该认清自己的地位，不断地接受监督与鞭策。保护新闻媒体的知情权与独立地位，自觉接受监督，共同促进 B 市旅游业回归。

（二）强化新闻媒体的责任意识

新闻媒体要勇于承担起社会监督的重任，以促进 B 市旅游业深度改革为己任。首先，立足事实，客观实在地进行报道，不追求轰动效应、不

[①] 贾广惠：《对旅游新闻中环境保护与生态文明引导的思考》，《新闻界》2010 年第 1 期。

虚假报道。其次,新闻媒体要善于发现问题,任何事情的发展都不可能一帆风顺。面对当前的复杂形势,B 市旅游业改革任重而道远。新闻媒体必须善于发现和提出改革进程中的问题,帮助 B 市在旅游业改革进程中少走弯路。最后,新闻媒体要敢于发声、勇于监督。新闻媒体代表人民行使社会监督的权利,就要对人民负责,不可做强权手中的木偶。

(三) 加强旅游舆情的预警管理体系

大众媒体时代,妥善地处理旅游事件网络舆情能够有效化解矛盾,反之,舆情处置不当则会严重损害旅游产品的品牌价值。[1] 大数据时代网上舆情的搜集与应对已经不存在技术问题。B 市政府应该充分利用互联网与媒体的优势,积极作为。第一,根据舆情预警的信息,快速生成应对方案。舆情应对贵在迅速,以免舆论发酵变质。面对舆情,首先表明官方态度,愿意接受监督,妥善处理问题,以消解民众的过激情绪,避免舆论的影响继续扩大。第二,要防患于未然。通过监测信息主动分析消费者需求,总结矛盾的症结所在。在问题还没有爆发出之前主动地改进与调整。第三,亡羊补牢,为时不晚。通过舆情监测,严肃对待已经发现的问题,加大整改力度,不纵容、不姑息,并通过媒体对不良行为进行披露,以儆效尤,有针对性地及时重塑 B 市形象。

---

[1] 贾广惠:《对旅游新闻中环境保护与生态文明引导的思考》,《新闻界》2010 年第 1 期。

第三节 旅游市场的游客监督

一 游客监督现状

世界休闲组织主席德雷克·卡塞说过:"休闲在生活品质发展中发挥着越来越重要的作用,不管休闲是以旅游、运动、节日、活动、艺术或娱乐等等形式出现,都将体现人类的生活质量,为国家和地区、城市的经济发展做出贡献。"我国当代旅游业是从入境旅游市场起步的。旅游业不仅为国家创造了大量的外汇,也是国家对外开放的窗口和服务品质的标杆。从20世纪开始,国内旅游和出境旅游以其高速增长的业绩逐渐掌握了产业话语权(图4-1),而入境旅游由于"封闭红利期"的结束,加上2008年金融危机等多重因素的影响,显得萧条和疲软。今天,入境旅游已经走出萧条,正在从全面恢复走向持续增长的新阶段,同时也面临着空前激烈的国际竞争和前所未有的改革与创新挑战。旅游产业的经济本质,是以"游客搬运"为前提,产生游客在异地进行终端消费的经济效果。因此,迎合游客的喜好和需求是旅游市场最重要的话题,并且游客对于旅游过程中提出的不满与意见往往是旅游从业者们需要改进的地方。

游客监督往往表现为游客的旅游投诉,再加之媒体的推波助澜,往往会造成巨大的影响力。在现实生活中,诸如在B市女子被殴打毁容这一事件,曝光后就引起轩然大波,使B市政府乃至A省政府对于旅游业进行了史上最严的整改活动;又如,青岛大虾事件后,青岛市长专门召开了专题扩大会,青岛市相关部门更是对此事展开了调查,并对涉事店家作出了罚款9万元,同时责令其立即改正价格违法行为的处罚,当地相关部门的负责人也受到相应的处罚。由此可见,游客监督在某种程度上推动与促进了旅游市场的可持续发展,纠正了旅游市场中的不良风气。

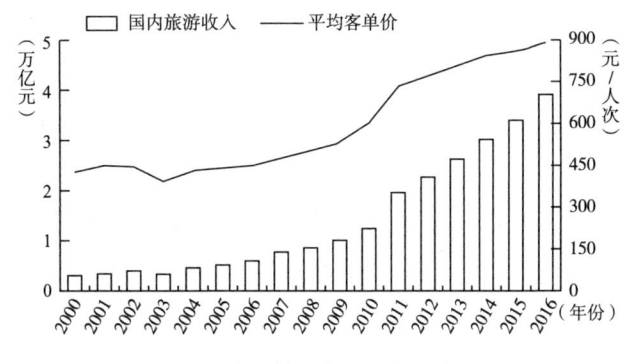

图 4-1 国内旅游和出境旅游业绩的增长

二 游客监督的重点

(一)安全问题

游客在旅游过程中,对于衣、食、住、行的各个环节中最重视的便是安全问题。在这段时间,困扰 B 市政府改善 B 市形象的问题便是"B 市毁容女"事件。2016 年 10 月,创业受创的年轻姑娘小琳去 B 市散心,旅途中结识了新的朋友,本来舒心的旅游却因 11 月 11 日凌晨突如其来的冲突蒙上了一层阴影。11 日凌晨正在跟朋友吃饭的小琳席间听到邻桌几名男性模仿其东北口音取乐,小琳质问邻桌几名男性,但没想到的是口角之争最终竟然上升为拳脚相加,小琳和朋友均在冲突中受伤严重。2017 年 1 月,小琳将自己的遭遇公布在网上,方才引起了广泛关注。人们不仅仅关注小琳的伤情、同情她的遭遇,更将目光投向了相关公安机关的处理过程中。这一事件的爆发让本就饱受争议的 B 市又一次暴露在全国人民的审视下,更让众多旅客一度陷入了恐慌,对自身的旅行安全产生了担忧。旅游投诉是为了保护自己的合法权利和正当利益而采取的必要手段,所以小琳选择了"互联网时代"下最为有力的武器——媒体，作为自己维权的途径。这次事件闹得沸沸扬扬，B市政府虽然危机公关做得并不充分，但在后续处理中加强了对B市景区的治安管理，通过旅游警察的定时巡逻和增多治安管理亭的安置点等多种办法来避免更多的此类事件的发生。由此可见，当游客监督与媒体监督这两把利刃结合在一起时，就会形成巨大的舆论压力，使政府必须在短时间内恰当妥善地解决问题，如此才能挽回流失的客源与经济财富。毕竟游客监督的力量来源于整个游客群体，他们的消费是支撑起B市乃至全世界旅游业的核心动力。当游客因为担心安全问题不再来旅游景点旅游时，对于以旅游业为支柱性产业的地方经济带来的打击将是毁灭性的。笔者来到B市实地调研时，询问了当地居民与商户，他们都表示从2017年下半年开始，游客数量锐减，生意都不好做了。而相关政府的数据也显示，自2017年开始B市游客数量下滑了50%，对于B市地方经济有巨大的影响。因此在这样的形势与压力下，B市政府加紧了对旅游从业者的管理，对景区的管理，对舆情的应对。由此可见，游客监督对于旅游市场具有巨大威慑力。

（二）消费问题

游客的消费问题集中表现在跟团游的游客身上。价格是市场经济规律中的特殊要素，价格竞争是维系市场发展的基本规律。过度价格竞争、过度降低利润带来的必然是产品或服务质量降低，甚至带来恶性循环，严重扰乱市场。旅游市场在近年来得到了快速发展，然而越来越多的旅游企业为了获得更多的游客，不断从降低旅游成本上来吸引消费者的注意力。如，一些旅游热点线路以"零团费""负团费"的形式来进行推广宣传，恶意降低成本，甚至不惜放弃成本来收客，其目的在于诱导游客在旅游过程中参与购买旅游产品。由此带来的直接结果是，一些旅游企业私自更改旅游行程，私自降低旅游接待标准，降低对游客服务质量，甚至缩短旅游观光时间，增加更多的购物景点，以此来获得更多的"人头费""回佣"等旅游团费差额利润。还有些旅游单位在产品推荐中，往往言不副实，对旅游景点及旅行线路进行模糊应付，也未对旅游时间、用餐及用车服务进行明确，由此带来的后果直接损害了游客的旅游体验，也给旅游市场的正常秩序带来严重负面影响。

在 B 市,笔者发现不仅仅是不正规的旅行社会推出"低价游""零团费",甚至街边扎小辫的纳西妇女也会以诱哄式的口吻对自由行的游客说:"100 元拉你去 V 地!"而游客在被带去 V 地后,便会被强制性地以高额的价格在 V 地旁骑马,若游客反抗,会遭到恐吓与威胁,比如把游客撂在 V 地的半路上。

甚至,有时会出现设局欺诈游客的情况。最常见的便是酒托,以寻找"艳遇"谋利欺诈游客。酒托多以陌陌等社交软件结识拉拢游客,每个"托"也不一定是为一家酒吧服务,她们会根据游客的喜好——喝酒、喝茶、购物、游玩等,根据游客的行程安排,带进不同的店面去消费,然后自己拿提成。2015 年 7 月,B 市 GC 保护管理局曾设立由联合调查组对酒托进行排查,处理了两家酒吧。其中"九样"酒吧 2 名"酒托"带 6 个游客共消费 1 万余元后,得 75% 回扣约 7500 元。而知情人士马达对媒体表示,他朋友在 B 市 DY 古城开一家演艺吧,"每月要付给酒托每人 2 万多元的提成"。

这些强迫购物与欺诈游客的事件屡屡发生,甚至在政府重拳打压后亦能重整旗鼓。因此在网上有许多游客都反映了强迫购物的问题,A 省政府推出史上最严的"二十二条"中,不少都是关于旅游购物这一块的应对措施,如取消旅游定点购物,将所有旅游购物企业纳入社会普通商品零售企业进行统一监管,严禁变相安排和诱导购物,防止购物商店与旅行社和司陪人员之间形成新的灰色利益链条,严厉打击购物商店针对游客各类欺诈销售行为等。而笔者在 B 市,看见 B 市旅游发展委员会设置了相关的购物退货中心,取消了旅游定点购物。

三 游客监督的局限性

(一)游客维权意识薄弱

旅途中,对合法权益遭受侵害的游客而言,只要代价在其承受范围之内,大多会选择忍气吞声。究其原因,一是息事宁人的态度。旅游的目的之一在于愉悦身心，若为解决途中所遇琐事而毁了难得一趟的行程，得不偿失，加之维权成本有可能高于所受损失，因此，纵使这些琐事会侵害自身权益，亦犯而不较。二是对公权力的不信任。相关维权部门的不作为和懒散态度以及地方保护主义，致使游客对公权力缺乏足够信任。是故，在薄弱的维权意识与高昂的维权成本面前，游客监督显得尤为势单力薄。

（二）部分游客存在贪图便宜的心态

"零团费""负团费"之流，在 B 市屡见不鲜，其受害者往往是一些贪图便宜的游客。廉价的背后，实为旅行社争夺客源和招揽游客所掷出的"诱饵"，而旅行社真正的利润与导游的收入，则来源于景点门票、游客购物提成及加点（加自费项目）等。换言之，旅行社和导游将其利润收入依托于游客的二次消费之上。因游客在旅途中的购买力直接影响旅行社和导游或赔或赚，强制消费、强迫购物应运而生。加之，游客在签订"零负团费"旅游协议时已明知或应知此为购物旅游团，遭到强迫购物时维权亦有些底气不足，更何谈游客监督。

（三）旅游法规体系尚未健全

当前，中国旅游市场的问题层出不穷，仅凭《旅游法》已难解燃眉之急。立法的不完善，致使政府部门执法陷入困境。笔者在与 B 市政府有关部门的工作人员交谈时，他们都指出需要立法完善、现有的法律太过宏观、没有具体的惩罚措施，使他们在行政工作中遇到了不少的问题。而游客向有关部门进行投诉时，因为以上的原因导致游客的投诉往往无疾而终。

（四）职业打假人即"卧底游客"的出现

近年来，出现了"职业打假人"这一群体，有的甚至成为"职业索赔人"。随着旅游市场的日益兴旺，"职业打假人"这个备受争议的群体开始转战旅游业，并呈现出专业化的趋势。他们熟谙旅游服务质量规则，以游客身份卧底其中，收集旅行社违规行为的证据。在旅游结束后，"职业打假人"拿着相关证据,或与旅行社协商"私了",或向主管部门投诉"公了"。无论何种途径,最终的责任承担者都是违规在先的旅行社。私以为,"职业打假人"熟悉旅游法律法规,通过其行为维护了自己作为游客的权益,亦对旅行社形成了有效的监督。但另一方面,"职业打假人"以获利为目的,摸准了这一行业内的无限商机,钻法律的漏洞,游走于法律与道德的边缘,在一定程度上扰乱了旅游市场秩序。

(五)游客处于弱势地位

身处弱势地位,游客在面对公权力救济不足或是地方保护主义作祟等诸多阻梗时,其监督显然难有作为。笔者在 B 市时,曾与一位旅游经验颇丰的游客就游客监督问题进行交谈。该游客直言,游客监督是没有作用的,上至国家旅游局,下到地方旅游局,投诉电话他都知道,然而丝毫无用。以其和母亲、孩子到 F 游玩为例,当时进山购票的队伍排得很长,且已临近下班时间,景区仍在无休止售票,他分别给旅游局、B 市旅游发展委员会打电话反映问题,即使对方说已经让景区停止售票,然诸多游客滞留问题仍未得到解决。"游客的力量毫无作用",该游客愤愤然道。

四 充分发挥游客监督作用的途径

(一)加强游客的法律意识与维权意识,减少游客维权成本

只有游客意识到自己的合法权益被侵犯了,有了相当的维权意识,想维权、敢维权,在主观意识上才能确保游客监督的强有力。另外,降低维权的成本需要多途径地实现,如政府指派公益性律师和民间自发的公益性律师的联合组织,这些组织成立后还需宣传推广,让游客都知道有这么一个组织与制度的存在,才能降低维权成本,在客观上为游客监督提供物质基础。

(二)游客心态需要成熟与改变

只要游客贪图小便宜的心理发生改变,即使有诱惑的陷阱,游客也不

会主动跳进去。笔者在 B 市与当地人聊天时发现，外国人很少在 B 市被宰，原因很简单，他们不贪也不懒，经常自己背一个巨大的登山包，包里装了许多食物。在寻找导游与住宿时，他们都会找到正规的旅行社与客栈。所以只有游客贪图小便宜的心态发生改变，才能从源头遏制"零负团费"的出现，毕竟游客的需求才会让市场出现这种服务。

（三）完善相关立法与法规，做到有法可依

只有《旅游法》与其他部门法联动治理旅游市场出现的各种法律问题，才能确保旅游问题有法可依。国外一些旅游产业特别是发达国家的旅游法对于我国的旅游法体系的完善有相当的借鉴意义，如日本的《旅游基本法》和各项旅游业专门法，美国制定的《全国旅游政策法》和一些旅游的单行法规，墨西哥的《墨西哥旅游法》和其他相关法规，等等，它们都形成了完整的旅游立法体系，将旅游法作为一个独立的法律部门，并以国家立法机关为首，出台了包括旅游基本法在内的各个不同领域的专门旅游法律，从而在法律层面对旅游中出现的各种问题进行了规制与解决。我国各地方情况不一，必须要以《旅游法》为大纲，制定出适合各地方现实情况的政策法规，让政府行政部门行政执法时有法可依，有法必依，正确妥善地处理好旅游市场中出现的各种问题，改善旅游市场的风气，促进旅游市场健康可持续的发展。

（四）加强游客监督与媒体监督的联系

游客在旅游过程中发现了诸多问题，依靠个人力量难以解决时，可以依靠媒体的力量进行宣传，吸引大众和政府的目光，促进问题的解决。游客提供信息，媒体进行宣传，这样游客监督与媒体监督联合起来时，才会发挥出游客作为一个整体时的力量，这个力量联合了社会其他的力量，产生舆论影响力。毕竟互联网时代下，媒体发挥着越来越重要的作用，而媒体监督是旅游市场社会监督体系的重要组成部分，具有指导性、真实性、时效性、可读性、群众性等方面的特征。通过报刊、广播、电视、网络等新闻媒体反映民众的意见和要求，曝光扰乱旅游市场秩序的典型事件，监督旅游市场的各项活动。为了加强对旅游市场的新闻监督，要将网络监督

与传统媒体监督紧密联系起来。近年来媒体所曝光扰乱旅游市场秩序的典型事件,引起了社会上的广泛关注,也引导了社会公众的态度和行为,进而引导旅游组织的行为。因此,加强游客与媒体之间的联系有利于旅游市场健康持续的发展。

第四节　旅游市场的公众监督

一　一般的公众监督

（一）公众监督的概念及作用

公众监督作为社会监督的一种，具有重大的意义。什么是公众监督？从不同的研究角度看，其具有不同的概念。例如：从主体视角看，公众监督是指社会公众依据法律法规，运用各种方式所实施的监督形式；从权力视角看，公众监督是指权力系统外部的广大人民群众、社会团体和组织对国家机关及其工作人员的自下而上的非国家性质的监督；从权力与权利融合的视角看，公众监督是指以权利制约权力，将普通公民的权利作为制约和平衡国家权力的一种社会力量，是自下而上的单向度监督模式。

但是公众这个概念较为模糊，公众是与政府相对应的一个概念，不能仅仅从人数或者范围上加以界定，而且我们也难以给出一个具体明确的公众界标来划定范围，凡是涉及公共领域，具有公共批判精神的是否都可以成为公众呢？但不可否认的是，公众监督的确作用显著。以 B 市旅游市场的综合监管为例，公众监督以其成本低、耗时少的优势，并结合新媒体等形式，成为综合监管中不可或缺的一种，发挥着越来越重要的作用。再如：曾经旅游监管中的 B 市模式是受到全国称赞的，它形成了公众参与平台，相对于现在的综合监管而言，是一种主动式监管，这些都充分体现了公众参与监管的重大作用。

（二）B市旅游市场公众监督存在的问题

1. 公众公民意识淡薄，缺乏参与文化

我国公民长期依附于政府和国家，导致公众参与监督意识整体不强。就旅游市场而言，外地游客在异地的维权成本过高，若不是人身或财产受到重大损害，多数人会选择息事宁人，毕竟出门在外，身不由己，花钱消灾的思想根深蒂固，这就使许多非法经营行为更加猖獗。

2. 公众参与监督渠道不畅

游客投诉无门，职能部门权责不分，各部门互相推诿，当地村民与游客的冲突以及电子合同的监管空白等问题，都在一定程度上阻碍了公众的监督，打击了公众参与旅游市场监管的积极性。

3. 公众监督机制在实际运作中扭曲严重

表面看来，公众参与的渠道广泛，有投诉电话、市长热线、信访中心、意见箱等，但实际操作中热线电话永远打不通，投诉得不到反馈，信访部门压信丢信，意见箱几个月都不会打开一次，有的甚至积了厚厚的一层灰，锁都生锈了。

4. 公众监督理性程度低

我国人口众多，公众文化水平参差不齐，在监管过程中情绪难免受到其他因素左右，这导致来自公众的声音很偏激，且对媒体和执法部门的工作带来很多的压力，此类案件不在少数。

5. 公众监督发展极不平衡

这既表现为地域不平衡，也表现为内部的不平衡，有的地方公众监督发展较为完善，有的公众维权意识较强，会主动地维权，行使自己的权利，这可以形成示范效应。

（三）B市旅游市场公众监督问题产生的原因及解决措施

1. 公众主体意识缺乏，法治意识淡薄，道德意识不强，团体意识缺乏

由于受传统文化的影响，我国公众的参与意识不强，问题发生在自己身上时，没有主动维权主动监督主动参与的主体意识；再者，现阶段我国法制仍不健全，法治思想不够深入人心，这也是制约公众监督的一个重要

因素；另外，规范旅游市场不仅要靠监管，更要靠全体人员的道德约束，无论是游客、从业人员、商铺等经营者还是执法人员，要形成道德意识强团体意识高的局面。要解决这个问题，就要做到教育公众树立主体意识，同时加强法治建设，弘扬法治精神，坚持依法治国，不忘弘扬社会主义核心价值观，教育公众提高自身道德素质，加强团队意识。

2. 社会主义市场经济不健全和国民整体素质偏低也是问题的原因所在

经济基础决定上层建筑，正是由于我国经济基础还不牢固，所以上层建筑相对滞后，法制不健全，公众监督问题百出；加之，我国人口众多，地区发展不平衡，公众素质参差不齐，农民人口占总人口的多数，广大农村地区师资力量弱，硬件基础差，以及根深蒂固的传统思想都影响着受教育程度，想要解决这个问题，就要大力发展生产力，提高经济水平，缩小城乡差距，逐步提高国民素质。

二 社会监督员监督

（一）B市旅游市场社会监督员现状

万名社会监督员制度是国家旅游局实施"515"战略，创新旅游管理方式的一项重要举措。主要是从各级人大、政协、旅游相关部门、媒体、专家学者、警察等社会各界的代表中选聘，主要负责监督旅游经营者及其从业人员的旅游经营行为和旅游服务质量。此外，还对厕所、投诉方法的公示等旅游基础设施和公共服务设施是否存在布局不合理、使用不方便、达不到安全卫生要求等问题进行监督。旅游监督员还在监督中提出意见和建议，并协助旅游主管部门及其工作人员依法履行职责。社会监督员可以说是广大游客和旅游管理部门以及景区之间沟通的桥梁，体现着旅游业自我完善、自我发展的主动行为。

旅游服务质量的提升单靠行政力量远远不够，要以创新的思维，强有力的手段，调动起方方面面的积极性，实现全民参与，全民共治，万名社会监督员就是一项创新的制度，发挥着很大的优势。社会监督员使监督力量更强，监督范围更广，发现问题和解决问题的时效性也更强，同时，社会监督员代表民间的力量，放大普通游客的声音，有利于游客维权。社会监督员属于兼职工作，在做好自己本职工作的同时履行好这一职责，也就是说，他们随时随地在进行自己的监督工作，既可以在工作中也可以在生活中，这样容易了解到群众的心声，更有利于全面监督。

现如今，全国范围内共聘任社会监督员9506名，全国人大机关、政协机关、中央和国务院有关部门、新闻媒体共92人，地方各级人大和政协机关、媒体人员、警察队伍、旅游企事业单位工作人员共9414人。国家旅游局专门开发了旅游服务质量社会监督员管理服务系统，并开通了微信公众号，但是现阶段这一制度仍处于试运行阶段，必然存在很多的问题，等着我们逐步完善。

（二）B市旅游市场社会监督员制度存在的问题

监督员社会监督员制度是一项较新的制度，体系还不完善，目前也处于试运行阶段，监督员人数较少，全国范围内仅有不到1万名，所以问题较多。

1. 数量少，对旅游市场进行有效的监督显得捉襟见肘。以B市为例，上百万的流动人口，可社会监督员只有80名，可见，这一队伍人数少。在对几名社会监督员的随机采访中，他们都提到，这虽然是一项新的制度，但监督的作用很大，所以希望可以扩大队伍，引起相关部门的重视。

2. 社会监督员是一项兼职工作，这在便利生活与监督的同时也带来了很多的问题。他们的工作流程大致为：收集信息，写报告反馈，将自己的感受上交，还有年度汇报要写。可见，虽是兼职，工作量可不小，在做好本职工作的同时还要做好这一兼职工作，无疑增添了不少压力，这是否会影响其工作质量？另外，虽然赋予了他们持证上前劝阻的权力，但因为种种原因大多数人还是选择回来反馈，这无形中降低了工作效率，增加了后续工作的负担。

3. 职业习惯对监督工作的影响很大，各人本职工作不同，其观察问题的角度和处理问题的方式就不同。例如，交警更喜欢在巡查中监督，而媒体工作者可能更倾向于舆论监督，这虽然也有好的一面，但可能导致分工不明确，造成一个问题多次监督，关键是要分工明确，发现缺点，及时反馈。

4. 反馈跟踪后续跟不上。这在访谈中是提及最多的一个问题，社会监督员提出，无论是他们发现问题后提出的反馈，还是在年度报告中提及的问题，后续工作开展不到位，问题也得不到妥善的处理。监督就是为了发现问题，然后处理问题，如果只是发现问题而不解决它，那么社会监督员制度就失去了其应有的价值。

5. 联动工作跟不上。B 市社会监督员工作是和旅游发展委员会、新媒体进行合作的，但有时候出现问题，因为内部分工不明确，导致联动工作不到位。所以建立明确的分工合作机制是势在必行的。

6. 游客与监督员的联系不到位。虽然游客可以通过社会监督员投诉沟通，但是在实际中，因为监督员的兼职属性，游客往往难以掌握监督员的联系方式。在随机采访中，我们发现大多数游客对监督员这一职业的存在毫不知情，但他们表示愿意通过这种方式投诉和解决问题。因为在异地，游客处于弱势地位，一来怕当地人打击报复，二来诉讼方式成本太高，耗时太久，如果有沟通渠道，他们更愿意选择社会监督员。

（三）如何发挥好 B 市旅游市场社会监督员的监督作用

1. 扩大社会监督员队伍。经过实践证明，这一制度优势大于劣势，其可以建立相对完善的体系，充分体现其优越性；同时，可以考虑建立专门的监督员队伍，将兼职变为全职，或者依旧保持兼职属性，使得各行各业都有分布，但要建立完善的合作机制，确保其合作队伍的责任明确，高效廉洁。

2. 对监督员进行必要的培训，帮助他们明确自身的权利和义务，掌握监督的方法和技巧，更好地履行监督职责。在工作中，一些监督员对自己的工作认识不充分，以为这是可有可无的工作，因此敷衍了事，或者认为这是检举揭发，不光荣的工作，因此工作不积极，甚至颇有怨言。但其实，这既是一份信任，也是一份责任，做好这一工作，关键是要有个人责任心和社会使命感。

3. 建立健全系统性的问题反馈机制。做到纵横联合，及时处理，并注意在做好反馈的同时，通过适当途径向全社会公示，以改善全社会的监督氛围，促进监督制度落到实处。问题的发现与反馈固然重要，问题的解决更重要，否则就处于一种恶性循环的尴尬局面，只有完善解决机制，使问题得到解决，才能形成一种良性循环。

4. 建立监督员奖惩及进出机制，以提升其履职积极性，促进此项制度实现预期目标。如前所述，社会监督员为兼职工作，难免与本职工作发生冲突，这就为推卸责任提供了理由，或者有人认为自己发挥的作用不大，因此不积极不主动。建立监督员奖罚及进出机制可以彰显其重要性，提高工作积极性。

5. 建立游客与监督员的沟通互动机制。现如今科技发展越来越快，可以通过与媒体的合作，建立微信微博公众号等互动平台，将二维码等展示在游客密集的地方，通过后台的私发消息、投诉平台等方式形成游客与监督员的良性互动。其实，在追求民主法治的当今社会，每一个游客也都是"监督员"，旅游市场的整治与监管不能只靠行政力量和相关部门，而是靠每一个像"监督员"一样的大众共同助推旅游业的新发展。

三 当地居民的监督

（一）旅游地居民对旅游的感知与态度

经过调查与相关数据发现，旅游发展水平高的旅游地居民对旅游的负面影响感知强烈，旅游发展水平低的旅游地居民对旅游的影响感知更积极。例如，同在1997年被划为世界文化遗产的PY古城和B市古城，PY居民被划为热情的支持者、理性的支持者和中立者；而后者居民被划为一定程度的憎恨者和谨慎的支持者。因为B市古城发展水平较高，速度较快，并且旅游产业的发展更多是从游客的角度以及政府的角度来考虑，常常忽略了当地居民的看法和利益。例如B市打造的"酒吧文化"和"艳遇之都"标签，实际上是外地人来到这里后形成的营销手段，然而当地对这一标签持反对甚至厌恶态度的人占绝大多数，他们认为这种旅游路线走不长远，甚至是对文化的扭曲。如果长期这样发展下去，会造成居民对旅游产生冷漠、不支持甚至与游客产生对抗，会给当地旅游业的健康可持续发展带来隐患。

之所以会产生这种现象，与旅游效应关系密切。旅游效应又称旅游影响，是出于旅游活动所引发的种种利害影响，可概括为三类：经济、环境、社会文化影响。最显而易见的就是旅游发展与居民生活之间的矛盾：第一，水污染，噪声污染，光污染，垃圾问题等环境恶化，交通拥挤，物价上涨，基本能源供需的矛盾，游客与当地居民共用地域空间导致的问题层出不穷；第二，居民在旅游发展过程中缺乏发言权，对于不合理的旅游制度没有相应申诉渠道，只能通过抗议与地方冲突的方式得到关注，且发生冲突时，往往牺牲居民利益；第三，缺乏相应的补偿机制，缺乏有利于促进社区参与旅游，保障居民利益的法律条款、知识体系和技术支持。像F县，征用了农民大量的土地，但是补偿满足不了农民的需求，农民企图通过从事旅游产业赚取金钱却受到严格的关注，这难免使农户对发展旅游产业怨声载道；第四，旅游带来新生活方式的同时也带来了很多消极影响，比如V附近，当地孩子不愿意读书，反而从事旅游事业，小小年纪养马喂马，出去赚钱，V马场10岁的马童数不胜数。另外，B市古城大部分的经营者为外地人，形成了"外地人坑外地人"的局面，然而名声坏了却要B市人来买单，这就使当地居民不仅没赚到钱还吃了哑巴亏，他们都觉得旅游带来的弊大于利。

（二）当地居民对旅游市场的监督势在必行

在旅游发展链条中，当地居民既是参与者又是受益者，旅游作为新兴产业，发展好了受益无穷：带动旅游地的经济发展，提供更多的就业机会，丰富娱乐文化活动，提升居住自豪感，吸收外来优秀生活方式，将本地区的优势推广出去，促进游客与居民之间文化交流……但是如何解决这些矛盾，实现居民的良性监管，的确是一个值得关注的问题。以笔者之见，可从以下方面着手。

（1）建立公平合理的利益分配机制。居民也是当地旅游资源不可分割的一部分，保护他们的利益是必需的，况且只有满足了居民的利益，才能让他们认识到旅游带来的好处，进而支持旅游产业。

（2）提供热线平台、投诉反馈渠道，和媒体进行合作。对旅游功能区进行科学布局规划，减少对居民区的影响，保持居民生活资料的供需平衡。如B市有市长热线，居民还可通过微信、微博反馈问题。根据数据显示，居民投诉的噪声扰民，垃圾污染等案件均能在7个工作日内得到解决，这一机制值得学习。

（3）建立由居民共同参与的管理与监督机制。对经营者、游客、导游、旅行社、执法人员等不恰当的行为均可以进行监督，并及时向管理监督组织举报，组织通过公开审理，对违规行为予以处置，并将处置情况予以公示，展现处置的公平性。

（4）扩大社区参与范围，提高社区参与程度，鼓励社区参与到旅游开发、旅游管理制度制定。鼓励社区参与到执行、监督、文化遗产保护与传承等各方面。其他利益相关者应充分尊重居民提出的意见与智慧成果，开发符合当地发展的共赢机制，倡导多方合作，让企业充分意识到居民参与的重大意义，聆听居民对文化导向的意见和建议，接受居民的监督。

（5）树立责任意识。当地人不同于游客，游客只是暂时在旅游地生活，所以其责任意识较弱，而当地居民长期生活在家乡，眼光应该放长远些，不能只顾眼前利益。就环境保护而言，自然资源本就是旅游资源的一部分，只有做到充分保护自然环境才能做到可持续发展；另外，就受教育而言，旅游产业不只是简单的经营销售产业，不读书只从事简单的旅游行业终究是走不长远的，而受到更高的教育才能更好地为家乡的旅游市场服务。在访谈中，不少B市人认为，那些外来人的确为B市带来了变化，带来了新的生产生活方式，经营模式，很多人来了之后就不走了，选择留在这里，这些"新B市人"也应该树立责任意识，为B市的旅游发展贡献自己的力量。同时，游客作为暂时性的当地人同样也要树立责任与担当意识，旅游市场的良性运行要靠每一个人的努力。

第五节 旅游市场的从业者监督

言及社会监督很多人可能想到的是来自社会公众的监督，来自媒体舆论的监督，甚至是来自政府的各种监督举措，例如万民监督员等等。来自旅游产业内部的从业者们的监督作用往往被忽视，也一直没有得到很好的发挥。其实如果能在旅游产业内部构建一个有实际运行能力的监督体系，这样的收效将远胜于单纯的产业外部监督，这种做法也将很好地降低监督成本，将错误扼杀在摇篮里总比错误积累爆发之后再进行回应性监督和各项弥补要好得多。亡羊补牢无可厚非，而早在亡羊之前夯实牢笼岂不更好？下文笔者将从在 B 市的访谈对象：旅行社、导游、客栈和酒店商家、景区等从业者视角来阐述。

一 旅行社

（一）B 市旅行社对旅游产业监督现状及存在的问题

旅行社，提到旅游产业大多数人第一印象就是旅行社了，虽然近年来越来越多的游客也会选择自助游、自驾出行等方式进行更自由更高品质的旅行。但相比之下，由旅行社代劳，提前安排行程住宿等更为便捷省心的出行在目前还是广受欢迎的一种方式。不管是旅游出发的旅行社，还是目的地的进行短途旅行安排的旅行社，其数量在近年来只增不减的趋势已经足够说明其需求之所在。然而这种趋势也带来了这一行业的供大于求。可是即便是供大于求，如此庞大的群体在对旅游产业进行监督的过程中却显得十分渺小。调研团队在 B 市旅发委了解到：当地旅行社的起点并不高，只要有 20 万元的起步资金，就可以开一家旅行社。

在趋完善的相关法律法规对游客的保护中,传统的游客即为上帝的观念里,旅行社自然而然将自己放在了被监督的地位上。在旅游市场上处于较为被动的地位,受到的保护相对较少,在各种事故中更多的是默认承担了过错方的角色,且绝大多数旅行社缺乏主动监督的意识。例如,对调研中的旅行社,提到监督问题,他们的第一反应几乎无一例外地急于表白自己是多么多么正规,是如何如何遵纪守法,几乎没有一家能够提出对其他不正规旅行社甚至是游客的监督意见,偶有例外,也仅限于对个别蛮横游客的抱怨。

(二)旅行社应如何应对B市旅游市场社会监督需求

1. 对旅行社宽进严管。旅行社准入门槛不高导致行业急剧膨胀,鱼龙混杂。因此,对其后续严格管理尤为关键,在宽进的制度下也应完善不合规淘汰制度,制定标准,优胜劣汰,使旅游市场中的从业者保持较高的经营水平和职业道德。

2. 旅行社应转变自身意识,变被动为主动。积极主动营造良好的旅游市场氛围,在旅游市场中自律的同时,相互监督其他旅游从业者的行为,敢于并善于运用相关法律政策维护自身合法权益。

二 导游

(一)B市导游生存现状

相比旅行社,与之密切相关的导游群体的生存现状也不容乐观,虽然是奋战在旅游市场一线,然而其监督角色可谓从未展现,其优势更是无从利用。调研团队访谈了几位当地导游以及之前当过导游后来转行的人,得知:导游这一职业在绝大多数地区并没有得到很好的职业保障,其工作也具有很大的不确定性,主要依赖于旅行社的客源介绍。在当下游客至上的理念下,导游反倒成为"弱势群体"。他们坦言,面对市场竞争压力以及金钱诱惑,有些无良导游也做起了不正当的买卖。

（二）如何管理好导游使其发挥监督余热

强化签约导游管理，保障导游合法权益，进一步规范导游用工，全面推进劳动合同制度。A省深入开展旅游行业整治工作，落实导游基本职业保障及合理待遇，规范导游行业，使导游能够有一个良好的工作环境。同时加强导游法律知识培训，培养运用法律武器保护自己合法权益的意识，实现导游对旅游市场监督的职能。

三 客栈、酒店

（一）B市客栈、酒店超范围经营现象

伴随B市旅游业的发展，住宿作为旅游市场中必不可少的一环，使客栈和酒店数量激增。然而客栈和酒店对旅游市场监督作用发挥却很有限，如果其能发挥好自身的行业内部监督作用，那么对于规范相关市场，甚至推动整个当地旅游市场的规范化都是极具意义的。

本调研团队在调研地B市发现：形形色色的客栈酒店越来越成为B市的一大特色。各具特色的客栈满足着各种各样游客的不同需求。其中不乏像我们落脚这一家客栈那样的装饰极具特色，居住环境良好的。但也不乏唯利是图，以次充好的现象，而超规模经营在这里已经成为很多并不正规的客栈的日常。通常这类客栈或酒店都并未加入星级管理体系，对这类体系之外的客栈和酒店的监管就陷入尴尬境地，其超范围经营更是给游客提供了缺乏保障的旅游服务，这样的服务质量也给B市旅游市场带来一定的不良影响，长此以往甚至会影响A省旅游的品牌形象。

（二）发挥客栈、酒店内部监督作用

杜绝超范围经营，取缔不良客栈商家，净化旅游市场环境，鼓励用心经营的良心商家，充分发挥其内部监督作用。对于非星级管理体系内的客栈、酒店，规定考核标准，合规者进入体系管理，不合规者

取缔，为维护旅游市场稳定健康发展必须有壮士断腕的改革决心，客栈酒店内部要有序管理并互相监督，为旅游市场的良性运行扫除障碍。

四　旅游景区

（一）旅游景区的监督现状

旅游景区是游客整个旅行途中最为核心最为关注的环节，也是旅游事件高发节点，在现阶段绝大多数景区的管理在政府的配合监管下都做得较为积极。景区内部的自我监督工作基本都是有条不紊地在进行，不论是景区的门票价格还是纪念品商店，均已配备了相关人员加以管理规范。但很多基于地方特色而产生的监管困境仍难以根除，这类监管问题的解决将面临一段较长时间的探索。

1. 景区自我监督困境

在对景区内进行监督工作方面，以调研地 B 市为例，许多景区面临真正的监督困境往往是基于地方特色问题的困扰。在 B 市这样一个以旅游产业为核心支柱的典型的单一旅游城市，其他产业较为薄弱，旅游产业的从业者几乎覆盖全市居民。即便是监管严格的各大知名景区，也仍存在很多难以监督的缺乏资质的自由从事相关商品或服务交易的当地居民。以 F 为例，F 属于自然保护区，F 景区规模较大，在景区内纳西族、藏族等多民族居民分布在不同海拔地区居住。为不破坏当地生态，同时尊重 F 原住居民，景区不对居民生活进行过多干预。但这同时带来了一个问题是，景区内很多当地居民在没有相关资质的情况下，通过给游客拍照收取一定费用等渠道参与到了当地的旅游市场当中。面对这一现象，景区显然是无权对景区内居民活动加以限制，更无权对非景区工作人员的行为加以管制，如此一来这种非监督体系下的自由职业的从业者就日渐增多，虽说其活动看似也无伤大雅，但长此以往滋生的旅游纠纷等问题就日渐增多，对旅游品牌建设和旅游市场的监督都产生了不可忽视的负面影响，给景区的内部监督工作开展带来了现阶段的困境。

2. 景区内部分导游及游客不文明观光行为难以落实监管

相对于各个景区各具特色的内部监督管理问题而言，景区针对游客、导游观光行为的监督力度还有待加大。对于 A 省甚至全国范围内的绝大多数景区而言，要对导游和游客的观光行为进行监督，光凭借景区一己之力是难以实现的。对于不文明的观光行为，受限于旅游市场对于从业者的片面严格要求以及相关法律法规授权、规制的缺失，景区往往只能通过设置文明提示牌，发生纠纷时的劝阻调解来实现对其监督以及应对，采取的举措缺乏力度，收效自然也是备受微词的。

（二）旅游景区监督角色的定位

1. 对于景区内部构建的监督

可以通过景区的各项自治规章，加强自身体系培训等诸多方式提高自身整体服务素养，做好常规监督体系的构建。针对景区特色性因素的监管问题来说，要想对地方特色性存在进行取缔几乎是不可能的，最明智的办法是把这些特色纳入市场规制的体系，给他们提供一个合理健康的运营模式，在充分了解和尊重保护当地特殊性的基础上，调动社会各界智慧，在政府领导下，构建纳入当地特色性因素的管理机制和运作机制。如此，既实现了监督难题，又有利于品牌特色的打造发展。

2. 对于景区的不文明行为的监督

以 B 市为例，旅游警察和旅游法庭等配套措施的设置在一定程度上可以配合景区进行监督，为景区的监督力度提供支撑，形成不文明现象有人监督，监督结果有人执行的相对完善有力的体系化监督机制。虽然这一体系还在一个逐步构建完善的过程中，但这样的局部尝试在当下的旅游市场整改背景下仍是值得支持和期待的。综合调研地 B 市当前的旅游行业从业者情况来看，大多数的从业者尚处于市场监督中的被动一方，但在走访中发现不论是旅行社、导游还是普通的客栈经营者，很多从业者也已经萌生了主动出击参与这个市场的社会监督的意识。面临当下的旅游市场改革与整顿，他们想法的实现其实也并不是遥不可及，改革只要能够在恰当的时机,给予恰如其分的改变和机会,相信在旅游市场的社会监督中,从业者将越来越发挥其市场监督的优势,割除旅游市场当中各行各业的弊病,使得各行业发展更加科学有序,同时也可以构建 B 市旅游、A 省旅游更佳的品牌形象,使 A 省的旅游市场实现可持续发展,继续为 A 省的整体发展贡献力量。

附 录

典型案例

案例一　B市游乱象　客栈称蚊子是宠物

根据央视报道，游客李先生在网上看到B市的一家名为FHXY的连锁客栈，房间图片漂亮，价格也比较便宜，网上一片好评，便下了订单。可是他们一家来到客栈后才发现，这里就是普通的农家小院，更让他难以接受的是，半夜里被蚊子叮咬无法入睡。而当他去前台反映情况时，对方称"这是我们养的宠物，熏死了要赔的，一只100块钱"。

有业内人士介绍，客栈前台人员在B市被称为管家，每一家客栈有2~3名，他们的工作就是刷单，推介客人去购物，再从旅行社或购物店拿回扣。许多游客禁不住管家的软磨硬泡只得被迫进行二次消费。这家FHXY客栈的管家承认了从中刷单吃回扣的事实，一个月竟能有三四万元之多。回扣率一般在50%左右，而游客若不同意则会被以满房为由"赶出"客栈。先把游客骗进去再强行推销宰客，这已经不是新鲜事了。

案例二　B市两游客与女司机发生争执被指"侮骂本地人"，70余人聚集派出所要求道歉

7月11日11时20分左右，游客汤某在甘海子停车场准备驱车离开时，被一辆面包车挡住，随后在向周围本地司机询问时双方因言语沟通产

生误解发生争吵，在场司机王某（女）在争执过程中被汤某女朋友张某踢了一脚，后来民警到达现场将双方劝解拉开。

随后，被踢的司机王某要求汤某及其女朋友道歉，但双方在沟通过程中再次发生争吵，在场的其他司机也围拢过来表示不满。为避免事情激化，民警将当事双方带至F交警大队调查处理。调查过程中，约70名在场司机以"侮骂本地人"为由，到交警大队门口聚集。

当天19时50分左右，有现场的网友以"今天一个游客在B市辱骂本地人，还打了一个女司机"为题发布微博，现场的图片、视频在网上被广泛传播。视频中，派出所门口围满了人，不少围观人员大喊"我们只要一个道歉"，要求游客必须当面道歉后才能离去。不久后，因要接送客人下雪山，在场司机相继离开了现场。

但在群众聚集过程中，游客汤某的车辆遭到破坏，其见状后要求民警进行处理。为了防止事件再度激化，民警驱车将游客汤某等三人带离现场，到C县公安局HS镇派出所继续进行调查。

随后，送完客人的约70名司机再次来到HS派出所门口聚集，要求游客就侮辱B市本地人一事当面道歉。经劝说后，当晚23时30分，聚集群众自行离去。目前相关调查工作正在进一步开展当中。

情况通报全文：

7月11日中午，C县甘海子停车场发生一起外地司机与当地司机停车争执。经F派出所调解，当事双方达成调解协议。

后双方再因车辆受损引发纠纷，为避免事态激化，C县公安局将当事人通知至HS派出所进一步调查。

17时许，大约有70人以"侮骂本地人"为由，聚集在C县HS镇派出所门口，要求外地司机赔礼道歉。

事件发生后，C县委政府高度重视，第一时间要求公安部门以事实为依据，以法律为准绳妥善处置，化解矛盾。

经现场劝说调解，7月11日23时30分，聚集群众已自行离去，案件正在进一步调查中。

在此，警方提醒广大市民不轻信、不传播谣言。C县委政府及公安机关将依法妥善处理。后续情况将及时予以通报。

案例三 B市被打毁容女孩事件

2017年1月24日晚,一位网友发微博称,2016年11月11日凌晨,在A省B市一家烧烤店吃饭时,遭十余名陌生男子殴打半个小时,施暴者还拿碎酒瓶划伤她的脸部,并在拍摄视频威胁后扬长而去。

2017年8月17日上午,B市GC区人民法院依法对被告人和某犯寻衅滋事罪、故意伤害罪,被告人杜某、曹某、吴某、赵某、和某犯寻衅滋事罪一案公开宣判。被告人和某犯寻衅滋事罪,判处有期徒刑三年,犯故意伤害罪,判处有期徒刑一年,数罪并罚,决定执行有期徒刑三年零六个月;被告人杜某犯寻衅滋事罪,判处有期徒刑两年;被告人曹某犯寻衅滋事罪,判处有期徒刑两年;被告人吴某犯寻衅滋事罪,判处有期徒刑两年;被告人赵某犯寻衅滋事罪,判处有期徒刑一年;被告人和某犯寻衅滋事罪,判处有期徒刑一年。

GC区人民检察院指控,2016年11月11日凌晨3时许,被告人和某、杜某、曹某、吴某、赵某、和某无事生非,起哄捣乱,无理取闹,肆意挑衅并殴打伤害他人,造成一人轻伤二级、二人轻微伤的后果,其行为应当以寻衅滋事罪追究刑事责任。另,被告人和某曾于2016年7月23日凌晨在NH县持刀将李某砍伤致其轻伤一级,其行为应当以故意伤害罪追究刑事责任。公诉机关当庭出示了物证、书证、证人证言、现场勘验笔录、被害人陈述、鉴定意见等证据。

案件审理过程中,被害人董某某与六被告人就附带民事赔偿自行达成和解并已实际履行,被害人董某某申请撤回其附带民事诉讼。GC区人民法院经审查,裁定准许撤回附带民事诉讼。

GC区人民法院经审理查明,2016年11月11日凌晨3时许,被害人董某某、张某、孙某三人到B市GC区祥和路"N松果儿烧烤屋"包间内吃烧烤,被告人和某、杜某、曹某、吴某、赵某、和某随后也到该烧烤屋大厅吃烧烤。被告人一方对被害人一方进行挑衅并对三名被害人实施了殴打,之后六名被告人逃离现场。经鉴定,被害人董某某的伤情被评定为轻伤二级,被害人张某、孙某的伤情被评定为轻微伤。另外,2016年7月23日凌晨,被告人和某在NH县LC镇吃烧烤时持刀将李某砍伤后逃离现场,于 2016 年 8 月 2 日到公安机关投案。经鉴定,被害人李某的伤情评定为轻伤一级。

GC 区人民法院认为,被告人和某、杜某、曹某、吴某、赵某、和某在公共场所无事生非、随意殴打他人,情节恶劣,造成一人轻伤二人轻微伤的后果,破坏了社会秩序,六被告人的行为构成寻衅滋事罪;此外,被告人和某在 NH 县故意伤害他人身体,造成一人轻伤的后果,其行为构成故意伤害罪。在寻衅滋事共同犯罪中,被告人和某、杜某、曹某、吴某起主要作用,系主犯,应按所参与的全部犯罪处罚;被告人赵某、和某起次要作用,系从犯,应当从轻处罚。六被告人如实供述,依法可从轻处罚;六被告人与被害人达成和解,赔偿被害人经济损失并得到被害人谅解,可以酌情从轻处罚。被告人和某一人犯寻衅滋事罪、故意伤害罪,应当数罪并罚。本案犯罪事实清楚,证据确实充分,公诉机关的指控成立。

综合案件的犯罪事实、情节、社会危害程度,GC 区人民法院依法做出上述判决。六被告人当庭表示服从一审判决,不上诉。

案例四 B 市客栈恶意刷单案

央视《新闻直播间》2017 年 11 月 11 日报道,B 市"FHXY 连锁客栈(初见店)"和"亲的客栈 B 市水墨印象店"在 B 市美团网上排名一直靠前,订单量也都超过 5000 家。两客栈都是连锁店,有 20 多家加盟店。据客栈官家说每个加盟店每天都有 8 单左右的刷单任务。据业内人士介绍,B 市 CG 的新开客栈都要通过刷单来提升排名,经过 15 天的刷单就能排在前列。并且网上的好评分数也是决定排名的重要因素,因此在上述两家客栈发现,游客结账时官家会要求游客给五星好评,甚至会拿着游客的手机自己操作,管家写完好评后还会将好评内容拍下来。截至记者发稿,FHXY 连锁客栈(初见店)的用户评价有 3788 条,好评率为 96%,按比例计算该客栈应有 150 多条差评,但是在网页上显示仅仅 6 条。据管家提供的消息,遇到客人给的差评,他们会马上联系客人删除差评,用发红包、退房费等方式作为条件,甚至有的会每天打 20 多个电话要求删除差评以维持自己在美团网上的领先地位。

第五章
旅游市场的自我监督

引　言

　　2017 年 3 月 1 日，B 市旅游稽查支队、B 市旅游执法履职监督办公室、旅游退货受理监理中心三家旅游监管机构正式挂牌成立，目的在于对 B 市旅游市场进行规范，提升旅游执法水平和旅游服务质量。2017 年 3 月 27 日，A 省发布了《旅游市场秩序整治工作措施》，推出市场秩序整治 22 条措施。国家旅游局认为，这彰显了 A 省省委、省政府向顽疾宣战，重典治乱，推动 A 省旅游业可持续发展的坚定决心。2016 年，B 市制定出台了《B 市旅行社管理办法》《B 市旅游购物店管理办法》《B 市旅行社经营与服务积分量化考核办法》等。

　　但对于旅游市场的有效监管来说，除了强有力的外部监管之外，还需要行业自律与之相配合，双管齐下，相互配合发挥作用。作为社会组织的重要组成部分，各级行业协会的改革尤为重要。国务院对此十分重视，相继发布文件，提出行业协会要完善行业自律，对于加强旅游市场行业自律提出了要求。相关规定梳理如下。

　　《旅游法》第八条明确规定："依法成立的旅游行业组织，实行自律管理。"这一规定凸显了对协会工作的重视。《国务院关于促进旅游业改革发展的若干意见》（国发〔2014〕31 号）提出，行业协会要完善行业自律规则和机制，引导会员企业诚信建立严重违法企业"黑名单"制度，加大曝光力度，完善违法信息共享机制。《关于加快推进行业协会商会改革和发展的若干意见》中明确提出了推进我国行业协会工作的指导思想和总体要求：以邓小平理论和"三个代表"重要思想为指导，全面贯彻落实科学发展观，按照完善社会主义市场经济体制的总体要求，采取理顺关系、优化结构、改进监管、强化自律、完善政策、加强建设等措施，加快推进行业协会的改革和发展，逐步建立体制完善、结构合理、行为规范、法制健全的行业协会体系，充分发挥行业协会在经济建设和社会发展中的重要作用。总体要求：一是坚持市场化方向，通过健全体制机制和完善政策，创造良好的发展环境，优化结构和布局，提高行业协会素质，增强服务能力；二是坚持政会分开，理顺政府与行业协会之间的关系，明确界定行业协会职能，改进和规范管理方式；三是坚持统筹协调，做到培育发展与规范管理并重，行业协会改革与政府职能转变相协调；四是坚持依法监管，加快行业协会立法步伐，健全规章制度，实现依法设立、民主管理、行为规范、自律发展。

2009年《国务院关于加快发展旅游业的意见》（国发〔2009〕41号）提出了旅游协会改革的时间表：要求旅游行政管理及相关部门要加快职能转变，把应当由企业、行业协会和中介组织承担的职能和机构转移出去。五年内，各级各类旅游协会的人员和财务关系要和旅游行政管理部门脱钩。2012年，国家旅游局印发了《关于推进旅游行业协会改革发展的指导意见》，明确了协会改革的方向、目标和任务：要坚持市场化、民间化、国际化的方向，积极推进协会的改革与发展，充分发挥协会的桥梁和纽带作用；坚持协会改革与政府职能转变相协调、培育发展与规范管理并重、改革与建设相一致，逐步建立体制合理、功能完备、结构优化、行为规范的协会体系；要求强化协会"沟通、协调、服务、维权、自律"的基本功能，发挥协会联系政府、服务会员、促进行业自律的功能作用，旅游协会发展成为旅游公共管理服务的参与者、旅游行业利益的代表者、具有较大影响和独立运作的社会中介组织。

我国整体的旅游市场以及其他地区也在对旅游市场的监管活动中不断加强行业自律。2012年7月24日，国内十余家旅游业企业联合发表《中国旅游诚信服务宣言》，宣告中国旅游诚信服务联盟正式成立。2013年12月1日启动了中国旅行社协会组织起草制定的《中国会奖旅游行业自律公约》。2016年1月，广东中旅、国旅新景界、口岸中旅、深圳市中旅、华侨城旅行社等11家较大型旅游零售企业达成自律共识，联合发表了《关于共同发起维护深圳旅游市场秩序抵制违法违规的倡议书》。

B市在旅游市场综合监管活动中，也紧跟步伐，提出了加强行业自律的要求。A省在旅游市场监管整顿的活动中，提出了"政府主导，属地管理，部门联动，行业自律，各司其职，齐抓共管"的思路和主旨，提倡"以政府作为、行业自律、契约精神为抓手，破解旅游业乱象"。2017年2月10日B市召开了"B市提高旅游服务质量提升旅游发展水平工作推进会"，要求旅游系统深入开展整治规范旅游市场秩序工作，要把工作重点放在贯彻落实B市委市政府于2月10日召开的B市提高旅游服务质量提升旅游发展水平工作推进会精神上，正视当前B市旅游发展中存在的突出问题，强化旅游企业主体责任、重点环节整治、违规违法行为查处、旅游安全生产监管。旅游行业自律，进一步加强旅游市场监管和整治旅游市场乱象，并制定出台了《B市旅游发展委员会关于印发深入开展旅游行业整治规范旅游市场秩序工作任务分解的通知》，强化旅游行业监管，形成党委统筹、科室部门负责、市旅游市场监管综合调度指挥中心全面调处的旅游市场监管机制。但是，相较之下，B市旅游市场综合监管中的行业自律，还是存在许多不足，因此我们针对这个问题进行调研，试图通过对现实情况和法律法规以及规范性文件的分析，探讨适合B市旅游市场监管和发展的行业自律的道路，推动B市旅游市场的发展。

第一节　旅游协会的理论架构

一　旅游行业协会的国内外对比分析

（一）行业协会在西方发达国家的三种模式

殷章馨在《旅游协会行业管理职能和机制研究》一文中指出，行业协会在西方发达国家主要有以下三种模式。

1. 英美型行业协会（或称主体型行业协会）

英国的行会历史悠久，"行会及其相关的字词在诺曼征服（1066年）前便见于记载"。商人基尔特就是指行会的一种组织形式，而非指参加行会的商人。基尔特的出现是伴随当时英国社会生产力的发展而产生的。此后美国的行业协会深受其影响，但美国没有像欧洲大陆那样长期的封建和历史传统，这就为其实行资本主义的自由进取和平等竞争提供了广阔的空间，形成了自由度比较大、国家干预比较少的经济体制模式。所以在这种自由经济环境下的行业协会很多时候都是靠各市场主体自发组织起来的，并且注重各市场主体的自我调节功能。

2. 欧洲大陆型行业协会（或称辅助型行业协会）

欧洲属于大陆法系，政府对社会的干预色彩浓厚。以德国为例，其行业协会是伴随"社会市场经济"理论而出现的，马克斯·韦伯就认为："我们的终极价值是国家理性。"故在这种国家主义情结下的行业协会不可避免地带上了些许的行政管理职能，其功能体现在与政府一起完成对社会的管理（而不是对政府的制约与监督）。在法国，商会不仅具有商会的一般职能，而且还行使了部分政府的职能。"按照法国1898年实施的有关商会的法律规定，法国商会是一种公立公益组织，具有政府公共管理机构的性质，其事务局的职员是公务员，由法律赋予其特许的权力，以完成所承担的任务……各商会所分管的地区由政府决定。"

3. 东亚型行业协会（政府型行业协会）

二战后，东亚的日本、韩国及我国的台湾、香港地区的经济实力突飞猛进，有学者指出："日本、南韩及台湾在高速发展与外来威胁并存的时期建立了强有力的权威式组合制度。"但是随着前东亚模式的衰退，日本、韩国及我国台湾地区出现了由权威组合制度向社会组合制度的转型，比如日本行政指导下的"官民协调"体制。组合制度在经济组织看来，也包括联系各企业的行业协会模式，这里只是作者的用词不同而已。

（二）旅游行业协会的地位作用对比

旅游行业协会是旅游行业发展的产物，发达完善的行业协会是市场经济成熟的显著特征。在发达的市场经济国家，行业协会的发展，"表现为一个自然的成长过程"。但由于各国社会组织结构中主体间不同的相互关系，尤其是行业协会与政府的相互关系，以及行业协会与企业或市场的相互关系，各国行业协会在角色功能和运作机制上均有所差异。

从组织在整个社会体系中的地位上讲，国外旅游行业协会与政府、企业之间并无纵向、集权、封闭的呈宝塔型的行政管理关系。我国旅游行业协会的生长途径，按照企业的需要和政府机构改革的需要，大多为体制内生，也就是由政府转变职能而来，由政府行业主管部门组建行业协会，在政府的授权或委托下，承担部分行业管理职能。[①]

（三）旅游行业协会的性质对比

从社会地位方面看，国外的旅游协会是横向的社会中介类组织，在性质上属于民间自治性质的非营利性组织，对本行业会员主要实施间接管

[①] 方巧：《旅游行业协会比较研究》，硕士学位论文，西北大学，2005。

理，多以劝告为主，协会领导人多是民选出身的企业家。从政府与协会的关系方面看，政府对协会并无直接的领导关系，协会也不参与政党政治活动，协会的经费主要是自筹而非政府拨款，同时，协会成员主要是自主自愿加入，对协会的认可度高。

我国的旅游协会则与国外的不同，是呈现纵向层级关系的社会中介类组织，存在一定的隶属关系，在性质上属于准民间性质的非营利性组织。在对本行业会员的管理方式上，主要采用直接管理的手段，协会领导人员多以政府官方任命为主，协会受政府行为的影响比较大。协会经费部分来自自筹，部分来自政府财政拨款，协会在一定程度上参与国家的政治生活，受党政组织的领导和影响，为企业和政府提供双向服务。[1]

（四）国内旅游协会分类

地方旅游协会，既是地方综合类协会的会员，又是国家级协会在地方的分会。这些旅游协会按其生成规模可以大致分为以下三类。

1. 自上而下型旅游协会

这类旅游协会是通过分解和剥离旅游局的职能，自上而下地培育并借助旅游局的力量得以建立，即行政依托型旅游协会。其产生于政府让渡职能的空间，体现了政府经济管理的改革。自上而下型旅游协会的权力来源于政府委托，对旅游业的管理手段多以直接管理和强制性管理为主。

2. 自下而上型旅游协会

这类旅游协会是市场组织自发组建起来的自我服务的协会组织，主要特点是自发性和区域性比较强，在建立后也得到了旅游局的认可，属于行业自发组织型协会，如张家界导游协会。其权力来自会员大会授权或是会员企业委托，管理手段以行业自律为主，主要进行非强制性管理。

3. 中间型旅游协会

这类旅游协会是在旅游局的直接倡导和大力培育下，在各企业主体自

---

[1] 殷章馨：《中国旅游协会的发展现状及对策研究》，《宏观管理》2009。

愿加入的基础上而产生的。中间型旅游协会的权力主要来自政府授权和会员自身的权力让渡,对旅游市场主要采用直接管理和行业自律相结合、强制性和非强制性措施相辅相成的手段。

目前中国旅游协会主要依托行业行政管理部门来推动行业发展,其主管单位为旅游局,协会会员主要为团体会员,凡在旅游行业内具有一定影响的社会团体和企事业单位以及旅游相关行业组织等,均可申请入会。B市旅游协会也属于这一类行政依托型旅游协会。

二 行业协会发展沿革

(一)新中国成立后改革开放前的行业协会发展历程

1949年8月,中共中央发出《关于组织工商业联合会的指示》,旨在将旧中国的总商会和工业总会改组为工商业联合会,成为中国共产党和政府管理私营经济和工商业的机构。1952年8月1日,中央人民政府政务院批准《工商业联合会组织通则》,对改组旧同业公会、建立新同业公会做出了新的制度安排。到1954年底,全国各级工商业联合会组织发展为2005个。到1966年"文化大革命"前,全国县和县以上工商联仍有2070个。"文化大革命"中工商联的活动受到冲击而停止。

(二)改革开放后的行业协会发展历程

1978年改革开放以来,随着市场经济的发展和政府改革的推进,企业为了适应市场竞争,意识到需要在行业间进行紧密的合作,而政府在从计划经济时代的全能型走向市场经济时代的有限型的过程中,也意识到需要将行业型的微观管理职能转移出去。因此,由于市场经济发展和政府职能转变的需要,中国的行业协会商会进入了一个全新的发展期。

我们将改革开放后中国的行业协会的发展分为三个阶段。

第一阶段是中国行业协会商会的初步发展期。时间大概是从改革开放初期到20世纪90年代初期。这段时间行业协会商会的发展是与商品经济、市场经济的推进以及政府对原有计划经济时期的部门管理体制的改革相一致的。由于认识到了在商品经济条件下，政府和企业的关系需要重新调整，在对国外行业协会进行考察研究的基础上，国务院提出了"按行业组织、按行业管理、按行业规划"的原则，继续组建一些行业协会。1988年政府机构改革首次提出"转变政府职能是机构改革的关键"，政府职能转变的基本内容很丰富，从大的方面来说，首先是处理政府与各个方面之间的关系，这就是四个分开：政企分开、政资分开、政事分开、政府与市场中介组织分开（过去是政社分开）。这为行业协会的发展提供了良好的机遇，1988年8~11月，先后成立了若干个行业协会，一大批地方行业协会取代了二级公司。诸如中国纺织品进出口商会、中国轻工工艺进出口商会、中国五矿化工进出口商会都是在这一时期成立的。

第二阶段是中国行业协会商会的规范管理和新的发展高潮期。这一阶段从20世纪90年代初到十八大和十八届三中全会召开。这一时期的行业协会商会发展的重要特征是在规范管理中提升质量，在提升发展中规范管理。

20世纪80年代中后期，为推动社会团体的登记注册，国务院在民政部设立了社会团体登记管理部门，并于1988年9月和1989年10月先后颁布了《基金会管理办法》和《社会团体登记管理条例》。这两个法规是改革开放后中国政府给出的关于民间组织的最早的制度规范，此后中国的行业协会商会经历了1990年和1997年两次清理整顿和规范管理。在这一过程中，中国政府坚持并巩固了以双重管理为核心的民间组织监管体制。

随着中国市场经济进入快速发展时期，中国的各种行业协会商会也进入了快速发展时期。为了适应加入世界贸易组织的需要，同时在市场经济发展的推动下，政府初步搭建起了行业协会商会发展的制度框架，包括上海市的《关于本市促进行业协会的若干意见》和《关于本市支持行业协会发展改革的若干意见》等文件。2006年中国共产党第十六届中央委员会第六次全体会议，提出健全社会组织，增强服务社会功能。2007年国务院办公厅专门发布文件，提出了加快推进行业协会商会加快改革和发展的意见。此后，各地也先后出台了类似的意见和办法。在市场经济发展的需求下，在政府的政策支持下，行业协会商会进入了蓬勃发展的高潮期。

登记机关的数据显示，2002~2006年，行业性社会团体总数从3.91万家增加到5.97万家，净增2.06万家，在社会团体总量中所占的比重从29%提高到31%。

第三阶段是后双重管理时代的中国行业协会商会的新一轮发展高潮期。十八大和十八届三中全会的召开标志着全面深化改革时代的开始，对社会管理体制的改革是重要的改革议题。对于双重管理体制的改革标志着中国行业协会商会进入了后双重管理时代，必将迎来新一轮的大发展时期。

以双重管理体制为核心的社会管理体制对于行业协会商会的规范管理发挥积极作用，但也在一定程度上限制了行业协会商会的进一步发展。"双重管理体制"一直都是改革的焦点。深圳市从2006年开始探索实行行业协会商会直接由民政部门登记的管理体制，开了"一元管理"的先河。其后，北京、温州、广东和福建等多地先后出台政策，规定对行业协会商会等特定类型的社会组织实行直接登记制度，并允许"一业多会"和"一地多会"。要"限期实现行业协会商会与行政机关真正脱钩"，要"探索一业多会，引入竞争机制"。2013年3月，《国务院办公厅关于实施〈国务院机构改革和职能转变方案〉任务分工的通知》提出，2013年12月底前将完成《社会团体登记管理条例》等相关行政法规的修订工作，对行业协会商会类、科技类、公益慈善类、城乡社区服务类社会组织实行民政部门直接登记制度。2017年要基本形成政社分开权责明确、依法自治的现代社会组织体制，基本形成统一登记、各司其职、协调配合、分级负责、依法监管的社会组织管理体制。[①]

从上述行业协会的发展史中，我们可以清楚地看到，行业协会主要是在手工业、商业快速发展的背景下产生和发展的，在实权部门的影响下发展、变革的。商业的发展是行业协会成立的重要基础，政府政策是行业协会的最重要影响因素。

---

① 参见景朝阳、李勇、高成运《协会商会蓝皮书：中国行业协会商会发展报告（2014）》，社会科学文献出版社，2015。

三 B市旅游行业发展历程

(一)起步阶段(1990~1994年上半年)

1990年到B市旅游的海内外游客仅有9.8万人次,到1994年也只有21.7万人次,旅游综合收入8100万元。1994年9月,A省人民政府在B市召开滇西北旅游规划会议,明确了"发展D市,开发B市,启动Q州,带动E州"的旅游发展思路。会后,B市提出并实施了"旅游带动"发展战略,加强了机场、公路、F景区等基础设施建设,积极落实省长现场办公会议的诸项工作,把旅游业作为骨干支柱产业进行重点培植,为B市旅游发展奠定了一个很好的基础,到1995年游客人数增加到84.05万人次,旅游综合收入增加到了2.4亿元。

(二)飞速发展期(1996~1998年)

经过1996年至1998年三年的地震恢复重建,B市由A省改革开放的末端走向前沿,成为中国西部极具发展活力的少数民族地区之一。1996年,B市发生了震惊全国的7.0级大地震,B市相关部门加大对外宣传力度,让世界了解B市,让B市走向世界;利用恢复重建的机遇,加大产业结构调整,加快旅游业发展;利用恢复重建的条件,加大旅游基础设施建设力度。同时,加快了B市古城申报世界文化遗产步伐,并取得成功,游客大幅增加。1997年12月4日,在意大利那不勒斯世界遗产大会上B市古城申报世界文化遗产获得成功,填补了中国历史文化名城中尚无世界文化遗产的空白。此后,B市游客大幅增加。1998年以后,B市抓住K市世界园艺博览会的历史机遇,进一步加强旅游基础设施建设,强化了旅游宣传促销工作,树立B市旅游品牌。1999年到B市旅游的海内外游客达到了280.3万人次,旅游综合收入达到18.7亿元,旅游业得到了长足的发展。

(三)黄金期(1998年至今)

B市旅游业已成为地方经济的支柱产业,它的发展促进了国民经济结构的调整，三次产业结构由20世纪90年代初期的"一三二"排序转变成"三二一"排序，目前以旅游业为主的第三产业占地区生产总值的47.3%，第三产业对国民经济增长的贡献率达73.9%，与旅游业关联系数大的交通运输、邮政通信、餐饮、社会服务、文化广播等行业对国民经济增长的贡献率达64.7%，与A省其他旅游地区相比较，B市基本形成包括食、住、行、游、购、娱在内的具有一定规模的旅游产业体系，进入了一个发展相对成熟的阶段。①

---

① 《B市旅游发展规划（2004—2020）》说明书，https://wenku.baidu.com/view/e57e2fd4240c844769eaee27.html？re=view。

第二节 旅游协会行业自律必要性及 B 市模式

一 基本概念

（一）旅游协会的定义

旅游协会是由旅游企业或个人自愿参加，为保护和增进内部成员共同利益，协调与其他相关利益团体关系的自律性行业管理组织，具有非政府性和非营利性的特点。

（二）旅游协会的性质

从旅游协会的定义，可以看出旅游协会是一种具有自愿性、会员性、市场性、行业性、民间性、非营利性、互益性、自律性的社会组织。具体而言：

"自愿性"指企业或个人加入旅游协会完全出于自愿，而且可以随时自愿退出。

"会员性"强调旅游协会不是实体性组织，而是以会员为主体的社团组织。

"市场性"强调旅游协会是以旅游市场为其活动范畴的，有别于其他各种社会团体。

"行业性"说明旅游协会的活动围绕旅游行业展开，以行业为其管理标的，确保旅游业朝着健康的方向发展。

"民间性"强调旅游协会既不是官方机构或行政组织及其附属机构，也不采用政府行政式的管理与运作机制。

"非营利性"强调旅游协会的运作不以追求利润为目的，不能开展以营利为目的的经营活动。但非营利性并不表示协会的活动不产生收入，只是协会不能将其利润进行分配。这一特征使各国税法对旅游协会的收入大多有税收优惠的规定。

"互益性"则强调旅游协会既不像企业那样谋取自身利益，也不是为整个社会谋取公共福利，而是为实现单个企业或个人无力达到的目标而组成的为特定群体服务的互益性组织。这也揭示了旅游协会的宗旨主要在于促进旅游业的集体性利益或共通性利益。

"自律性"表明旅游协会的正常运转需要以全行业的自律为基础。

旅游协会是旅游市场发展到一定阶段，各主体为了避免恶性竞争，达到保护自身利益所做出的一种制度安排。但这种制度安排是建立在各企业主体自愿加入的基础上的。

二 旅游市场综合监管中行业自律的必要性

目前，在运作过程中，B市旅游协会尚存在不足之处，本次调研，旨在通过对B市旅游协会的实地调查，了解该协会的运作模式及在B市旅游市场监管体制中的地位、起到的作用以及对于B市旅游业健康、可持续发展的促进效应。在充分肯定行业自律的存在价值下，结合调研情况，分析B市旅游协会现存的不足之处，提出具有实践性、建设性的对策，进而为B市旅游业构建一个和谐、规范、有序的市场氛围，弥补政府职能不能兼顾之处，使旅游市场的监管制度落到实处。

三 B市模式的行业自律

（一）B市旅游协会概况

B市旅游协会由B市旅游行业及各类旅游企业为避免不正当竞争、维护行业共同利益，以自愿形式组成并经B市民政部门登记，进行"自我管理、自我规范、自我约束、自我监督、自我制裁"的"行业性、全市性、非营利性"的社会团体，其具有独立法人资格，接受 B 市旅游行政主管部门的业务指导和监督管理。

其现有 6 个分支机构（分会）、2 个团体会员，共 418 个法人会员单位和 2040 个个人会员。其宗旨是：贯彻旅游有关法律法规和方针政策，协助旅游行政主管部门实施行业管理和维护会员的合法权益，研究和探索旅游行业发展中的有关问题，加强自律，规范企业经营行为，提高旅游行业、企业的管理和服务水平，努力为会员服务，为行业服务，为政府服务，在政府和会员之间发挥桥梁和纽带作用，为构建社会主义和谐社会，促进 B 市旅游业的持续、健康发展做出贡献。

B 市旅游协会在成立之后，或自发地，或在 B 市旅发委的指导下，积极加强对协会会员企业的监督，响应政府的号召，贯彻落实法律法规，如组织召开"千人大会"整顿旅游市场，制定实施《B 市旅游协会购物分会会员单位销售产品退换货制度》，在 B 市旅发委主导、委行管科配合下，B 市旅游协会购物分会与市内 48 家旅游购物店、场所签订了《诚信经营承诺书》，要求会员企业内部优化、提高服务质量。20 年来，协会经历了四届理事会，在充分发挥行业服务、行业自律、维护权益、行业协调职能作用的同时，努力为会员、行业、政府服务，并不断加强内部管理，规范会员经营行为，提高会员服务质量，加强旅游从业人员建设，做好会员与会员间、会员与政府间的上传下达、沟通协调工作，切实维护了会员和游客的合法权益，在 B 市旅游产品不断丰富、产业体系不断完善、旅游功能不断完备、市场秩序不断规范、产业规模不断扩大、旅游业保持持续发展以及 B 市旅游市场整改和综合监管中，发挥了积极作用。

（二）B 市旅游协会的职能及作用

1. B 市旅游协会的职能主要是：行业服务、行业自律、维护权益、行业协调。

2. 其作用主要表现在以下几方面。

（1）参谋助手作用：为政府和市场规划出谋划策、提供意见和建议。

（2）桥梁纽带作用：做好上传下达，为政府与会员、会员与会员、会员与其他组织提供沟通交流平台。

（3）咨询培训作用：行使旅游咨询服务和通过培训、教育、学术、交流等提高会员素质和服务水平，加强旅游对外宣传促销。

（4）调查研究作用：履行市场调查、研究、统计工作。

（5）行业监督作用：通过制定《行业自律公约》和行规行约，加强会员管理，规范会员标准和服务质量以及操作行为，制定实施《B市旅游协会关于进一步加强旅游行业自律管理的相关规定》，下设饭店分会、旅行社分会、旅游车公司分会、购物店分会、景区分会、导游分会6个分会，餐饮美食行业协会及自驾车与房车露营分会2个团体会员。

（三）B市旅游协会倡议

B市旅游协会作为B市旅游20多年蓬勃发展的亲历者，主要在政府和会员之间发挥桥梁和纽带作用，即向分会及会员传达政府的指令，而其本身对整个旅游行业、旅游产业的影响力却不够深入，其依附于政府的官方色彩较为浓重，在行业治理方面的职能没有得到充分发挥。

为了发挥其在行业治理方面的职能，2017年2月10日，B市召开了提升旅游服务质量、提升《旅游法》水平工作推进会。会议上B市旅游协会呼吁各成员单位要诚信经营，共同营造一个良好的旅游环境，从而共同推动B市旅游行业健康持续地发展。B市旅游协会向各成员单位发出五点倡议。

一是优化旅游环境，提高旅游服务质量。各成员单位及从业人员要把自身规范发展与优化旅游环境结合起来，按照各单位自身管理要求完善旅游服务标准，规范经营行为，强化经营管理，提高服务质量，展现新风貌，再上新水平，努力构建"依法、公平、诚信、优质、和谐"的旅游经营新环境。

二是强化旅游行业规范，加快诚信体系建设。诚信是为人行事之准则，也是旅游业的立业之本。各会员单位及从业人员要积极构建本企业的信用机制体系，将诚信意识贯穿到整个工作过程中，遵守服务公约，恪守职业道德，自觉接受监督。在旅游宣传促销中杜绝价格欺诈和虚假宣传，严格规范发布的广告内容，重点规范必须标注和明示的各项活动要素，杜绝不规范广告用语，严格执行统一发布的《B市旅游诚信指导价》诚信经营，树立良好的旅游行业形象。

三是加强行业自律，发挥社会监督作用。严格遵守各项法律法规，自觉接受社会、行业的监督，认真研究行业自律的具体措施，建立行业自律机制。在旅游服务中，严格按照合同约定的内容和标准为游客提供服务，不随意变更服务内容、降低或变相降低服务标准，做到信守合同、兑现承诺、公平交易。

四是坚决抵制恶意竞争。服务项目明码标价，做到质价相符。不做虚假广告宣传，不故意误导诱导游客。杜绝恶意削价和随意涨价，形成公开、公正、公平的市场竞争格局。

五是确保旅游安全。各会员单位及从业人员要把旅游安全放在首位，强化旅游安全教育，落实安全责任制，做好宣传教育、隐患排查和应急处理等工作，为游客提供良好、安全的旅游环境。杜绝重特大旅游安全责任事故，保障广大游客的人身和财产安全。

第三节 旅游协会的瓶颈与自我突破

一 旅游协会现存问题

B市旅游市场在A省政府及B市政府的重拳出击、严令整改后得到了较大的改善，但B市旅游市场目前仍存在诸多不足，例如B市在3年内两次被国家旅游局严重警告，限期6个月内整改，B市5A级景区牌子岌岌可危；B市游客投诉率在A省地级市旅游市场内居高不下；网友爆料在B市旅游遭遇不公平待遇不断；官方微博与游客"开撕互怼"；旅游市场中欺客宰客现象未杜绝；游客在B市旅游的人身、财产安全事故频发；游客投诉渠道、解决争议渠道不畅通；B市旅游形象严重恶化；景区过于商业化而缺失民族文化沉淀、相应的法规政策出台后旅游业经营主体的发展踌躇等，都是目前B市旅游市场突出的棘手问题，这些问题的解决，不仅有赖于立法机关、司法机关、行政机关，更有赖于行业自律和社会监督。目前，在运作过程中，B市旅游协会存在以下不足。

（一）B市旅游协会行政化色彩浓重

在我国，目前普遍存在将行业协会与政府机构相混淆的严重倾向，这也是导致我国旅游行业协会发展定位不清晰的关键所在。旅游协会自身不清楚行业协会与政府之间的关系，甚至将市场划分、制定销售价格和垄断竞争手段列为行业协会的职能，忽视旅游市场自身的调解作用，加之双重管理体制、行业协会本身职责、行业协会内部管理体制不健全、行业协会主动依附等问题，使现实中行业协会往往依赖于地方政府，不能自由、充分地发挥其作用。

B市旅游协会目前主要存在以下两个方面的问题。

一是与政府没有完全区分开。我国的行业协会行政色彩较浓，未能很好地实现政会分开，这些协会常被形容为"戴市场的帽子，拿政府的鞭子，坐行业的轿子，收企业的票子"。B市旅游协会办公室位于B市旅发委办公楼内，首先在地理上就对政府具有一定的依附性。纵观B市旅游协会的"主动作为"，往往都是跟随在政府的"作为之后"、在"政府作为的范围之内"，过于紧跟B市旅发委的行动方向与步伐，而缺乏自身的独立性，未充分、有效发挥行业协会在法律之外、行政之外对旅游业监管、引导的行业自律作用，使在旅游市场上留下了一条法律法规调整之外，政府管理之外的"灰色地带"，例如"低价团"这种恶意盈利的模式在法律边缘产生并不断发展壮大、不可收拾。旅游协会没有完全区分行业协会职能与政府职能，职能混乱。

二是没有完全区分行业协会职能与市场自我调节功能。目前我国的计划经济体制已经被打破，社会主义市场经济取得飞速发展，旅游市场也毫不例外。十八届三中全会《决定》中规定，经济体制改革是改革的重点，其核心问题是使市场在资源配置中起决定性作用，同时更好地发挥政府的作用；建设统一、开放、竞争、有序的市场体系，现代市场经济才可能有效地运转。所谓市场调节，是由价值规律自发地调节经济的运行，即由供求价格引起价格涨落，调节社会劳动力和生产资料在各个部门的分配，调节生产和流通。旅游市场通常是指旅游需求市场或者旅游客源市场，从经济学的角度来讲，它是旅游产品供求双方交换关系的总和，从本质上讲旅游市场属于一般商品市场范畴，具有商品市场的基本特征，因此旅游市场也不例外地具有一定程度的自我调节和自我修复的功能。如果旅游协会对市场过多干预，甚至直接介入微观具体的旅游市场经济活动，则会导致旅游市场失去竞争性和应有的活力，存在不同市场主体的歧视性待遇，最终导致旅游市场发育不平衡，陷入无序状态。

（二）B市旅游协会信息化、透明化不足

B市旅游协会的主要职责，是在政府主管部门和会员企业之间起到上传下达、承上启下的作用，在贯彻落实国家法律法规的同时，维护会员企

业的利益。但这不代表旅游协会的运作程序和具体情况不需要对社会公开,旅游协会维护会员企业的利益是否正当化、对于国家法律法规的贯彻落实是否到位、是否有效地监管了会员企业的正当营运、是否有效规避了不正当竞争与垄断,这些都是旅游协会应该公开的业务信息,是社会公众有权获悉的信息。

此外,在当前信息化时代的大背景下,B市旅游协会与互联网的融合度也相对较低。其并没有一个相对完整的基本信息介绍,公众无法了解B市旅游协会的相关信息。而且,B市旅游协会自身并没有官网及其他官方平台,微信公众号、官方微博等新媒体技术也没有充分运用,更不用说大数据库等信息库的建设,对于成员单位的管理和对外宣传仍是停留在纸质化传媒时代,与互联网时代脱节。

B市旅游协会旗下运营的一个微信公众号,也仅针对其会员进行过宣传,在其办公地点或据资料统计属于其会员的企业门店内,我们并没有看到任何相关宣传,询问会员单位工作人员,其表示并不知情。就《B市旅游协会成立二十周年纪念册》上的介绍来看,该微信公众号的关注企业仅有300余家,旅游从业人员600余人,这与B市旅协418个法人单位、2040个个人会员的规模严重不符。微信公众号宣传不足、受众过少,对其会员的宣传与监管不足,导致公众仅能从媒体报道的只言片语中了解B市旅游协会,本该公开化运作获取社会关注度、扩大影响力、充分发挥行业自律作用的旅游协会,成为公众所不知悉的"秘密组织",这在很大程度上限制了B市旅协的发展。

回看2017年上半年,"女子B市旅游被打毁容""V骑马被坑""B市旅游购物店导游强制旅客消费"等负面新闻的出现与爆发式传播,都发生在新浪微博平台上,而新浪微博的运营人力、财力成本都相对低廉。目前,在B市旅协没有足够能力设立自己官方网站的前提下,在拥有5亿注册用户、30万认证用户和13万家企业机构用户的新浪微博平台上建立自己的账号,在宣传受众、传播方式及速度上,都有绝大的优势。在对B市政府旅游部门的舆情应对和宣传工作人员的访问过程中发现,目前B市旅发委对外宣传的官方微博"B市旅游"仅有不到10万人的固定粉丝,这与B市每年数千万来访旅客的人数对比严重不符。不管是B市旅发委还是B市旅协，打造一个具有权威性、宣传力度大的微博账号，是目前应对舆情和加大宣传力度、发出真正"B市声音"的当务之急。这不仅可以宣传协会自己的工作成果，接受社会监督，还可以及时了解游客的最新动态和恳切需求，不断完善协会的工作内容，在旅游市场自律与健全中，发挥更大作用。

（三）B市旅游协会工作人员人数及专业能力有限

从2013年震惊行业内外的"B市旅游协会带头八大旅行社实行行业垄断"的新闻爆出，B市旅游协会秘书长彭某在媒体面前发言称，"我们认为合理的东西，可能有些是触犯了相关的法律，协会确实对一些法律条款的掌握运用不恰当"。中国社会科学院旅游研究中心特约研究员表示，"实际上就说明，行业组织发育不完善，水平不高，不懂法"。

B市是旅游城市，旅游业的发展是B市经济建设的重中之重。B市旅游协会的重要职能之一是监管会员企业在旅游市场中的合法运营、正当竞争，避免旅游市场出现恶性竞争，在出现会员单位或个人会员违背法律与职业操守时加以惩戒，这就要求旅游协会的工作人员对于现有法律法规能够全面、基本了解，甚至达到熟练掌握的程度，从而保证其监管与普法职能的顺利进行。就我们对B市旅协工作人员的访谈中，B市旅游协会工作人员实践经验丰富，专业能力与知识水平却有待提升，法律意识与旅游市场经济发展认识较为薄弱。目前正是B市旅游市场转型发展的关键时期，吸引旅游管理专业、法学专业、经济学专业的高学历人才加入协会，协会才足以应对现今旅游市场错综复杂、转型升级的情况。

B市旅协常驻办公地点的工作人员现为5人，一人为秘书长，一人为管理人员，一人为文员，两人为会计，其下的分会没有固定办公地点。机构的简单化和晋升空间、奖励机制的缺失，一方面造成旅协工作冗杂、纠纷处理效率不高，员工积极性不高，另一方面不能吸引并留住优秀人才，其工作人员的自我提升与业务水平得不到提高，在一定程度上阻碍了旅协自身的发展与影响力。

（四）旅游新常态意识缺乏，自治虚化

深入开展行业调查研究，掌握行业发展动态不够，满足于过去的老经验、老办法，对新形势下B市旅游发展的新情况、新常态、新趋势关注不够。"碎片化"的纵向权力分层设置及其运行机理，导致行业协会自律常常出现低效或无效状态，即上级相关政府部门习惯于通过"自上而下"的权力通道下压任务，而行业协会工作人员忙于应付上级的各种任务政策传达，无暇顾及与会员单位的贴近沟通，坐在办公室管理的现象突出，加之行业协会又无执法权等，诸多实际性工作难以取得实效，较多工作流于形式。自治虚化也是导致城市社会"碎片化治理"的一个维度，具体表现在政府管理与行业自治的衔接与互动机制不通畅，内部自律机制和外部监管机制不健全，决策程序、内部议事、财务管理、人力资源等规章制度不完善。[1]

（五）各分会的组织建设工作还需进一步加强

在国际、国内经济下滑、行业不景气的状况下，部分企业已被市场淘汰或选择转型、专项经营，导致分会部分理事、常务理事空缺。另，现有个别分会组织班子工作力不强，分会凝聚力不足，故需进一步加强组织建设。B市旅游协会各分会中目前只有酒店协会有自己专门的工作人员，其他分会的日常事务也是B市旅游协会工作人员在管理。

（六）覆盖面不全、影响力有限

就我们对B市旅协工作人员、会员单位以及非会员单位工作人员的访谈结果来看，目前B市旅协的会员中，景区分会会员以A级景区为入会标准，旅行社分会则以旅行社为登记注册有限公司为入会标准，酒店分会以星级酒店为入会标准，而B市作为一个旅游城市，除了这些具有一定规模、资本和影响力的旅游企业之外，还有大量的中小规模的经营者被排斥在旅协之外，它们对B市旅游市场同样起着举足轻重的作用。例如，B市作为

---

[1] 陈文：《城市社会"碎片化治理"的生成机理与消解逻辑》，《经济社会体制比较》2017年第3期。

纳西文化、东巴文化的传承地，当地极富文化特色的民族客栈数量已经达到了 5000 余家，但由于其经营规模普遍不大，定位为精品或者亲民路线，B 市旅协既没有把其纳入现有分会中，也没有设立民宿分会加以管理。对于大量存在、规模普遍不大的旅游业经营者的监管，有限的执法力量难以应对，存在不能全面监管、取证困难、执法滞后的问题，如果能够设立民宿分会一类对中小经营者进行自律管理的协会，既能弥补执法资源的有限性，延长政府部门监管的触手，营业者之间互相监督，同时还可以使这些中小经营者规范化、规模化，建立、推出知名度较高的民宿品牌，进一步规范 B 市旅游市场，"大小一起抓"，从而完善协会的自律职能。

（七）"一卡通" 结算系统的短板

通过 B 市旅协工作人员的介绍，以及对几位 B 市本地或者常年带团前往 B 市游玩的资深导游的访谈，笔者得知 B 市旅协的会员单位享有使用"一卡通"结算的福利，这也是 B 市旅协吸引会员单位的一大亮点。使用"一卡通"结算不仅便利、快捷，并且"一卡通"消费的费用由旅行社先行垫付，更有利于保护游客的利益。但同时，"一卡通"结算也存在一些不尽完善的地方，比如，通过走访调查，笔者得知在 B 市旅游市场上，普遍存在"一卡通"垫付的钱是由导游垫付，而非旅行社垫付的情况，这种操作不仅违反了"一卡通"使用规则，同时激发了导游与旅行社、导游与游客之间的潜在矛盾。此外，笔者还得知，"一卡通"消费的景点需要导游们提前充值预订，而退订时需要持游客身份证凭证退票，这种规定在复杂多变的现实情况面前未免僵硬化，例如有的游客临时取消行程或者变更旅游景点，这就造成了导游无法退订或者退订的手续烦琐，一方面严重浪费了时间、人力、物力，另一方面影响了游客的旅游体验，在游客和导游之间制造了潜在的、一触即发的矛盾。

二　旅游协会已采创新之处

协会制定经营规范和服务标准，实行行业自律管理是市旅游行政主管部门行业管理的主要手段和有效补充。2016 年以来，协会进一步加强了对 B 市旅游行业自律管理，规范了旅游协会会员单位的经营行为，提高了旅游服务质量。

（一）实施《B 市旅游协会关于进一步加强行业自律管理的相关规定》

为进一步加强旅游行业自律管理，根据《旅游法》和《A 省旅游条例》，结合 B 市旅游行业发展需求，旅协修订实施了《B 市旅游协会关于进一步加强行业自律管理的相关规定》（见附件二），并委托旅游监理公司、"一卡通"公司强化对行业自律的监理和结算服务，切实维护良好的旅游市场秩序，营造公平、公开的诚信经营环境。

（二）发布《A 省旅游诚信指导价》

根据 A 省整治旅游市场突出问题向不合理低价宣战专项行动工作会议精神和新发布的《A 省旅游诚信指导价》（见附件三），配合市旅发委持续开展了向不合理低价游经营行为的整治工作，并结合 B 市旅游实际，市旅发委、市旅游协会共同制定发布了《B 市旅游诚信指导价》和《B 市旅游诚信指导价体系说明》，要求各旅游企业严格按指导价进行诚信经营。

（三）强化标准化体系建设，坚持"标准化管理、人性化服务"的管理理念

一方面，旅发委制定出台《B 市导游人员服务规范》，修订地方规范《B 市特色民居客栈等级划分与评定》。另一方面，积极组织 2016 年度全市星级饭店、旅游购物店的星级评定和复核工作，并严格按照标准体系加强对会员单位的标准化管理。

（四）加快推进旅游深化改革，建立健全旅游管理长效机制

根据旅发委领导旅游改革工作要求，牵头起草了《B 市购物店管理办法》《B 市旅行社管理办法》《旅行社·导游人员·购物店经营和服务积分量化考核细则》和《B 市旅游星级饭店、特色民居客栈经营管理与服

务量化考核办法》，从而进一步规范了旅游企业的经营行为和服务标准，强化了企业的准入、完善运行评价体系和退出管理机制，切实规范了旅游企业的诚信经营行为，提高了旅游服务质量。

（五）制定实施《B市旅游协会购物分会会员单位销售产品退换货制度》

针对旅游购物店存在退换货机制不健全，致使游客与旅游购物店退换货矛盾突出的实际情况，多次召开旅游购物店会议，根据购物分会意见，制定实施了《B市旅游协会购物分会会员单位销售产品退换货制度》，从而弥补了B市旅游购物市场退换货处理机制不完善的缺陷。另外，为进一步保障旅游购物店、场所诚信经营行为，由市旅游协会主导、行管科配合，于2016年8月28日前市旅游协会购物分会与市内48家旅游购物店、场所签订了以不虚高定价、不欺客宰客、不给予高额回扣为主的《诚信经营承诺书》；同时，建立旅游购物企业违规违法经营行为通报机制。从8月16日开始，要求各购物店设立现场投诉受理点，并在入口处统一配置全彩LED屏，由市旅发委在所有购物店LED屏面向游客发布各旅游购物店、场所的旅游投诉举报、退还换货处理、诚信经营情况，及时通报违规违法行为。目前，已有20家旅游购物店、场所配置LED屏，其余旅游购物店、场所正在配置过程中，所有购物店均在店内设立了现场投诉受理点，并设专人（监理公司1人、购物店1人）负责投诉受理和咨询。

第四节　旅游行业自律的实施路径

一　宏观层面：促进中国旅游协会的改革发展

从目前来看，中国旅游协会的改革发展工作可以从以下几个方面入手。

（一）坚定通过旅游协会进行旅游业行业管理的思路

随着社会主义市场经济的建立和不断发展，我国的体制结构也逐渐发生变化，以前的计划经济管理体制模式被破除，取而代之的是新的管理模式。在计划经济模式下，政府是行业管理的唯一主体，是市场的唯一互动主体，与市场之中的各企业之间互动较少，且不存在行业协会这一概念。在新时代下，经济体制的变化发展引起了行政管理模式的变动，政府将管理维护市场的权力授予行业协会，进而促进了市场和行业管理模式的变化与发展。1986年1月30日，经国务院批准，中国旅游协会正式宣布成立，1999年3月24日经民政部核准重新登记。中国旅游协会是由中国旅游行业的有关社团组织和企事业单位在自愿平等的基础上达成的全国综合性旅游行业协会，协会接受国家旅游局的领导和民政部的业务指导及监督管理。2016年12月，国家旅游局已正式致函中国旅游协会，告知经民政部审核，该协会已完成脱钩工作，开始依法独立运行。

2017年4月，B市旅游协会会长王某在接受记者采访时表示，"就B市而言，旅游业更具宽泛性和全域性，社会参与程度高、综合性强、关联度大。随着旅游要素不断宽泛，游客在B市旅游不仅仅依靠旅行社和导游，活动地域也不仅仅局限于景区景点和旅游定点消费场所，已经渗透到了社会的各个角落、各个领域。面对这样的现实，单靠一个旅游行政部门的行业监管已经不可能把体量庞大的旅游产业监管到位。要提升 B 市旅游的监管能力和水平，必须由单一的行业监管转向社会综合监管"。① 因此，必须破除计划经济体制下的传统政府主导旅游市场思维模式，坚定通过旅游协会进行旅游业行业管理的思路，大力推动旅游协会的发展。

（二）建立和完善协会内部机制

要理顺政府与行业协会之间的关系，加快行业协会体制机制改革，强化行业协会主体地位，奠定增强主体自律能力与意愿的制度基础。要进一步规范行业协会的组织机构，完善内部管理制度，要完善行业协会的会议制度、议事规则和管理制度建设，保证成员企业均享有充分而相对平等的发言权和决策权。在强调服务、维权、自律、桥梁和纽带作用的同时，要建立有效的惩处机制。对行业协会惩罚不规范企业的行为提供法律上的依据，对协会内部的惩罚权进行研究并做出规定，使协会内部的惩罚更便捷，以此促进行业协会能够更好地行使自律职能。要重视监事机构的重要作用和设置的必要性。

（三）政会联手，抓大推优

完善行业协会自律规则和机制建设、引导会员企业诚信经营是一项长期的工作。根据以往的经验，可以从以下几个方面推动：发布黑名单、协会曝光台；用平台抓大固内，促进企业自律；建立横向联盟，推动形成利益约束链；依法依章处罚。会员企业违法违规，除行政管理部门处理外，行业协会将根据相关情况，依据章程给予处罚，直至开除。

二 微观层面：加强 B 市旅游市场监管行业自律

实现自律管理有两层含义：一是面向行业，建立完善行业的自律性管理机制；二是加强行业协会自身的自律建设。具体来说，有以下几方面的

---

① 参见 B 市日报，http://www.sohu.com/a/134028759_169069。

可行性建议：建立行业自律规约，健全职业道德准则，规范行业发展秩序；加强旅游市场自律组织体系建设；加强旅游市场自律自查规范建设；行业协会要督促会员单位自律；行业协会要督促旅游市场从业人员自律；构建旅游市场诚信经营体系，具体包括四个方面。（1）重视诚信经营理念。（2）明确诚信经营目标。（3）推动内部诚信经营制度建设，一是要建立和完善内部诚信合作机制，建立员工诚信档案，营造良好的诚信氛围，激发企业及其从业人员的诚信积极性，从而推动整个旅游景区和旅游行业的诚信经营建设。二是要加强诚信培训制度，旅游市场尤其是景区深入推进诚信培训制度，将诚信作为岗位培训的重要内容，加强从业人员的职业道德素质、职业服务质量培训，使从业人员自觉做到诚实守信、办事公道、公平正直；同时加强经营管理者的诚信道德培训，规范其诚信经营。推行内部评比制度。（4）外部诚信制度建设，推行诚信经营承诺制度，建立诚信信息发布制度，完善诚信经营监督机制，具体包括：公众监督机制，媒体监督机制，同行监督机制，强化诚信经营奖惩机制（如诚信激励机制，失信警示机制）。

三　B市旅游协会改进措施

（一）坚持推动"1+3+N+1"行业监管模式

"1"指综合监管指挥平台。2016年A省推动建立了各州市旅游市场监管综合调动指挥部，由州市政府主要领导担任指挥长，分管领导担任副指挥长，下设指挥中心。在旅游部门，相关部门为成员单位，统一受理旅游投诉与举报，统筹调度本地区旅游市场综合监管工作，形成统一受理、综合调度、集中办公、快速反应、各司其职、联动执法、限时办结、督办问责等工作机制。

"3"指3支执法队伍，即工商和市场监管局旅游市场执法队伍、旅游警察队伍、旅游巡回法庭。2016年A省编办下发了《关于明确设置工商旅游市场监管机构审批程序的通知》，同意在K市、D市、B市、Q州、S州5州市工商局和T市、R市的市场监管局内设置旅游市场监管机构，并由同级编办审批，进一步强化了重点地区工商旅游市场监管工作。2016年12月，B市工商局旅游市场执法支队成立，这是A省首家工商旅游执法机构。2016年A省开展了旅游警察试点工作，在K市、D市、Q州、B市、S州5个州市公安局设立旅游警察支队，在T市、R市2个县级市公安局设立旅游警察大队，在维护旅游市场秩序方面作用明显。2016年A省高级人民法院和省旅发委联合发文推动旅游巡回法庭建设，通过设立旅游巡回法庭，深入景区就地以简易程序处理解决旅游纠纷，切实维护游客的合法权益。目前，全省16个州（市）的92个县（市、区）基层法院挂牌设立共143个旅游案件巡回审判机构，其中旅游巡回法庭70个、旅游案件巡回审判点73个，实现了全省旅游案件巡回审判全覆盖、旅游巡回法庭重点景区全覆盖。

"N"是指政府有关职能部门。根据《A省旅游市场秩序整治工作措施》的要求，旅游、物价、交通运输、人力资源和社会保障、文化、质监、食品药品监管、民族宗教、商务、地税、国税、通信等涉旅部门，要根据各自职能职责，发挥专业监管和执法作用，积极承担旅游监管责任，共同维护旅游市场秩序。

"1"指旅游监管履职监察机制。监察部门要把各地、各有关部门履职情况作为监督检查的重要内容。发生重大涉旅事件时，监察部门启动监督、问责程序，依法依纪严格追究责任。根据《A省旅游市场秩序整治工作措施》中第七项规定，强化属地管理责任，一是各州、市人民政府负责本州、市旅游市场监管，州、市人民政府主要领导为旅游市场监管第一责任人。将旅游市场监管纳入年度综合考评内容，对市场监管不力，发生恶性旅游事件，造成恶劣社会影响的，对有关责任人进行严肃问责。建立旅游综合监管考核评价制度，纳入全省综合考核评价体系。重点依据游客投诉情况、违法违规案件、处置应对效率、游客满意度等指标，每季度对州、市旅游综合监管进行量化考评，对考评结果予以通报。季度综合考评连续3次处于后3位的，对州、市人民政府主要领导进行约谈；连续3次处于末位的，对州、市人民政府主要领导及有关人员进行问责。

对此，B市旅游协会应当自觉配合"1+3+N+1"行业监管模式，针对B市旅游市场中出现的各类问题，分别与各模式板块下的部门机构分工合作，相互配合，主动作为，认真履职，敢于发声，提高工作效率，共同推进B市旅游市场的建设发展。积极推动单一的行业监管转向社会综合监管模式。面对社会参与度高、综合性强、关联度大、更具有宽泛性和全域性的B市旅游市场，各类旅游要素也在B市旅游市场中不断扩展开来，从游客的角度来看，其活动地域不再仅局限于景区景点和定点旅游消费场所，活动方式也不再是以往的以旅行社和导游为主导的模式，对于这样的现实和变化，单纯依靠政府旅游部门的监管已然无法满足现实的巨大需求，要提升B市旅游的监管能力和水平，必须向社会综合监管转变，吸纳更多监管主体，不断拓宽监管渠道，以应对旅游市场的需求。

此外，根据《国家旅游局关于推进旅游行业协会改革发展的指导意见》第3条及第5条规定，行业主管部门要把协会作为加强和改善行业管理、促进我国旅游业发展的重要力量，切实将应当由协会承担的职能和机构转移到协会，把一些适宜协会开展的工作委托给协会，将管理企业的部分事项逐步转移由协会自律管理，支持和保障协会独立开展工作。行业主管部门可委托协会开展部分行业管理基础性工作：起草并推动实施行业标准；行业信息化组织和推广；行业（企业）统计调查、资料分析整理和综合信息报送；行业（企业）科技创新和管理创新成果的总结、鉴定、评价、评估和推广应用；行业安全、节能减排和质量管理有关基础工作；有关人才培训、资质认证等相关工作。

（二）严格遵守相关法律法规规定

2013年9月底国家发改委对B市扰乱旅游市场秩序的价格违法案件进行了查处。其中，B市旅游协会旅行社分会牵头组织八大旅行社集团统一报价、统一分配返佣的行为，被认定为违反《反垄断法》。《反垄断法》规定，"行业协会不得组织本行业的经营者从事本章禁止的垄断行为"。A省发改委依法对B市旅游协会旅行社分会罚款50万元，八大旅行社集团总计被罚款334.6万元。B市旅游协会秘书长彭某表示，"我们认为合理的东西，可能有些是触犯了相关法律"。协会确实对一些法律条款的掌握运用不恰当，对此有业内专家认为，行业协会应该在遵守法律的前提下，增强独立性和自主性，才能对市场发挥有利影响。

对于旅游经营者、旅游从业人员和旅游设施实行等级认定和评定，要根据《A省旅游条例》第二十六条规定来认定，县级以上人民政府旅游行政主管部门应当对旅游经营者、旅游从业人员和旅游设施实行等级认定或者评定，并向社会公布。接待旅游团队的旅行社、旅游景区、旅游住宿企业、旅游购物企业、旅游餐饮企业、旅游车（船）及驾驶员、导游等应当通过相应的等级认定或者评定。旅游经营者不得超越认定或者评定的等级进行宣传；未经认定、评定的，不得使用等级标志和称谓。旅行社接待旅游团队不得选择未经等级认定或者评定的旅游经营者、旅游从业人员为服务提供方。

（三）形式与实质上的去"行政化"齐头并进

在当前B市旅游产业逐步规范化运作的前提下，如何加快B市旅游协会"去行政化"步伐，充分发挥旅游协会在市场经济条件下的独特作用，是十分重要的一个问题。全面深化改革、让市场在资源配置中起决定性作用，必须实现政会分开。A省旅游协会改革方案重点是"去行政化"，明确协会的定位，厘清协会与政府之间的职能边界，理顺协会与各专业协会之间的关系；组建省导游协会依托协会开展全省旅游服务质量的综合评价，建立A省导游人员自律管理机制，通过游客评价，形成导游执业正向激励机制。旅游协会作为一种互益性的自律组织，是维护本行业利益的自治机构。国内的旅游协会，很多表面上虽定位是社会组织，实际上扮演了"二政府"的角色。加快旅游协会与政府脱钩的进程，回归行业自治组织的本质迫在眉睫。在现有法律框架和市场环境下，要让行业组织发育成熟。

2017年9月29日，据A省旅发委主任余某发布，A省着力推进旅游管理体制改革，10月1日起，A省将正式实施《A省旅行社经营新闻评价及重点监管办法》《A省导游人员服务质量综合评价办法》2个管理办法以及《A省旅游行业协会改革方案》《A省旅游景区协会改革方案》《A省旅游饭店行业协会改革方案》《A省旅行社办会改革方案》《A省导游协会组建方案》5个旅游协会改革和组建方案。此次新出台的5个方案包括工作目标、组织构架、治理机制、职能建设、扶持措施和工作步骤等方面的内容。通过相关行政管理部门的支持措施，把不适合政府部门开展的部分管理事项向旅游协会行业自律性管理转变。方案明确提出政府向旅游协会购买服务的事项，并将 A 省旅发委承担的旅游要素企业等级评定和复核、导游评价等非行政许可的管理事项移交旅游行业协会开展自律性管理。其目的就是在政府职能转变的背景下，构建结构合理、功能完善、诚信自律、充满活力的旅游行业协会体系，建立符合社会主义市场经济体制要求的新型旅游协会管理机制。实现旅游协会"去行政化"的关键一步，将对理顺政府、市场、社会三者关系，建立政府依法行政、社会组织依法自治的新体制产生积极作用。

在人事上，继续贯彻国家行政机关工作人员不得兼任行业协会工作人员的规定，领导干部原则上不再担任协会内的职务，事业单位人员在协会内兼职的不得领取工资，各级行政机关不得推荐、安排在职和退休公务人员到协会内任职兼职，现职或不担任现职但未办理离退休手续的党政领导干部及在职工作人员不得在协会内兼任职务。兼任的国家机关工作人员必须在公务员管理与协会工作中进行抉择，已退休或者基于特殊情况需要在协会工作的，需要经过严格审批，并且不得领取协会发放的津贴、报酬等财产性利益。尤其在此次调研中，笔者得知协会没有独立的法律顾问，现有的法律顾问与旅发委共用，协会应尽快聘请自己的法律顾问，更好、更专业地为协会服务。

在财务上，B 市旅协应严格执行民间非营利性组织会计制度，单独建账、独立核算，进一步实现资产财务分离，规范财产关系。按照 2015 年中办、国办颁布的《行业协会商会与行政机关脱钩总体方案》的规定，自 2018 年起，取消财政直接拨款，协会要配合财政部门、机关事务主管部门对协会的全面摸清和清查登记，厘清财产归属，实现资产与财务的独立收支平衡。关于协会租借的旅发委的办公场所，按照《中共中央办公厅、国务院办公厅关于党政机关停止新建楼堂馆所和清退办公用房的通知》，自 2018 年起，协会原则上要实现办公场所独立，按规定清理腾空。

在业务上，协会职责和政府职能要泾渭分明，各司其职，政府要做好简政放权的工作，对适合由协会承担的职能，在防止协会成为"二政府"的基础上大胆放开，制定清单目录，按程序移交协会管理，并在现有职能的基础上，通过"政府购买服务"，将可以通过协会更好实现的职能转移给协会行使，加强政府和协会的交流、合作。

但"去行政化"并不是一蹴而就的事情，不是一脱了之、放任不管，而是要建立行业协会与政府行政机关的新型合作关系。这就要求相关政府部门在脱钩后加快立法、健全综合监管体系，把对行业协会的管理方式由以行政手段为主转变为依法监管的现代治理方式。同时，政府也要给予旅游行业协会必要的扶持，通过转变财政支持方式、加大政府购买服务力度等政策手段支持其转型发展，鼓励其参与公共政策等事务，为旅游协会提供更大的舞台。

（四）充分运用"互联网+"技术，使协会信息化、透明化

当前，互联网技术在各行各业都发挥着重要作用，互联网技术与旅游市场监管也是未来发展的趋势。互联网与旅游融合效应显著，游客网络预订增速迅猛，移动互联网预订比例上升，众多在线旅游企业假日订单增幅达到100%~300%。这些现象表明，B市旅游协会应当充分利用互联网提高旅游公共服务质量，不断开拓"旅游+互联网"经营新模式。作为B市旅游市场综合监管和旅游市场秩序规范的重要主体之一，当前协会的宣传力度明显不足，在游客和旅游从业者甚至会员单位内的知名度不高。要更好地发挥协会的自律与规范职能，协会要加强宣传，创建并经营好网络平台上的营运账号，如微博、微信公众号等，打造一个权威性的、令公众信服的发言平台，并通过线下宣传如在会员单位内要求在显眼位置张贴账号信息，在公众和旅游业从业者内提高知名度，更好地监管会员单位并保护在会员单位内消费的游客的利益。

（五）完善人才激励机制，提升人员综合素质

协会为会员单位及会员所能带来的福祉，直接关系到协会在社会上、行业内的权威性、口碑和吸引力，而协会工作人员的业务能力与专业程度，直接影响协会的工作效率。协会作为对旅游市场监管的主体之一，既要及时准确地将国家现有的和新出台的法律、法规在会员单位内进行普及宣传，又要对旅游市场的经济秩序实时观察，及时将态势反馈给政府主管

部门，这种上传下达的作用要充分发挥好，要求协会的工作人员具有专业的法律和经济知识，以及敏锐的洞察能力和深刻的思考能力，协会在招聘工作人员过程中应更注重专业和学历，在现有的职工中应加强法学和经济学知识培训。目前协会的机构简单，工作人员较少，员工工作热情不高，学习和提升的动力不足。协会要进一步完善员工的福利机制，例如通过为员工购买保险、建立公积金，设立季度奖或年终奖，对员工的业绩进行考评，并建立淘汰和奖励机制等，增强员工的危机意识，督促员工更好地完成业务，激发员工的工作积极性。

（六）积极推动旅游新常态

根据《国家旅游局关于推进旅游行业协会改革发展的指导意见》第4条规定，协会应逐步承接好政府转移的职能，做好导游人员等级评定的具体工作、内河旅游船星级评定的具体工作、旅游星级酒店评定的具体工作、旅游景区等级评定的具体工作、旅游规划设计单位资质认定的具体工作和其他工作。2016年12月，B市旅游协会联合B市旅游发展委员会举办了"2016年B市旅游行业服务技能大赛"，大赛共分为导游、酒店（客栈）服务、餐饮美食三大类，涵盖了吃住游等主要旅游要素，是一次权威性、行业性的大赛。B市旅游发展委员会党组书记、主任和某说，"大赛的成功举办，为不断提高B市旅游行业的服务水平、培养挖掘一线优秀服务人才、推动旅游行业职工技能创新活动的开展、全面提升旅游行业从业人员整体素质提供了契机，搭建了平台"。[①] 会员主体的数量与在旅游市场占据的份额，在一定程度上反映了协会的影响力与知名度。在目前B市大、中、小型经营者云集的旅游市场结构中，协会不仅要监管好龙头企业，防止恶性竞争与垄断经营的状况出现，更要监管好数量众多的中小型企业，防止因小失大。大型企业因其公司内部管理规则更为严格健全，在业内已有一定口碑，因此更注重自身企业形象，加之针对大型企业的监管法律制度初步健全，因此，在目前的B市旅游市场中，数量庞大

---

① 参见新浪旅游，http://travel.sina.com.cn/domestic/news/2016 - 12 - 29/detail-ifxzczff-3390404.shtml。

但规模较小、监管较难的旅游业从业者，成为首要的监管对象。

B市作为一座历史悠久的旅游城市，旅游资源主要集中在DY古镇、B市古镇、BS古镇三个景区，民族风情客栈和特色手工艺品商店已成为其吸引游客的重要名片。但是笔者通过走访调查发现，民宿和特色手工艺品商店的经营普遍存在不规范现象，例如宰客欺客、虚假宣传、超出经营范围向游客推荐导游或旅游线路等，执法部门虽然一直加大执法力度，但由于警力有限，被监管主体数量庞大，因此此类现象一直未被根除。民宿和手工艺品商店以及小型旅行社的违规经营在一定程度上扰乱了B市旅游市场，在现有执法困境下，通过成立协会对其进行自律和互相监督，已成为目前最具期待的方式。

（七）建立健全旅游志愿者服务体系

旅游志愿者服务以满足游客的旅游活动需求，提高旅游行业综合服务质量为目标，在文明引导、浏览讲解、质量监督、旅游咨询、应急救援等领域提供公益服务，是志愿服务的主要力量，是中国旅游事业的重要组成部分。2015年9月30日，由中国国家旅游局主办、北京市旅游发展委员会承办的"中国旅游志愿者队伍成立暨旅游志愿服务活动启动仪式"在北京天坛公园举行，其确立了中国旅游志愿者队伍的主要工作内容有五个方面。一是建立规范化的组织管理体系。在国家、省、市三级旅游主管部门建立旅游志愿者工作委员会，按照协调机构模式运行。委员会由行业管理、旅游公共服务、旅游应急救援、旅游教育培训相关职能部门负责人组成，负责旅游志愿者队伍组建、旅游志愿服务工作体系培育等工作，待条件成熟后，按照社团模式建立中国旅游志愿者联合会。以城市为单位建立旅游志愿者队伍。原则上在市一级成立旅游志愿者总队，按照文明旅游引导、景区浏览讲解、旅游服务质量监督等专业类别设立支队，国家、省两级可独立设立旅游服务质量监督志愿者队伍。二是建立完善的管理保障激励制度。制定《中国旅游志愿服务管理办法》，从而将旅游志愿服务工作纳入制度化、正规化轨道。建立起旅游志愿者管理激励制度，各地根据志愿者服务累计时间评定志愿者星级。建立起标准化的志愿服务标准体系，使旅游志愿服务工作有章可循。三是建立文化及形象系统。建立"中国旅游志愿者"文化体系及视觉识别（VI）系统，包括誓词、口号、logo、文字、服装等，旅游志愿者参加旅游志愿活动需着规定服装，正确规范使用VI系统。四是建立电子信息服务管理平台。国家旅游局开发全国旅游志愿者管理服务信息化平台，各级旅游志愿者组织纳入统一信息化平台管理，创新志愿服务记录手段，促进志愿服务供需有效对接。五是建立旅游志愿服务工作站。各地旅游协会配合相关部门，选择重要旅游景区、旅游特色商业街区、机场、火车站、旅游集散中心等游客集散场所建立旅游志愿服务工作站。工作站应配备相应设施设备，保障旅游志愿服务顺利进行。

2017年8月30日，由B市旅发委承办的第一期2017B市旅游志愿服务常态化培训会在B市旅发委召开，西部计划全国项目志愿者、GC区地方项目志愿者、C县地方项目志愿者、GC区社区志愿者、学校志愿者、旅游行业志愿者共同参加了培训。会上，B市旅游协会秘书长刘某对培训会的初衷作了阐述，他表示，今后将常态化地开展旅游志愿服务培训，并做好志愿者的服务保障工作。一要对旅游志愿者进行评星定级，根据年度表现情况评优表彰。二要协调与景区、酒店、餐饮企业等旅游企业建立合作机制，争取给予旅游志愿者优惠政策。三要积极探索，建立旅游志愿者常态化管理机制，确保旅游志愿服务走上良性与持续发展的轨道。①

（八）完善协会内部管理

完善协会内部管理，要做到：（1）抓好各项会议制度落实，全年召开一次会员代表大会。（2）规范会员管理。严格按照协会《章程》规定，加强对所属各分会组织建设、日常工作、会员服务与管理的指导、督导；继续做好会员工作，对违反规定不予整改，严重违反行业自律规定，不履行会员义务的会员，将严格按照《章程》规定予以退会处理，进一步理顺和明确会员资格。严格执行积分量化考核管理，逐步实现企业经营与服务的优胜劣汰。（3）严格执行已修订实施的《B市旅游协会财务管理制度》《B市旅游统筹金收支管理办法》和《B市旅游安全救助金收支管理办法》，加强财务规范管理，并监督各分会执行好总会《章程》及相应的

---

① 参见B市青年之声，http：//www.sohu.com/a/168694085_674648。

管理规定，建立健全各自的会员管理、工作开展、财务经费、人事劳务等管理办法，并按时向总会报告工作开展及经费管理情况。

（九）继续加强行业自律管理

继续加强行业自律管理，要求：（1）为建立适应无障碍旅游实施后的旅游行业自律管理，根据实际需求，将进一步修订完善《B市旅游协会关于进一步加强旅游行业自律管理的相关规定》并争取3月1日起实施，切实加强会员单位的自律管理，维护好旅游市场秩序，营造公平、公开、公正、良好的诚信经营环境。（2）根据旅游深化改革工作和开展旅游跨界整合的相关要求，以旅游标准化建设和服务质量提升为重点，推进各要素的自律改革工作，切实规范旅行社散客接待经营的自律行为，积极推行旅游电子合同及其结算管理。（3）严格执行已修订出台的《B市旅游诚信指导价》，并委托监理公司做好旅游价格专项监理检查工作。切实加强旅游接待价格体系的监督检查，确保不合理低价游的整治取得成效，使旅游接待价格逐步回归理性，切实维护会员单位和来B市旅游游客的合法权益。（4）建立健全旅游餐饮的管理机制，特别是旅游团队餐饮的规范管理，以B市餐饮与美食协会为平台，以标准化管理为助手，制定实施B市旅游团队餐饮自律公约，并实施"一卡通"网络结算，纳入监理检查。

（十）积极推动全域旅游建设

根据国家、省关于乡村旅游发展的相关政策，结合B市国家全域旅游示范区创建工作，适时组建成立B市旅游协会乡村旅游分会，积极配合市旅发委及相关部门推进B市乡村旅游、休闲旅游、康体旅游、自驾科考旅游的发展，丰富B市旅游产品结构，促进旅游新业态的发展。

（十一）完善"一卡通"管理制度

通过监管会员旅行社，落实目前的"一卡通"管理中关于由旅行社为游客垫付费用的制度，杜绝旅行社逃避责任，减轻导游负担，为导游从业创造良好环境。灵活变动"一卡通"的使用规则，实行旅游淡旺季区别管理，在旅游淡季相应地不再机械要求"一卡通"订购门票、酒店时必须提前一天，建立"一卡通"通用景区、酒店、饭店的网络宣传平台（微博或者微信公众号），开通实时查询景区门票销售情况、酒店饭店预订情况和购买景区门票、预订酒店饭店的网络通道。取消"退购时必须出具游客身份证"的制度，开通网上退票的通道，可凭上传身份证信息或图片退票。进一步完善"一卡通"所具有的实惠、便捷的特色，禁止"园中园"以及"一条龙"式的景点，打破固有的景点搭配模式，让游客有选择的空间与自由。

附 录

一 B市旅游协会章程

第一章 总则

第一条 B市旅游协会是由B市各类旅游企业及本行业或相关行业的经济组织和个人自愿组成的行业性、全市性、非营利性的社会团体。

本会英文名称Lijiang Tourism Association，缩写为LJTA。

第二条 本会的宗旨：贯彻旅游相关法律法规和方针政策，协助旅游主管部门实施管理和维护全行业的共同利益和会员的合法权益，研究和探索旅游行业发展中的有关问题，加强行业自律，规范经营行为，提高旅游行业、企业的管理和服务水平，努力为会员服务，为行业服务，为政府服务，在政府和会员之间发挥桥梁和纽带作用，为构建社会主义和谐社会，促进B市旅游业的持续、健康发展做出贡献。

第三条 本会接受B市旅游行政主管部门和B市民政局的业务指导和监管。

第四条 本会的活动地域为B市。

第五条 本会的住所设在B市GC区。

第二章 业务范围

第六条 本会的业务范围：

（一）向政府和有关部门反映会员的愿望和要求，并争取政策支持。提出涉及会员和行业利益的意见和建议，保护会员的共同利益，维护会员的合法权益；

（二）开展行业调查研究和评估论证，为政府决策和旅游行业的发展提出建议和决策依据，协助推动行业协调发展；

（三）组织市场开拓，发布行业信息，提供信息服务和咨询服务；

（四）参与行业发展政策、行业标准的制定，经政府有关部门授权开展管理、咨询及行业资质认证等工作，推动和督促会员提高服务质量；

（五）制定行规行约并监督遵守，开展行业自律，促进会员诚信经营，维护行业的市场秩序，规范市场行为，为建立公平有序的市场竞争环境创造条件；

（六）受政府职能部门委托承办或根据市场和行业发展的需要开展有关业务培训，举办展览，组织经验交流，推广新经验、新标准和科研成果的应用；

（七）加强与行业内外的有关组织、社团的联系、交流与合作，学习先进的管理经验；

（八）收集有关行业情况的信息资料，组织协调行业、企业参与诉讼；

（九）协调会员之间、会员与非会员以及消费者之间涉及经营活动的争议，参与纠纷的调解处理、应诉或者申诉；

（十）组织会员参与社会公益事业，举办和参与各类有益于提高行业影响力、树立行业良好形象的社会活动；

（十一）承办政府职能部门授权、委托的其他事项。

第三章　会员

第七条　本会的会员为单位会员、个人会员、团体会员。

单位会员是本会的主体，个人会员不超过会员总数的10%。单位会员和团体会员由其法定代表人或主要负责人作为代表参加本会的活动。单位会员和团体会员更换代表，需向协会书面报告。单位和团体组织发生合并、分立、终止等情况时，应报协会备案，其会员资格相应变更或终止。

第八条　凡加入本会的会员，自然成为本会相应分支机构（分会）的会员，直接接受分会的服务和业务管理。

第九条 符合下列条件的，可以申请加入本会：

（一）拥护本会的《章程》和分支机构《管理办法》；

（二）有加入本会的意愿；

（三）单位会员为本行业的经济组织，应持有《工商营业执照》（法律有特别规定的，需提交相关许可证）等相关证件，在本行业领域内具有一定的影响；

（四）个人会员为在本行业或相关行业内有较大影响力的专家和管理人员；

（五）团体会员为本行业或相关行业内的专一性社会组织；

（六）经本会常务理事会批准的其他相关组织和个人。

第十条 会员入会的程序是：

（一）提交入会申请书和有关资料，包括：《工商营业执照》《组织机构代码证》《税务登记证》的复印件，个人会员需提交个人简历及身份证明；

（二）由本会所属分支机构（分会）推荐和提出入会意见；

（三）由本会常务理事会讨论决定，由秘书处办理会员入会手续；

（四）与所属分会办理相关手续，与监理公司、一卡通公司签订《旅游服务质量监理和费用结算协议》；

（五）由本会颁发会员证（或会员牌），并予以书面文件公告。

第十一条 会员享有下列权利：

（一）选举权、被选举权和表决权；

（二）对本会工作的知情权、建议权和监督权；

（三）参加本会活动并获得本会服务的优先权；

（四）在遇到重大困难时，有请求本会提供帮助（如涉及调解、诉讼）的权利；

（五）入会自愿、退会自由。

第十二条 会员履行下列义务：

（一）遵守本会的章程和各项规定，执行本会的决议；

（二）维护本会合法权益；

（三）完成本会交办的工作；

（四）按规定缴纳会费；

（五）向本会反映情况，提供有关资料；

（六）积极宣传并参与本会的各项活动；

（七）为本会的发展献策出力；

（八）联络方式更改时及时通知本会。

第十三条　会员如有违反法律法规和本章程的行为，经理事会或者常务理事会表决通过，给予下列处分：

（一）警告；

（二）通报批评；

（三）暂停行使会员权利；

（四）除名。

第十四条　会员退会，应书面通知本会，并交回会员证书及会员牌匾。

第十五条　会员有下列情形之一的，视为自动丧失会员资格或由本会给予除名：

（一）1年不缴纳会费；

（二）1年不参加本会活动；

（三）2年内不进行许可范围内的经营活动等；

（四）不再符合会员条件的；

（五）丧失完全民事行为能力；

（六）冒用或擅自使用本会名义从事违反法律犯罪活动或给本会造成严重损害的；

（七）拒绝执行行业自律相关规定或违反行业自律规定情节严重的。

第十六条　会员退会、自动丧失会员资格或者被除名后，其在本会相应的职务、权利、义务自行终止。

第四章　组织机构

第一节　会员代表大会

第十七条　会员代表大会是本会的最高权力机构，其职权是：

（一）制定或修改章程；

（二）选举或者罢免会长、副会长、秘书长、常务理事、理事、监事；

（三）审议理事会、监事会的工作报告、财务预决算方案；

（四）制定和修改会费标准；

（五）制定和修改选举办法；

（六）改变或者撤销理事会不适当的决定；

（七）审议本会发展的重大事项；

（八）决定终止事宜；

（九）决定其他重大事宜。

第十八条　会员代表大会每年至少召开1次，每届5年。因特殊情况需提前或延期换届的，须由理事会表决通过，报经社团登记管理机关批准同意。但延期换届最长不超过1年。

召开会员代表大会，须提前7日将会议的议程书面通知会员代表。

会员代表大会不得采用通信表决方式。

第十九条　有1/5以上的会员或者理事会提议，须召开临时会员代表大会。

第二十条　会员代表大会须有2/3以上的会员代表出席方能召开，其决议或决定须经全体会员代表的过半数表决通过，方能生效。

第二十一条　下列事项，须以无记名方式表决，并经全体会员代表的过半数表决通过：

（一）制定和修改章程；

（二）选举和罢免理事、会长、副会长、秘书长；

（三）制定或修改会费标准。

第二节　理事会

第二十二条　理事会是会员代表大会的执行机构，负责行业协会日常工作，对会员代表大会负责。

理事会由会长、副会长、秘书长、理事组成。

理事会的人数不得超过会员总数的1/3。

第二十三条　理事的产生程序：

（一）第一届理事由发起人提名，会员代表大会选举产生；

（二）理事会换届，由上一届理事会提名新一届理事候选人，会员代表大会选举产生。

第二十四条　单位理事的代表由该单位的主要负责人担任。单位调整理事代表，由其书面通知本会，报理事会或者常务理事会备案。该理事同时为常务理事的，一并办理调整手续。

第二十五条　理事会的职权是：

（一）执行会员代表大会的决议；

（二）选举和罢免常务理事、秘书长；

（三）决定名誉职务的设立和人选；

（四）筹备召开会员代表大会；

（五）向会员代表大会报告工作和财务状况；

（六）决定办事机构、分支机构、代表机构和实体机构的设立、变更和注销；

（七）决定副秘书长、各办事机构主要负责人的人选；

（八）领导本会各机构开展工作；

（九）审议年度工作报告和工作计划；

（十）审议年度财务预算、决算；

（十一）制定内部管理制度；

（十二）决定其他重大事项。

第二十六条　理事会每届5年。理事会与会员代表大会届期相同，与会员代表大会届期同时换届。因特殊情况需提前或者延期换届的，由理事会表决通过，报登记管理机关同意。延期换届最长不超过1年。

第二十七条　理事会会议应当有2/3以上的理事会人员出席方可举行，其做出的决议或者决定应当经全体理事会人员的过半数表决通过。

第二十八条　理事会每年至少召开一次会议。召开理事会，须提前7日将会议的议程书面通知理事。理事3次不出席理事会会议，自动丧失理事资格。

第二十九条　1/3的理事提议，须召开临时理事会会议。

第三节 常务理事会

第三十条 本会设立常务理事会。常务理事从理事中以无记名投票选举产生，组成常务理事会，常务理事会的人数不得超过理事会人员总数的1/3。常务理事会由会长、副会长、秘书长、常务理事组成，对理事会负责。常务理事会与理事会任期相同，与理事会同时换届。

第三十一条 在理事会闭会期间，常务理事会行使理事会第一、四、六、七、八、九、十、十一项的职权，对理事会负责。

第三十二条 常务理事会会议应当有2/3以上的常务理事会人员出席方可举行，其做出的决议或者决定应当经全体常务理事会人员的过半数表决通过。

召开常务理事会，须提前7日将会议的议程书面通知常务理事。

常务理事4次不出席常务理事会会议，自动丧失常务理事资格。

第三十三条 常务理事会至少每半年召开1次会议。

第三十四条 有1/3的常务理事提议，须召开临时常务理事会会议。

第四节 负责人

第三十五条 本会的负责人包括：会长、副会长和秘书长。

本会负责人须具备下列条件：

（一）在本会业务领域内有较大影响，有从事本行业3年以上经历，熟悉行业情况，在行业内有良好声誉；

（二）最高任职年龄不超过70周岁；

（三）身体健康，能坚持正常工作；

（四）未受过剥夺政治权利的刑事处罚的；

（五）具有完全民事行为能力。

第三十六条 本会会长、副会长、秘书长如超过最高任职年龄的，须经理事会表决通过，报社团登记管理机关批准同意后，方可任职。会长、秘书长不得由同一会员单位的人员担任，不得是近亲属，或者具有其他利害关系。会长不得兼任秘书长。

第三十七条　会长为本会法定代表人。本会会长不兼任其他社会团体的法定代表人。

第三十八条　本会会长行使下列职权：

（一）代表本会签署有关重要文件；

（二）召集和主持理事会、常务理事会；

（三）检查会员代表大会、理事会、常务理事会决议的落实情况；

（四）提名本会名誉会长、顾问，交理事会或常务理事会表决。

第三十九条　本会秘书长协助会长工作，秘书长为专职，行使下列职权：

（一）主持办事机构开展日常工作，组织实施年度工作计划；

（二）协调各分支机构、代表机构、实体机构开展工作；

（三）提名副秘书长以及各办事机构、分支机构、代表机构和实体机构主要负责人，交理事会或常务理事会决定；

（四）决定办事机构、代表机构、实体机构专职工作人员的聘用；

（五）处理其他日常事务。

第四十条　会员代表大会、理事会、常务理事会、负责人会议应当制作会议记录。形成决议的，应当制作书面决议，并由负责人审阅、签名。会议记录、会议决议应当以适当方式向会员通报，并保存十年。

临时会员代表大会、临时理事会会议和临时常务理事会会议，均不得研究提议议题之外的事项。

第五节　办事机构和分支机构、代表机构

第四十一条　办事机构是理事会领导下，授权秘书长具体负责的本会内设机构。

第四十二条　本会分支机构、代表机构的设立、变更和注销，经理事会或者常务理事会讨论通过后，报业务主管部门和登记管理机关备案。

第四十三条　分支机构、代表机构不具有法人资格，须严格遵守本会章程，接受本会领导，执行本会决议。对外开展活动时，必须冠以本会的全称，其简称和译名由理事会规定。分支机构不得另起其他名称，不得另

订章程、标识，可依据本《章程》制定《管理办法》，并承担本会委托开展的相关工作和所属会员的业务管理。

第六节 监事会

第四十四条 本会设立监事会，由5名监事组成，监事任期与理事任期相同，期满可以连任。

监事会设监事长1名，副监事长1名，由监事会推举产生。

第四十五条 监事的产生和罢免：

（一）由会员代表大会选举产生；

（二）监事的罢免依照其产生程序。

第四十六条 会长、副会长、秘书长、常务理事、理事及其近亲属不得兼任监事。

第四十七条 监事会行使下列职权：

（一）列席会员代表大会，列席理事会、常务理事会，监督会员代表大会、理事会、常务理事会的会议议题程序和表决的合法性；监督理事会、常务理事会遵守法律和章程的情况，当其行为损害本会以及公共利益时，要求其予以纠正；

（二）审查本会财务报告，向会员代表大会报告监事会的工作；

（三）提出质询和建议，并向登记管理机关、行业管理部门和其他有关部门反映情况；

（四）决定其他应由监事会审议的事项。

第四十八条 监事会每6个月至少召开1次会议。监事会会议须有2/3以上监事出席方能召开，其决议须经全体监事半数以上通过方为有效。

第四十九条 监事应当遵守有关法律法规和本会章程，忠实履行职责。

第五章 资产管理、使用原则

第五十条 本会经费来源：

（一）会费，包括：一次性入会费和年度会费；

（二）捐赠或赞助；

（三）政府资助；

（四）在核准的业务范围内开展活动或者服务的收入；

（五）利息；

（六）其他合法收入。

第五十一条　一次性入会费由会员入会时一次性缴纳至市旅游协会（不予退还），按以下标准缴纳：

（1）一至二星（A）级5000元；

（2）三星（A）级8000元；

（3）四、五（A）星级10000元；

（4）团体会员10000元。

第五十二条　年度会费按年度进行缴纳，每年第二季度（6月30日前）缴清，会员缴纳会费的标准：

（一）会长单位每年缴纳会费3000元；

（二）副会长单位每年缴纳会费2500元；

（三）常务理事单位每年缴纳会费2000元；

（四）理事单位（监事）每年缴纳会费1500元；

（五）一般会员单位每年缴纳会费1000元；

（六）团体会员每年缴纳会费10000元；

（七）个人会员每年缴纳会费500元。

第五十三条　本会经费主要用于：

（一）本章程规定的业务范围和事业的发展；

（二）必要的行政办公和人员薪酬支出；

（三）其他由理事会或者常务理事会决定的事项。

第五十四条　本会执行《民间非营利组织会计制度》，建立严格的财务管理制度，保证会计资料合法、真实、准确、完整。

第五十五条　本会配备专一的会计和出纳人员。会计人员必须进行会计核算，实行会计监督。会计人员调动工作或者离职时，必须与接管人员办清交接手续。

第五十六条　本会的资产管理必须执行国家规定的财务管理制度，接受会员代表大会和有关部门的监督。资产来源属于国家拨款或者社会捐赠、资助的，必须接受审计机关的监督，并将有关情况以适当方式向社会公布。

第五十七条　本会换届或者更换法定代表人之前必须进行财务审计。

第五十八条　本会的全部资产为本会所有，任何单位、个人不得侵占、私分和挪用，也不得在会员中分配。

第五十九条　本会建立专职人员聘任及其管理制度，其工资和保险、福利待遇，参照国家对事业单位的有关规定制定。

第六章　章程的修改程序

第六十条　对本会章程的修改，由理事会表决通过后，提交会员代表大会审议。

第六十一条　本会修改的章程，在会员代表大会表决通过 15 日内，报登记管理机关核准后生效。

第七章　终止程序及终止后的财产处理

第六十二条　本会终止动议由理事会或者常务理事会提出，经会员代表大会表决通过。

第六十三条　本会在有关部门指导下成立清算组织，清理债权债务，处理善后事宜。清算期间，不开展清算以外的活动。

第六十四条　本会经登记管理机关办理注销登记手续后即为终止。

第六十五条　本会终止后的剩余财产，在登记管理机关的监督下，按照国家有关规定，用于发展与本会宗旨相关的事业。

第八章　附则

第六十六条　本章程经 2015 年 3 月 15 日二次会员代表大会表决通过。

第六十七条　本章程的解释权属本会的理事会。

第六十八条　本章程自登记管理机关核准后生效。

第五章 旅游市场的自我监督

二 B市旅游协会关于进一步加强旅游行业自律管理的相关规定（丽旅协发〔2016〕22号）

为进一步加强对B市旅游行业自律管理，规范旅游企业、会员单位的经营行为，提高旅游服务质量，营造良好的旅游市场秩序，切实保障来丽旅游者和旅游经营者的合法权益，促进旅游业的健康、持续发展，根据《中华人民共和国旅游法》《A省旅游条例》等法律法规、《B市旅游管理办法》以及《B市贯彻无障碍旅游实施办法》等B市旅游行业管理相关规定，按照"政府引导、企业为主、行业自律、市场化运作"的原则，结合旅游要素企业经营和服务积分量化考核管理机制，现就会员单位经营行为和服务标准自律管理相关事宜规定如下。

第一条　各会员单位必须严格遵守旅游法律、法规和B市旅游行业管理相关规定，诚实守信，合法经营。

第二条　各会员单位应当严格按照旅游标准化工作要求加强内部管理，规范经营行为，提供标准化服务。

第三条　各会员单位及其从业人员应当自觉遵守协会《章程》，行使会员权利，履行会员义务，严格执行行业自律相关管理规定和服务质量规范。

第四条　各分会应当依据本规定，结合各自实际和管理需求，制定具体的经营规范和服务标准，完善相应的自律管理方案，并健全会员单位信用监督和失信惩戒机制。

第五条　各分会之间应加强业务合作，按市场需求签订《合作经营协议书》，并按约定进行友好合作、诚信经营。

第六条　B市旅游协会授权委托B市诚信旅游服务质量监理公司（以下简称"监理公司"）按照《章程》、行业自律相关规定、经营规范和服务标准对会员单位的诚信经营行为、服务质量、接待标准、旅游标准化合同（旅游委托接待合同）签订以及行业自律执行情况等进行自律监理和违约处理。

第七条　B市旅游标准化等级认定委员会授权委托监理公司按旅游国家标准、地方标准对B市星级饭店（特色客栈）、旅游购物店、景区（点）、旅行社及所属散客营业网点、导游人员、旅游车等会员单位的等级标准及服务质量进行监督检查。

第八条　B市旅游协会委托B市一卡通旅游结算有限公司（以下简称"一卡通公司"）对旅游相关要素会员单位进行网络化监管和经营费用结算。

第九条　凡经等级认定或评定合格，自愿按管理程序申请成为市旅游协会会员的旅游经营单位，需向一卡通公司提交开通旅游结算管理系统的书面申请，并与一卡通公司和旅游服务监理公司签订《委托结算和监理协议》及《规范经营标准化服务承诺书》后方可开通一卡通旅游结算管理系统，纳入旅游监管平台进行团队监管和费用结算。

第十条　各会员单位应当按国家财经制度和相关经营操作、服务标准加强内部管理和健全财务、统计等制度，并按规定按时填报相关接待情况和相关数据。

第十一条　各会员单位必须严格按旅游行业国家标准、行业标准、地方标准和相应的经营规范及服务标准进行诚信、规范经营，向接待游客提供质价相符的服务。

第十二条　各会员单位组织形式、名称、法定代表人、经营类别和项目等事项变更，需在变更前或办理完登记之日起10个工作日内书面报市旅游协会备案或重新办理入会手续。

第十三条　旅行社及其散客营业网点组织招徕、接待的旅游团队进入B市必须经一卡通旅游监管结算系统（以下简称"旅游监管结算平台"）进行游客信息报送和团队费用网络结算，团队费用中指定进入旅游监管结算系统的项目（住宿费、综合服务费、景区门票费、古城维护费等）全部制卡进行网络结算，且制卡、刷卡情况必须与团队实际人数、行程计划、接待标准、入住情况等相符，不得将旅游团队编报为散客、会议和单位接待。

第十四条　旅行社及其散客营业网点必须按《A省旅游标准化合同》和《旅游委托接待合同》约定的接待标准、行程线路、服务项目、接待价格等为团队游客提供服务，不得降低接待标准和擅自增加或缩短旅游时间、变更旅游行程、减少服务项目，特殊情况的，须征得游客同意并签订补充协议或相关书面证明。

第十五条 旅行社散客营业网点组织、招徕游客时，必须与游客签订所属旅行社统一的《A省旅游标准化合同》，明确接待标准、行程线路等各项服务标准、监督投诉电话和双方权、责、利，禁止伪造、冒用其他旅行社公章、旅游合同。

第十六条 旅行社及所属散客营业网点不得委托非旅行社单位或个人以接待为由操作团队和代理经营旅行社业务。

第十七条 旅行社及所属散客营业网点不得以低于省、市旅游行政主管部门、行业协会制定的"诚信旅游指导价"招徕、组织和接待旅游团队，更不得"零负团费"经营；旅行社将旅游业务委托给其他旅行社的，应向接受委托的旅行社支付不低于接待和服务成本的费用，接受委托的旅行社不得接待不支付或不足额支付接待和服务费用的旅游团队。

第十八条 旅行社及所属散客营业网点为招徕、组织旅游者发布的相关旅游服务信息必须真实、准确，不得进行虚假宣传，不得用"准星级、准A级"等模糊、不确定用语误导、欺骗旅游者。

第十九条 旅行社及其散客营业网点、所属分支机构在旅游团队接待中不得选择未经等级认定和评定的旅游经营者、旅游从业人员作为服务提供方或业务合作方。

第二十条 旅行社及所属散客营业网点不得委派使用无导游资质人员、未签订劳动合同的导游和无旅游客运资质的车辆参与旅游接待活动。

第二十一条 旅行社及其散客营业网点组织、招徕游客和接待团队需按相关规定按时定额投保A省旅游组合保险等，形成完善的安全管理责任制度，健全安全应急处理机制。

第二十二条 旅行社及其从业人员（含导游人员）以及委托的司陪人员不得强行向游客兜售旅游商品或以言语侮辱、行为威胁等方式胁迫游客消费或购物。

游客有自愿购物意向和需求的，须与游客签订购物补充协议或由游客签署自愿购物相关书面证明后，可以安排游客购物。

第二十三条　旅行社委派的导游人员、司陪人员须根据B市旅游行业管理和自律监理规定自觉接受旅游等相关部门在关坡、大丽高速、火车站及景区（点）等来丽主要通道和游客集散地旅游咨询服务中心（站）开展的旅游咨询和旅游团队服务质量监督查验工作。

B市旅游行政主管部门和行业监理机构对旅游团队实行监督检查时，组团社（发团社）凭《旅游组团合同》《团队电子监管结算信息单》接受检查，B市地接社凭《A省旅游标准化合同》《旅游委托接待合同》《团队监管结算信息单》接受检查。

第二十四条　导游人员在带团过程中必须佩带《导游证》，并一同携带《B市旅游从业人员上岗证》，持团队行程单、电子监管信息单、结算凭据、游客意见单等单据，导游属租借派遣的，还须携带《导游派遣证》；接、送团时，导游必须在场接、送。

第二十五条　导游人员须与旅行社或导游服务公司签订劳动合同后方可上岗，导游人员不得私自承揽旅游业务和招揽客人。

第二十六条　旅游星级饭店、特色民居客栈应当在明显位置悬挂星级、会员标识牌，按等级标准和经营服务规范完善前厅操作规程，具备接待房态表、入住登记表和入住收款收据等材料，并按时填报相关接待数据，不得虚报、漏报和拒绝填报。

第二十七条　旅游星级饭店、景区（点）等会员单位、特色民居客栈接待旅游团队时房费、景区门票等费用必须通过B市一卡通旅游电子监管结算平台进行结算，实行先刷卡后接待的操作，不得将所接待的旅游团队编报为散客、会议和单位接待。

第二十八条　旅游星级饭店、特色民居客栈应当按合同约定和等级标准向旅游团队提供服务，不得将接待的旅游团队安排到低于其星级标准或未通过等级评定的住宿接待单位入住。

第二十九条　旅游星级饭店、特色民居客栈不得以低于B市旅游诚信指导价销售客房和提供服务。

第三十条　旅游购物店应严格按行业自律管理规定进行旅游团队进店购物信息登记和监管查验。

第三十一条 经营旅游购物店严格实行等级评定和自律管理,并按等级标准为进店游客提供服务,不得虚假宣传,严格执行《商品销售退换货制度》,营造安全、舒适、放心的良好购物环境。

第三十二条 旅游购物店不得以任何形式强行向游客兜售旅游商品或胁迫游客购物。

第三十三条 旅游购物店销售商品必须实行明码标价,做到货真价实。出售珠宝玉石、金银制品等贵重商品必须出具经市以上质检部门鉴定的产品质量合格证书和销售发票。

第三十四条 旅游车公司须加强旅游车运营制度的管理,并按规定进行标准化等级评定或者认定,制定旅游车安全、卫生标准和驾驶员服务标准,要求驾驶员按相应的安全、卫生和服务标准规范操作。

旅游车驾驶员不得私自承揽旅游业务和招揽客人,司机不得兼任导游业务。

第三十五条 会员单位需根据行业自律《公约》和《委托监理和结算协议》约定按时支付旅游统筹金、旅游服务质量监理费和一卡通网络结算服务费。

第三十六条 会员单位及其从业人员应当自觉配合和接受监理公司在委托监理和授权范围内的监理监察以及相应的违规违约处理,在规定时限内如实说明情况并提供相关违法、违规、违约证明材料。

监理公司监理监察人员查出会员单位存在违法、违规、违约时,可以对涉及的合同、票据、账簿以及其他所需资料进行查阅和复制。

第三十七条 会员单位违法、违规被行政处罚的,按行政处罚相关程序处理;违约被处理的,自接到违规违约处理通知书之日起7个工作日内必须到监理公司缴纳违约金,对违约处理不服的,可向市旅游协会提出复议,其间不影响违约处理。

第三十八条 会员单位违规违约情况及整改处理情况监理公司报市旅游协会,特色民居客栈需同时报星级特色民居客栈协会,由市旅游协会通知一卡通公司关闭和恢复开通违规违约会员单位的旅游监管结算平台,并同时通报所属协会、分会。

第三十九条 会员单位及其从业人员有权利和义务对其他旅游违法、

违规经营行为及行业内会员的自律违约行为进行监督、举报,举报电话:0888-5155116、0888-5169244。

第四十条　监理公司应当按授权和委托事宜开展监理监察工作,并履行好相应的"服务、协调"职能,不得进行与监理监察工作无关的检查或超范围监察,不得以权谋私,自觉接受旅游协会及各分会的监督。

第四十一条　违规、违约责任

一、监理公司监察人员玩忽职守、滥用职权、徇私舞弊或泄露商业机密,尚不构成犯罪的,监理公司除按相关规定处理外,上报市旅游协会在全行业内作通报,并纳入监理工作绩效考评;构成犯罪的,依法追究其法律责任。

二、会员单位违反第一、二、七条规定的,将由监理公司按委托和授权处理或报市旅发委行管科、稽查大队、标化办按《中华人民共和国旅游法》《A省旅游条例》等法律法规和《B市旅游管理办法》及相应的积分量化考核管理制度处理。

三、会员单位违反第三、三十五条之规定,按市旅游协会《章程》相关规定处理,并纳入积分量化考核管理。

四、会员单位违反第十二条规定的,纳入积分量化考核管理,处违约金1000元,并视违规违约情节给予冻结或关闭旅游监管结算系统处理;情节严重的,将按退出会员资格处理,一次性关闭其监管旅游结算系统。

五、旅行社违反第十四、十五、二十一条之规定,纳入积分量化考核管理,处违约金1000元至3000元,并视违规违约情节给予冻结或关闭旅游监管结算系统处理;情节严重的,将按退出会员资格处理,一次性关闭其旅游监管结算系统。

六、会员单位及其从业人员在旅游团队接待中有下列经营行为的,纳入积分量化考核管理,处违约金2000元至3000元,并视违规违约情节给予冻结或关闭旅游监管结算系统的处理;情节严重的,将按退出会员资格处理,一次性关闭其旅游监管结算系统。

(一)旅行社违反第十六、十八、二十二条之规定;

(二)星级饭店、特色民居客栈违反第二十六、二十七、二十八、二十九条之规定;

（三）旅游购物店违反第三十、三十一、三十二、三十三条之规定；

（四）旅游车公司违反第三十四条之规定；

（五）景区（点）违反第二十七条之规定；

（六）导游人员违反第二十四、二十五条之规定；

（七）各会员单位违反第十、十一、三十六、三十七条之规定。

七、旅行社及其从业人员违反第十三、十七、二十三条之规定，纳入积分量化考核管理，处违约金3000元至5000元，并视违规违约情节给予冻结或关闭旅游监管结算系统处理；情节严重的，将按退出会员资格处理，一次性关闭其旅游监管结算系统，并纳入积分量化考核。

八、旅行社及其从业人员违反第十九、二十条之规定，将由监理公司按委托和授权处违约金1万~3万元，或报市旅发委行管科、稽查大队按《中华人民共和国旅游法》《A省旅游条例》等相关法律法规处理，并纳入积分量化考核。

第四十二条　会员单位及其从业人员违反行业自律相关规定被关闭旅游监管结算系统和退会的，再次申请入会和开通旅游监管结算系统，须重新办理入会相关手续。

第四十三条　本规定自2016年4月1日起执行。原市旅游协会《关于进一步规范旅游团队接待自律工作的通知》（丽旅协〔2014〕15号）与之不相符的，一律按本规定执行。

2016年3月29日

三　B市旅游诚信指导价

为积极响应国家、省向"旅游不合理低价宣战"的号召，认真落实B市旅游产业领导小组办公室关于《B市整治旅游市场突出问题向不合理低价宣战专项行动方案》的精神，根据A省旅发委、A省旅行社协会《A省旅游诚信指导价》，结合B市旅游实际，市旅发委、市旅游协会共同制定了B市主要旅游产品成本价格，现向社会告知。

热情好客的B市各族人民欢迎广大游客来B市观光旅游、休闲度假，体验 B 市风土人情。我们郑重承诺选择高于成本价的旅游线路和产品，您的消费权益将得到充分保护，反之，选择低于成本价格的旅游线路和产品，消费有风险、质量无保障，旅游客人的权益难以得到行业主管部门维护。

一、以下所涉及旅游要素的旅游产品均为经等级评定或认定合格的旅游接待单位。

二、分项价格（16 人以上团队成本价格）

酒店、特色客栈（双人标准间）：40 元／（人·晚）

餐费：15 元／（人·餐），车费：50 元／（人·天）

综合服务费：30 元／（人·次）

景点（单人价格）：

DYL 套票（包含 F、DBG、DBWG、DBWSY、YSZ、YFS、玉柱擎天、BS 壁画）230 元、DYL 加印象 B 市 270 元、YSP 索道 77 元、F 索道全程 180 元、印象 B 市 248 元、环保车 20 元、古城维护费 80 元、P 景区 50 元、GYX50 元、HL（凭古维票免票）、SH 古镇 40 元、MF60 元、黎明景区 105 元、I100 元、V 湿地公园 20 元、WBS 景区 40 元、JT 景区 60 元。

三、地接成本价（16 人以上团队行程）：

F 一日游：470 元／人

B 市 P 一日游：自行缴纳古维费 150 元／人（代征古维费 230 元／人）

I 二日游（含住宿、餐费、车费、综费、景区门票）：自行缴纳古维费 315 元／人（代征古维费 395 元／人）

X 市二日游（含住宿、餐费、车费、综费）：自行缴纳古维费 215 元／人（代征古维费 295 元／人）

D 市二日游（含住宿、餐费、车费、综费）：自行缴纳古维费 215 元／人（代征古维费 295 元／人）

黎明一日游（含餐费、车费、综费、景区门票）：自行缴纳古维费 200 元／人（代征古维费 280 元／人）

B 市生态文化一日游（含车费，文笔山景区、V 湿地公园、SH 古镇套票费，综费）：自行缴纳古维费 170 元／人（代征古维费 250 元／人）

四、以上成本价格提供 2 星级饭店（特色客栈）及以下住宿、旅游空调大巴、旅游团队用餐、持证导游服务。

五、以上价格在 6 月 20 日~8 月 20 日期间、春节黄金周、国庆黄金周期间上浮 30%。团队人数为 16 人以下，根据实际人数价格相应上浮。

六、本指导价自 2015 年 6 月 8 日起实施。

B 市旅游协会
2015 年 6 月 4 日

四 A 省旅游市场综合监管——以 B 市为例

B 市行业自律情况访谈提纲模板

一、访谈目的

通过对 B 市旅游协会的实地调查，对协会高管及其工作人员、政府主管部门工作人员及会员企业、非会员企业高管的访谈，了解该协会的运作模式和具体情况，该协会在 B 市旅游市场监管体制中的地位、起到的作用以及对于 B 市旅游业健康、可持续发展的促进效应。在充分肯定行业自律的存在价值下，结合调研情况，分析 B 市旅协现存的不足之处，提出具有实践性、建设性的对策，以期助力于 B 市旅协不断完善，在 B 市旅游业的转型、升级过程中充分发挥其积极作用，进而为 B 市旅游业构建一个和谐、规范、有序的市场氛围，覆盖政府职能所不能兼顾之处，促进 B 市旅游业的新发展，树立起健康良好的新形象。

二、访谈对象

1. B 市旅游协会及其上下游组织主管人员、一般工作人员；
2. B 市旅游发展委员会工作人员；
3. B 市旅游协会会员企业高管；
4. 未加入 B 市旅游协会的非会员企业高管。

三、访谈方法

1. 面对面访谈，即以直接访谈为主，必要时辅以间接访谈。
2. 一次性访谈，在有补充必要时辅以二次访谈。

四、访谈时间、地点

1. 访谈时间：以后期具体的前往 B 市调研时间为准。

2. 访谈地点：针对 B 市旅游协会及其分会的主管人员及工作人员的访谈以协会工作地点为准；针对 B 市旅游发展委员会工作人员的访谈以其办公地点为准；针对会员企业与非会员企业的访谈以企业工作场所为准。

五、采访工具

个人证件，必要的记录工具、录音工具，访谈提纲。

六、提问提纲

（一）访谈开场语

您好，我们是 YN 法学院的在读学生，现在做一个 B 市旅游市场综合监管问题中行业自律情况的调研。希望您能接受我们的访谈，为我们的调研提供您所了解的真实、有效的资料。

我们非常感激您的参与和配合，请您放心，本次访谈的内容仅作调研之用，我们将严格保密。同时，为了保证访谈内容的真实性，请您真实地回答我们的问题。再次感谢您。如果没有其他疑问，接下来，我们就开始我们的访谈。

（二）访谈对话

1. 针对 B 市旅游发展委员会工作人员的访谈问题提纲

（1）B 市旅游协会的创设是在政府主导的背景下创设的，还是在旅游业企业自发性的组织下创设的？

（2）在工作实践中，如何定性 B 市旅游发展委员会与 B 市旅游协会的关系？

（3）B 市旅游协会除了拥有基于协会自律赋予的权利外，旅发委是否将自己的一些职能委托其行使？如有，这些职能涉及哪些方面？

（4）在行业协会去行政化的政策背景下，旅发委做出了何种努力？旅发委的职能进行了怎样的转变？

（5）旅发委对 B 市旅协提供了哪些政府资源和财政支持？占 B 市旅协物质资产的比例大概是多少？

（6）旅发委通过何种方式对 B 市旅协的运行进行有效监督？与此对应，B 市旅协对于旅发委的工作有何监督作用？监督的途径是什么？

（7）旅发委对 B 市旅协的违法行为和未按章程经营业务等方面规定

了哪些惩处方式？

（8）旅发委是否定期组织B市旅协的工作人员进行培训？如有，多久一次？培训主题是哪几方面？

（9）在国家、政府出台了相关的法律、法规、政策后，B市旅协通过怎样的方式对会员企业普及？怎样协助会员企业贯彻执行相关法律、法规，成效如何？

（10）B市旅协是否有就旅游市场的发展态势进行调研并向旅发委提出意见、建议？如有，请举例。

（11）B市旅协是否及时地向旅发委反映了会员企业的愿望和要求？这些反映对旅游业发展有何建设性、实质性作用？

（12）B市旅协自发地做出了哪些规范会员企业的行为？哪些行为是在旅发委的牵头、组织下举办的？

（13）B市旅协对于会员行为的规制对B市旅游市场的影响力程度如何？

（14）旅发委对于B市旅协的现状如何评价？对于其前景有何期待与规划建议？

（15）旅发委在进行重大决策时，是否邀请B市旅协出席听证？B市旅协在听证过程中发挥了怎样的积极作用？

2. 针对非会员企业高管的访谈问卷提纲

（1）您通过何种途径知道B市旅游协会的？在此之前您对该协会有哪些了解？

（2）您为什么没有选择积极加入B市旅协成为其会员？您的顾虑是什么？

（3）B市旅协会员企业在B市旅游市场所占份额是多少？这些会员企业的行为对B市旅游市场的影响程度如何？

（4）您认为B市旅协会员企业在B市旅游市场中总体起到的是正面带头作用还是消极影响作用？您评价的依据是什么？

（5）请您从第三方中立角度谈谈对B市旅协的看法，在旅游市场中它起到了何种作用？

（6）您认为B市旅协的作用，诸如协会对于市场信息的掌控，对非企业会员是否会有冲击？

（7）就您的认识谈谈 B 市旅协的现存不足之处，哪些地方未充分发挥其应有作用？

（8）您认为 B 市旅协如何才能在市场监管中发挥更大作用？

（9）就您作为非会员企业角度，谈一谈 B 市旅协通过哪些途径才能吸引更多的非会员企业加入。

（10）您对旅游协会的发展有何建议？前景有何期待？

（11）对于由 B 市旅协牵头进行的损害非会员企业利益的行为，您会通过什么样的方式来加以救济？

（12）未加入行业协会对您是否造成了其他方面相较于会员企业的劣势？

（13）B 市旅协对于违背协会自律条约的会员企业的惩处是否具有震慑力？是否能有效规制违约会员企业转向健康经营？

（14）在 A 省政府出台了系列新规后，对贵企业的发展有何影响？对此，贵企业对于发展前景重新做出了怎样的规划？

（15）在旅游市场严打不法经营、整治升级的背景下，您是否倾向于选择加入其中与其他企业联合发展？

3. 针对行业协会高管及其工作人员的访谈提纲

（1）请问该行业协会的决策治理机制是怎么样的，你们又打算怎样提高决策的科学性？

（2）协会决策做出以后，是怎么去执行的？

（3）该协会有一套完备的财务管理制度吗？

（4）为了提高行业协会的透明度和公正力，该协会有什么信息披露的平台吗？

（5）你如何看待行业协会与政府的关系？

（6）你对政府在帮助行业协会发展方面有什么意见和建议？

（7）为了适应从"双重监管"到"合规性监管"你们打算怎么做？

（8）行业协会与非会员的关系如何？如何吸引非会员加入协会？

（9）该协会在人力资源管理的人才队伍建设及人事制度方面发展得怎么样？

（10）高级管理层有一套事后应急机制吗？

（11）怎么加强会员间的沟通和合作？

（12）为了探索建立科学合理的评估指标体系和评估制度协会打算做什么？

（13）对于违背了行业协会章程和制度的会员单位是怎么进行惩戒的？

（14）该协会有发展规划吗？有年度工作计划和总结吗？

（15）当非会员严重影响到行业发展前景时你能怎么办？

（16）全面深化改革时代行业协会商会的新职能定位

（17）你们为行业环境治理方面做了什么？

（18）行业协会外部监管的效力对该协会有影响吗？

（19）怎么维护行业有序的竞争秩序，协调成员之间的矛盾，特别是成员间有利益冲突时？

4. 针对会员企业高管的访谈提纲

（1）会员向行业协会反映问题有什么途径呢？

（2）你的问题受到行业协会的重视吗？它给了你问题的反馈吗？

（3）行业协会在某些方面阻碍了你企业的发展吗？

（4）你认为行业协会对大中小型企业一视同仁吗？行业协会保护了中小企业的话语权吗？

（5）你认为行业协会的权利过大到让你觉得不能接受的程度吗？

（6）行业协会为你提供的服务让你觉得行业协会值得加入吗？

（7）对当前的行业乱象你怎么看？

（8）你觉得行业协会监管做得怎么样？你能对行业协会监管做什么？

（9）你认为行业协会的工作效率高吗？

（10）非会员的行为严重侵犯到你的利益时你会怎么做？

（11）你认为行业协会作为你与政府间的枢纽，它及时有效的和政府对话和协商了吗？

（12）非会员的行为严重侵犯到你的利益时你希望行业协应怎么做？

（13）遇到法律纠纷时，行业协会能提供帮助吗？

（14）行业协会会员和非会员相比有什么优势？

(15) 行业协会的惩罚措施对你有什么威慑力？

(16) 你参与和制定了行业政策、规范和法规了吗？

(17) 你认为加入行业协会后与加入行业协会前有什么区别？

(18) 你认识的企业或个人有退会的吗？为什么？

(19) 你认为行业协会的定位应该是什么？

(20) 说三个你最希望行业协会去做的事。

(21) 你对行业协会有什么意见？你建议它怎样完善才能更好地起到对市场的监管作用？

(三) 访谈结束语

非常感谢您的配合与帮助，希望您工作顺利，生活愉快！

地名代码说明：

云南省/云南——A 省

丽江市——B 市

玉龙县——C 县

大理市——D 市

怒江州——E 州

广西壮族自治区——G 区

海南省——H 省

安徽省——J 省

昆明市——K 市

桂林市——L 市

巴马县——M 县

宁蒗县——N 县

含山县——O 县

迪庆州——Q 州

瑞丽市——R 市

西双版纳——S 州

腾冲市——T 市

香格里拉——X 市

三亚市——Y 市

大研古城——DY 古城

沙溪古镇——SX 古镇

白沙古镇/白沙——BS 古镇

束河古镇/束河——SH 古镇

玉龙雪山——F

泸沽湖——I

虎跳峡——P

千水寨——W

拉市海——V

金沙江——U

老君山——Z

玉龙纳西族自治县——YL

黑龙潭——HL

大玉龙——DYL

东巴谷——DBG

东巴王国——DBWG

东巴万神园——DBWSY

玉水寨——YSZ

玉峰寺——YFS

云杉坪——YSP

观音峡——GYX

木府——MF

文笔山——WBS

金塔——JT

云南大学——YN

森龙——SL

仟禧——QX

天雨——TY

古城区——GC

楚雄州南华——NH

龙川镇——LC

风花雪月连锁客栈——FHXY

黄山镇——HS

拉市镇——LS

黎明（三江并流）景区——LM

大具乡——DJ

九河乡——JH

龙蟠乡——LP

平遥古城——PY

参考文献

王波：《执法过程的性质——法律在一个城市工商所的现实运作》，法律出版社，2011。

吕尚敏：《行政执法人员的行动逻辑——以 W 河道管理局为样本的法社会学考察》，中国法制出版社，2012。

周汉华：《政府监督与行政法》，北京大学出版社，2007。

陈华：《走向文化自觉：中国网络媒体行业自律机制研究》，人民出版社，2011。

赵保卿：《我国注册会计师行业自律监管模式研究》，经济科学出版社，2012。

曾博伟、魏小安：《旅游供给侧结构性改革》，中国旅游出版社，2012。

吴弘、胡伟：《市场监管法论：市场监管法的基础理论与基本制度》，北京大学出版社，2006。

王爱明、陈苏：《培养旅游市场主体的思考》，《企业经济》2011 年第 2 期。

缪甜甜：《关于新背景下导游佣金合法化的探讨》，《龙源期刊》2014 年第 16 期。

万三敏：《游客满意度影响因素分析——以河南游客赴 A 省旅游为例》，《沿海企业与科技》2011 年第 5 期。

万国华：《论我国旅游立法中亟待解决的几个问题》，《旅游学刊》2006 年第 3 期。

钱江：《中国食品安全综合监管的思考》，《药品评价》2006年第3卷。

潘功胜：《金融业综合经营发展与监管》，《药品评价》2006年第3卷。

沈寿文：《"分工型"立法体制与地方实验性立法的困境——以〈A省国家公园管理条例〉为例》，《法学杂志》2017年第1期。

王敏：《旅游监管法律制度研究》，博士学位论文，北京交通大学，2007。

刘咏希：《我国旅游市场监管法律制度建设探讨》，博士学位论文，暨南大学，2009。

张补宏、伍卓深：《构建和完善我国旅游立法体系的若干探讨》，《广东商学院学报》2008年第6期。

李路路：《社会结构阶层化和利益关系市场化——中国社会管理面临的新挑战》，《社会学研究》2012年第2期。

胡抚生：《旅游综合执法的发展及体制机制研究》，《中国商贸》2012年第17期。

胡宝岭：《中国行政执法的被动性与功利性——行政执法信任危机根源及化解》，《行政法学研究》2014年第2期。

吴元元：《双重博弈结构中的激励效应与运动式执法——以法律经济学为解释视角》，《法商研究》2015年第1期。

陈柏峰：《基层社会的弹性执法及其后果》，《法制与社会发展》2015年第5期。

刘鹏：《运动式监管与监管型国家建设：基于对食品安全专项整治行动的案例研究》，《中国行政管理》2015年第12期。

邓小兵、徐金金：《"丝绸之路经济带"旅游综合行政执法模式探析》，《甘肃广播电视大学学报》2016年第2期。

李昌庚：《社会监管：国际经验与中国选择》，《南京社会科学》2013年第4期。

胡颖廉：《美国社会监管改革的内涵和启示》，《当代世界》2016年第5期。

屈奇：《我国旅游行政执法之困惑及对策》，《广西社会科学》2010年第8期。

杜江：《当前旅游市场存在的主要问题、成因与对策研究》，《理论参考》2012年第9期。

王魁：《中国旅游业发展的政府管制研究》，《北方文学》2011年第12期。

唐军书：《旅游营销中不正当竞争行为与消费者权益保护的法律选择》，《经济论坛》2010年第7期。

邢凯岭：《试论旅游消费者权益的保护》，《现代商业》2010年第35期。

胡燕佼：《海南旅游市场监管存在的问题及对策》，《新东方》2011年第6期。

胡燕佼：《旅游市场监管中运用行政指导的利弊分析》，《求是》2012年第1期。

徐栖玲、陈宏巨：《旅游开发与建设——中国老年旅游市场营销策略浅析》，《桂林旅游高等专科学校学报》2001年第4期。

陈丕积：《旅游市场信息不对称及政府行为》，《旅游学刊》2000年第15期。

刘淑娟：《浅议中国旅游消费者权益保护法律制度的完善》，《湖南行政学院学报》2010年第6期。

钟银意：《论新闻媒体监督在行政问责中的问题与对策》，《经济与社会发展》2010年第9期。

龙肖毅：《大众媒体在提升旅游经济中应用及策略分析》，《新闻知识》2015年第6期。

王倩：《浅谈新闻媒体舆论监督的社会作用》，《前沿》2013年第11期。

郑伟民：《当前我国旅游市场监管存在的问题及对策研究——以海南省为例》，《浙江旅游职业学院学报》2013年第9期。

张兆安：《关于加强我国旅游市场监管的若干建议》，《新观察专家视角》2013年第7期。

徐虹、刘海玲：《转型期中国旅游行业协会法人治理机制研究——基于全国31个省、市、自治区的调研》，《旅游学刊》2016年第5期。

林常青：《旅游协会工作中现存问题及对策建议》，《中国市场》2016年第5期。

龙飞：《我国旅游行业协会发展现状与改革对策》，《赤峰学院学报》（自然科学版）2013年第8期。

方巧：《旅游行业协会比较研究》，硕士学位论文，西北大学，2005。

殷章馨：《旅游协会行业管理职能和机制研究》，硕士学位论文，湖南师范大学，2006。

范丽娟：《旅游行业协会市场服务功能研究》，硕士学位论文，南昌大学，2014。

蔡家成：《我国旅游监管工作的任务和性质特征》，《中国旅游报》2015-03-18，第11版。

杨勇：《旅游执法的困与惑》，《中国旅游报》2012-04-11（002）：01。

《我省公安机关又添新警种旅游警察专治黑导》，http：//ljta.gov.cn/html/news/zhxx/682.html。

高浚：《市旅游警察支队：继续为旅游发展保驾护航》，《B市热线》，http：//www.lijiangtv.com/article/61462-p-1.html。

李齐凡：《B市工商局旅游执法支队为消费者挽回数百万元经济损失》，http：//www.ynta.gov.cn/Item/31100.aspx。

全国科学技术名词审定委员会：《市场主体与市场主体的分类》，http：//baike.baidu.com/view/415022.htm，2010-08-28。

前瞻数据库：《A省B市年GDP与第三产业年GDP》。

《中华人民共和国旅游法》。

《最高人民法院、国家旅游局关于进一步发挥审判职能作用促进旅游业健康发展的通知》（法〔2016〕61号）。

《最高人民法院关于审理旅游纠纷案件适用法律若干问题的规定》（法释〔2010〕13号）。

《国务院关于印发"十三五"旅游业发展规划的通知》（国发〔2016〕70号）。

《国务院关于印发"十三五"市场监管规划的通知》（国发〔2017〕6号）。

《国务院办公厅关于加强旅游市场综合监管的通知》。

《国务院关于促进市场公平竞争维护市场正常秩序的若干意见》（国发〔2014〕20号）。

图书在版编目(CIP)数据

五位一体的旅游市场综合监管机制/刘红春等著. -- 北京：社会科学文献出版社，2019.10
ISBN 978-7-5201-5244-0

Ⅰ.①五… Ⅱ.①刘… Ⅲ.①旅游市场-市场监管-法规-研究-中国 Ⅳ.①D922.296.4

中国版本图书馆CIP数据核字(2019)第164040号

五位一体的旅游市场综合监管机制

著　　者 / 刘红春　等

出 版 人 / 谢寿光
组稿编辑 / 袁卫华
责任编辑 / 孙以年　罗卫平

出　　版 / 社会科学文献出版社·人文分社 (010) 59367215
　　　　　 地址：北京市北三环中路甲29号院华龙大厦　邮编：100029
　　　　　 网址：www.ssap.com.cn

发　　行 / 市场营销中心 (010) 59367081　59367083
印　　装 / 三河市龙林印务有限公司

规　　格 / 开本：787mm×1092mm　1/16
　　　　　 印张：17.5　字数：268千字
版　　次 / 2019年10月第1版　2019年10月第1次印刷
书　　号 / ISBN 978-7-5201-5244-0
定　　价 / 148.00元

本书如有印装质量问题，请与读者服务中心 (010-59367028) 联系

▲ 版权所有 翻印必究